U0450321

方法集——挑战哲学史与重开传统 卷一

作为研究哲学和哲学研究普遍立法的

哲学导论

崔平 著

A SET OF METHODS

中国社会科学出版社

图书在版编目(CIP)数据

方法集：挑战哲学史与重开传统：全四卷 / 崔平著. -- 北京：中国社会科学出版社，2024.12.
ISBN 978-7-5227-4342-4

Ⅰ．B1

中国国家版本馆 CIP 数据核字第 2024FC0055 号

出 版 人	赵剑英
责任编辑	杨晓芳
责任校对	赵雪姣
责任印制	张雪娇

出　　版	中国社会科学出版社
社　　址	北京鼓楼西大街甲 158 号
邮　　编	100720
网　　址	http://www.csspw.cn
发 行 部	010-84083685
门 市 部	010-84029450
经　　销	新华书店及其他书店

印　　刷	北京君升印刷有限公司
装　　订	廊坊市广阳区广增装订厂
版　　次	2024 年 12 月第 1 版
印　　次	2024 年 12 月第 1 次印刷

开　　本	710×1000　1/16
印　　张	62.5
插　　页	8
字　　数	882 千字
定　　价	368.00 元(全四卷)

凡购买中国社会科学出版社图书，如有质量问题请与本社营销中心联系调换
电话：010-84083683
版权所有　侵权必究

◆ 方法集序言

　　哲学试图描绘出确定的世界，然而自己却陷入了动荡。从古希腊到现在，哲学舞台不断重复着后人杀死前人的剧情。这种十足的讽刺构成哲学的危机。因为，一种认识活动只有能够作出关于存在的确定论断从而显得可以信赖，才能圆满辩护自己的存在价值。问题的要害不在于哲学史上不断发生着争论，而在于各种哲学思想本身由于缺乏强有力方法的支持而不能合理主张自己的真理地位，以及各种哲学思想之间的对立由于缺乏共同遵守的方法，或者虽然有共同方法却可以产生不同论断，而变得不可裁判，甚至倔强地拒绝迈进理性法庭。在这种场景中不可能进化出哲学的有效知识积累形态。方法是学术共同体产生和维持的原因，只有在普遍遵守某种强有力认识方法的条件下，对话才不会是对抗而充满思想流动即互相倾听和改变的可能性，在其中，方法发挥客观的通约功能。有了这种方法，才能把一群所谓热爱哲学的人团结在真理周围，甘愿舍弃各自的意气而做哲学事业的臣民，勠力同行而攻克存在堡垒。

　　寻求稳定性并非现在才有的哲学自我意识，笛卡尔就曾经为此不懈努力。然而，他仅仅个别地关注认识起点而不及其他内容，并且是以消极否定的方式去甄别采纳而非积极生产相关内容，没有从根本上触动旧哲学方法。所以他不仅没有深刻地改变哲学史，而且即使在他自己的哲学内普遍怀疑方法的影响也十分有限。康德也消极地限制纯粹理性的超验使用，试图以此换取哲学的论断有效性，但在他的《任何一种能够作为科学出现的未来形而上学导论》发表之后，并没有迎来哲学的科学化。

历史的警示推动哲学改革告别零星的外科手术式治疗而转向内在认识要素的重置。

哲学概念的模糊对哲学史的驳杂和混乱场面难辞其咎。关于哲学是什么问题的普遍答案长期缺位，给哲学发展带来了深远损害，抽掉了哲学自我形象设计的基础，妨碍了哲学统一。因此，走出哲学危机的第一步便是以逻辑有效的方式规定哲学的本质并作出相应的操作方法分析。

哲学面貌的基因是概念和理论构建形式。因此，以何种方法获得概念和进行哲学思维决定哲学的命运。方法决定概念生产的能力和质量，规定哲学论断的有效性，而且概念作为认识内容制约作为理论建构形式的方法的选择。由此敞开了走出哲学危机的正确方向，即探寻概念定义和展开哲学思维的强有力方法，让方法逻辑地赋予概念定义和哲学论断以普遍有效性或者说唯一性。以往哲学史的问题不是没有方法，而是方法的逻辑力量过于软弱，即遵循它并不能产生认识必然性，缺乏推动对话和达成共识的强制力量。方法就是思维纪律，要走出哲学危机就必须重建具有严格约束力的哲学方法。在严格的理性反思中，幸而有综合演绎方法显现出满足概念定义和哲学思维的普遍有效性要求的逻辑品格，并顺利通过初始小试，收获《有限意识批判》《道德经验批判》《文化模式批判》《文化竞争力批判》，同时让一些陷入混乱的重大哲学概念的普遍定义尘埃落定。

要光大一种哲学新思维就需要鲜明勾勒其认识纲领，并通过相应的具体理论成就昭示其理性力量。在此意义上，本著作集包含一种目的统一性。其中，第一部郑重提出了比较全面的滋养和壮大哲学智慧的行动方案，其他三部是对它的具体贯彻成果。可以说，第二部通过康德哲学研究成果显示哲学史研究不同方式的积极效果。第三部尽管收录的是许多概念定义成果中为数有限的几个概念的定义论文，但却集中体现出对获得哲学思维材料即概念的合法方法的审慎筹划。第四部完整示范了哲学研究的展开结构，尤其是哲学论证的理想形式。在此需要提示的是，如果其中的某些具体哲学成果使读者感到一丝意外或惊讶，那么不要由此产生对作者的好奇，而要倾心关注贯穿其中的操作方法，在方法的强大工具力量中寻找解释。这不是虚伪的谦辞，而是对真相的坦白。

方法是哲学的灵魂，广泛和持久地影响哲学的认识风气和基本理论面貌。因此，对方法的否定便是对哲学史的彻底批判，而作出方法的重新抉择意味着再造一种传统。祈祷哲学借助一次方法革命跨入知识积累阶段，从而用革命解除黑格尔关于哲学史的革命咒语！

方法集
——挑战哲学史与重开传统

方法集序言

卷一
作为研究哲学和哲学研究普遍立法的哲学导论

卷二
与康德批判哲学的非对称对话录
——演示一种亲近原创的哲学史研究范式

卷三
方法与可能性:绝对定义那些"不可定义"的概念

卷四
文化竞争力批判
——实践一种捕捉哲学真理的精准操作方法

方法集后记

目 录

前　言 ……………………………………………………………（1）

绪　论 ……………………………………………………………（1）

第一章 ┃ 哲学的定义 ……………………………………………（6）
　　第一节　"什么是哲学"与"哲学是什么"的逻辑
　　　　　　鸿沟 ……………………………………………（6）
　　第二节　对以往各种哲学定义方式的反思和批评 ………（8）
　　第三节　厘定哲学概念的正确定义方式 …………………（13）
　　第四节　从知识的一般形态发掘哲学概念 ………………（16）
　　第五节　对哲学定义曲折历史的事后诠释 ………………（32）

第二章 ┃ 方法与哲学 ……………………………………………（35）
　　第一节　哲学的可能做法 …………………………………（35）
　　第二节　推理：哲学的运思工具及其形式 ………………（41）
　　第三节　论证的本质与形式 ………………………………（46）
　　第四节　方法的哲学效应 …………………………………（47）

第三章 ┃ 哲学与形而上学 ………………………………………（56）
　　第一节　形而上学概念的拨乱反正 ………………………（56）

第二节　形而上学的可能表现与哲学的偶然涌现 …… (59)
第三节　形而上学的世界观开放性 ……………… (61)

第四章 | 哲学与科学 …………………………………… (62)
第一节　哲学和科学的认识不完整性及其互补 …… (62)
第二节　认识优化：哲学与科学的轮替 …………… (69)
第三节　学科：概念与现实 ………………………… (72)

第五章 | 研究哲学的道路 ……………………………… (74)
第一节　何以需要专门研究哲学 …………………… (74)
第二节　择师：俗世师与圣灵师 …………………… (75)
第三节　流体式阅读 ………………………………… (77)
第四节　超越性阅读 ………………………………… (79)
第五节　批判性阅读 ………………………………… (80)
第六节　哲学文本的两种构造方式及其不同阅读
　　　　策略 ………………………………………… (81)
第七节　哲学史家式阅读与哲学家式阅读 ………… (82)
第八节　作出告别哲学史研究决断的时机 ………… (85)

第六章 | 哲学研究的条件和规范 ……………………… (89)
第一节　作为哲学担当和担当哲学的哲学研究 …… (89)
第二节　哲学创新梯度：从解释创新到原创革命 … (90)
第三节　原创法度：关于哲学原创本质、方法和
　　　　规范的逻辑分析 …………………………… (94)
第四节　在传承技艺与原创法度之间 ……………… (119)
第五节　知识积累的终点并非原创的自然起点 …… (120)
第六节　原创理性：超越经验引力和思想史引力 … (122)
第七节　与流行原创观念的对话 …………………… (137)

第八节 解放原创：对学术研究中语境依附教条的
　　　　逻辑批判……………………………………（149）
第九节 升华学术性与现实性之间张力的哲学操作
　　　　制度……………………………………………（161）
第十节 有效哲学问题的生成：从生活提问到逻辑
　　　　提问……………………………………………（175）
第十一节 哲学的理性化提升：元哲学筹划………（188）
第十二节 对形而上学构建方法的历史批判和逻辑
　　　　　再造……………………………………………（191）
第十三节 哲学理论的构造标准……………………（210）
第十四节 "民族哲学话语"的形成条件……………（212）
第十五节 引注哲学：好的与坏的…………………（220）
第十六节 无注哲学的被迫登场……………………（229）

第七章　哲学品鉴……………………………………（246）

第一节 真哲学和假哲学……………………………（246）
第二节 哲学史研究不是本真的哲学研究…………（247）
第三节 元哲学非哲学………………………………（264）
第四节 好哲学与坏哲学……………………………（269）
第五节 "学术大师"确认规则的科学确立…………（270）
第六节 "历史"的本真含义与哲学史人物的
　　　　遴选……………………………………………（272）
第七节 学术范式分化与学术发达…………………（279）
第八节 哲学语言形式背后的思想品相……………（282）

第八章　哲学的用法…………………………………（289）

第一节 哲学知识的存在力量及其属性……………（289）
第二节 哲学应用空间的逻辑划界…………………（290）

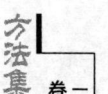

第三节　哲学知识的正确使用方法……………………（291）
　　第四节　哲学的几种重要社会使用…………………（292）

第九章 ▎**走进哲学**……………………………………………（296）
　　第一节　哲学瞭望……………………………………（296）
　　第二节　学哲学还是做哲学…………………………（297）
　　第三节　哲学三阶：博学、疑古、立言………………（298）
　　第四节　哲学指津：当世显达还是历史不朽………（299）

后　记………………………………………………………（301）

前　言

哲学作为理论智慧生产着普遍知识，但是却潜藏中断甚至终结的可能性。

一旦人们驻足哲学知识而沉迷哲学史，就关闭哲学智慧。其症结在于哲学理念的残破，即疏于审视哲学文明的健全结构和参与要素，放任主观兴趣的片面割取，模糊和错误地把握哲学概念而误认哲学史的哲学身份，从而丧失正确的哲学评价能力和对哲学文明构成要素之间的平衡感。由此，故步自封而遗忘智慧使命的状态必然统治哲学舞台，使哲学智慧遭受机械性暴力窒息。

即使人们没有放弃对创造性哲学认识的兴趣，甚至怀有对哲学智慧的十足热爱，也不意味着可以真正地拥有哲学智慧。因为哲学智慧的实现不仅在于她遭遇怎样的对待态度，更在于对作为哲学智慧工具的人类理性的使用方式和操作技巧。创造无逻辑，但有必要条件。为成功敞开哲学智慧，必须根据认识对象、认识任务、认识标准，灵活恰当地使用各种理性手段，在不同认识形式的某种交替配合中推动认识作出创造性论断。理性的这种灵活运用需要辅助以一般认识论观念、严格的逻辑规范意识、清醒的方法选择标准、对认识任务转换要求的敏锐感知等。如果缺乏在认识情境中具体使用理性认识工具的思想准备，或者缺乏在不同认识环节作出理性认识工具正确选择和准确操作的实际能力，那么就会使哲学智慧因工具短缺而陷入衰退甚至泯灭。

为呵护哲学智慧而促其灿烂绽放，应该作出可以优化其生存环境和

诱导其发生的关于哲学的学科理念描述，以便形成合理追求哲学智慧的某种预备性规范。它虽然不能直接制造哲学智慧，但保证人们走在真正追求哲学智慧的道路上，避免手段对目的的背离，让哲学智慧获得哲学的哺育。这种工作具有"导论"的基本特征。区别于流行的关于哲学知识学习的"哲学导论"，可以直呼其为哲学智慧导论。

哲学知识导论所关心的是给学习哲学知识提供某种入门阶段的引导，点划知识简谱。而哲学智慧导论的兴趣在于培养创造哲学知识的能力，编制接近哲学智慧的攻略。这种目标差异造成二者之间的写作背离。因为哲学智慧置身于全部哲学之中，所以哲学智慧导论必须关注哲学文明存在的所有构成要素，哲学知识的学习仅仅是其中的一个方面。而且，即便是对哲学知识，哲学智慧导论也与哲学知识导论具有完全不同的关注，不是庞杂的哲学知识内容而是哲学知识在哲学智慧中的一般正确地位，才是其主题。也就是说，哲学知识在哲学智慧导论中只被加以认识论地对待和评价，而不是以哲学史的态度把内容描述作为写作纲领。因此，哲学智慧导论作为涉及哲学存在和发展全过程的完整导论，并不是哲学知识导论的延伸和补写。

由于哲学智慧导论与哲学知识导论的使命定位不同，因此二者之间存在巨大的时效差异。哲学知识导论导人一时，而哲学智慧导论可以陪伴人一世。只要一个人不满足于仅仅停留在哲学的知识角落而追逐哲学本身，他所面临的常新而复杂的认识任务就需要不断求助哲学智慧导论。

绪 论

在直觉中，哲学导论是最具有必要性和合理性的哲学专业教育内容，然而却最缺乏目标共识和普遍内容，因此也是最不成熟的一个教育科目。所以，哲学导论首先需要反思自身，明确自己的宗旨和内容纲要，从而选择一种不是盲目接受而是经过辩护的自我定位。

一 审议依附哲学史的概论式哲学导论

有各种不同的哲学导论。

一种是按照某种流行的哲学理论讲述对哲学的基本理解，扼要陈述其基本观点，同时刻画哲学学习的体制性框架设置。以教导者姿态给初学者设定哲学立场和观念引导是其宗旨。

一种是不论哲学之是非，一般地接受哲学史而点划哲学史中的重要发展环节，摘要式地介绍哲学发展内容。其立意为，把哲学史认定为学习哲学的固有任务和全部范围，在学习的起点处预习式地概览学习任务。

一种是不考虑哲学史的连续性而仅仅关注哲学发展中的经典思想，从中选择那些可以反映哲学认识特点的文献片段加以排列，以便让读者在阅读中直接感受哲学的面貌和意蕴。

一种是不关切哲学发展的历史显现序列性，而是聚焦哲学的主要问题，围绕特定问题描述哲学思考的状况，从而给出以往哲学的问题图谱。其意图在于，既给出对以往哲学的把握线索，又指示或暗示哲学思考的方向。

上述哲学导论叙事虽然各异，都可以找到说明和坚持自己教育策略的某些理由，但有一个共同点，即都依附哲学史，是对哲学史的不同视角效应，均试图用过去的哲学现象说明哲学本质，点化学习任务。这带来教育学困难和认识论困难。

从教育的角度看，使用哲学史资料这种做法首先具有透支初学者哲学思维能力的嫌疑，造成理解上的不可能性。因为，理解这些哲学史内容需要不同程度的哲学思维素养，而这需要在后来的哲学学习过程中循序实现。同时，问题还在于，那些在比较详备讲述中都存在理解困难的理论，在简单摘要式传授中更缺乏可理解性。其次，哲学导论的这种选材方式具有教学程序上的不合理性，表现为与后续专门课程的重叠性，即其所简要讲述内容在未来专门课程内容中会给予更详细的讲述。因此，哲学导论只不过是无谓地抢先侵占其他课程的学习空间，没有教育功能的独立性和必要性。

从认识论上看，除非接受一种消极的纯粹哲学知识学习目标，便不能采纳依附哲学史这种方法来写作哲学导论。因为，哲学发展史上的特定理论观点必定是特殊的，给定的历史也是有限的。而哲学史是开放的，在逻辑上，不能合法限定哲学思维的范围于历史轨迹之内。试图用历史必然地预设未来、限制未来，对于哲学认识这一存在事件来说是绝对不可接受的。然而，一种哲学导论狭隘地怀抱哲学史迷信而把哲学存在想象为全部已有的哲学史，对于它所依赖的有限哲学史的内在发展结构来说，本身就是反历史的和自我矛盾的。

二 作为元哲学的哲学导论及其合理方法

概论式哲学导论被历史兴趣所封闭，局限于哲学的过往内容，意在指点哲学知识的大体分布。它说明的充其量是哲学史，而非哲学。因为事实描述而非原理性解释是其基本宗旨。然而，只要以猎取给予性的知识的态度来对待哲学，而非以窥探智慧本相的兴趣追问哲学的形成原理，就绝不会使哲学史得到彻底理解。哲学史的真理在哲学思维的普遍形式之中。被概论式哲学导论所专注的哲学史思想本身，本应该被置于更普遍的哲学认识形式下以解释其生成。只有在作出关于哲学的整体抽象解释的条件下，哲学史本身才能得到真正理解，并同时被赋予解释哲学的作用，即以具体个例姿态现实地显示一般哲学的特殊成就。哲学导论在逻辑上不仅应该安排在所有哲学学习之前，而且应该先于哲学史。因为哲学思维的一般原理和规范正是特殊哲学产生的前提。

把哲学思维本身作为对象加以说明，在先把握哲学的一般特征，这对更准确深刻地理解哲学史是必要的和有益的，可以将之称为元哲学。在元哲学范畴内，可以分化出两个层次，即被确立为研究对象的特定哲学活动可以有不同的存在等级。一个是绝对抽象的没有具体认识对象内容的纯粹哲学思维本身，一个是带有特定认识对象的特殊的哲学认识任务。前者说明哲学的一般特征，后者谋划特定哲学认识任务的完成方法。而作为哲学导论的元哲学属于前者。

以元哲学的方式写作哲学导论，仅仅获得了主题规定，而并没有直接给出明确的构造方法。因为就相关主题内容可以有给出论断的不同认识方式，即理性论证的和经验感悟的。问题的关节点是，无论怎样，哲学导论按其元哲学结构都必须树立谈论对象，基于所确定的"哲学"之所指展开分析和论断。在此，有两种认识选择，即或者感性地直接把特殊的哲学理论当作触发和支持元哲学思考的对象，或者理性地要求以抽象的哲学存在规定为对象而展开。两者存在根本的认识差别，关乎哲学导论的不同命运。可以区别地命名前者为特殊对象的元哲学哲学导论，后者为普遍对象的元哲学哲学导论。

在寻找述说哲学本身的对象时，经验性地选定个别哲学理论是习惯而便捷的。如果没有严格的批判性反思的介入，这种做法是一种大概率认识事件，人们会围绕诸多特殊哲学理论而发表关于一般哲学的论断。但是，它潜藏着严重的认识缺陷。首先是逻辑困难。特殊对象的元哲学哲学导论以特殊的哲学理论的思想面貌为论断对象，在逻辑上等效于以特殊存在内容为总的判断系统的主词，不论判断系统如何扩展，可能的谓词都不能保证摆脱主词内容的某种特殊性的影响。也就是在认识上无法甄别和戒除其中与一般哲学实际上并没有关联的某种特殊内容，从而使其混迹于关于哲学的普遍论断之中。这直接背离了元哲学目标。其次是遭遇认识的社会普遍性困难。特殊对象的元哲学哲学导论面临作为考察对象的个别哲学理论的选择问题，不同的人也许有不同的选择，因而自然会有不同的论断。而个别哲学理论之间具有认识对等地位，因此无法辩护各自引申论断的相对优越性，必然导致莫衷一是。矛盾和纷争必然陷哲学导论于无效境地。即使选定同一特殊哲学理论，不同人也可能会由之引申出不同的论断，从而造成特殊对象的元哲学哲学导论的社会争议。如果疏漏或不顾这些困难而走上特殊对象的元哲学哲学导论道路，那么支配其认识过程的就必然是特殊的经验感悟和推测，努力方向为从特殊内容逆向地把握普遍内容，但被逻辑所限只能陷入论断的不确定性和特殊性。因为特殊内容在认识上并不包含推断其上位普遍内容的完备根据，既无法可靠地在特殊内容之内分离发现其中在存在论上占据普遍制约地位的内容，也无可靠方法在特殊内容之外创造性地设定作为其普遍基础的概念和原理。由此，整个认识陷入主观任意性之中，对哲学的说明可能会出现残缺、冗余、虚妄等情况。

黑格尔曾经把理解哲学本身的希望寄托在熟知哲学史上。面对黑格尔巨大的哲学史身影，必须警惕发生权威盲从，批判地审慎对待他的这种观点，限定其有效条件。严格地看，不能从有限特殊的哲学史逻辑地发展出普遍的哲学理解，因为带有特殊性的认识起点将无休止地纠缠认识过程，幻灭捕捉普遍哲学概念的希望。哲学史中的哲学现象只能扮演苏格拉底辩证法材料的角色，诱发提出普遍哲学概念的问题，却不是通达普遍哲学概念的康庄大道。因此，普遍哲学概念必须按照概念的正确定义方法，作为专题来独立设计认识方案。

按照元哲学的本义，其彻底理论形态应该针对不包含任何具体论断内容的最普遍的哲学存在规定而展开，由此保证元哲学论断的普遍性，其中的普遍哲学规定的真理性必须得到逻辑保证。这就是说，哲学是什么这一问题本身都必须纳入元哲学说明范围,以可靠理性方式加以确认。在这种理想的理性化元哲学式哲学导论开场中,隐含了不但把哲学定义作为认识对象,而且更彻底地把哲学的存在问题一同纳入反思的计划。这意味着它虽然被认识经验即哲学史所触动而提出了对哲学的阐释任务,但并不在理性上独断或者说接受任何关于哲学的观点,在得到论证之前,所谓哲学是一个仅仅具有语词意义的名词。通过绝对理性的方法捕获哲学定义,是普遍对象的元哲学哲学导论的重要基础,它提供对哲学进行进一步阐述的根据,关于哲学的一切深入规定和普遍理解都围绕它展开,形成从哲学之"是"到哲学之"应当"的叙事结构。在其认识过程中,由于有了普遍论断的合格思想材料,理性的逻辑思维获得充分实施条件,不再依赖特殊哲学理论的表现形态。这赋予普遍对象的元哲学哲学导论以论断的确定性和普遍有效性,以其方法论优势足以对抗所有在逻辑上带有认识特殊性和偶然性的哲学导论。

在不涉及具体存在对象和认识主题的情况下,哲学导论只能触及哲学的存在形式,包括构成形式、思维形式和表达形式,以及相应衍生的学习方法、评价标准、应用方式等。

第一章

哲学的定义

第一节 "什么是哲学"与"哲学是什么"的逻辑鸿沟

在汉语语境中，针对哲学概念的定义有两种常见提问句式，即什么是哲学和哲学是什么。一般以为二者是语义等价的，所以经常自由地变换使用。但是，二者之间存在严格句法差异并具有深远的逻辑学的和认识论的影响。

在"什么是哲学"中，疑问代词"什么"做主语，"哲学"做谓语，其语义随"什么"和"哲学"的所指设定而定。在汉语中，"什么"作为疑问代词本身没有所指的词典确定性，要跟随语境所显现的发问意图而变化。同时，虽然"哲学"是名词，但可以有不同的语用，也需要在特定的语境中加以厘定。因为"哲学"既可以作直观性类名使用，也可以作抽象的类概念使用，而两者具有完全不同的意义属性。作为类名的"哲学"指示经验存在，而作为概念的"哲学"指向存在的本质规定。这就是说，"什么是哲学"没有确定的纯粹语言意义，在孤立出现的情况下无法把握其解读方案。如果认识目的是辨识个别事物的分类学地位，那么"哲学"就是类名，而"什么"就作外延使用而指代个别性思想存在，所问即为有哪些思想属于哲学这种学问。如果认识目的是揭示事物的本质，那么"哲学"就是抽象概念，而"什么"就作内涵使用而指代相应的唯一的普遍本质，所问即为哲学这个概念的普遍内涵是什么。在不作如此辨析而模糊使用"什么是哲学"这个表达语句时，隐含一种认识混淆，即串通包含哲学本质意识的个别思想表现的哲学类属认定，和把哲学概念设定为认识主题的哲学本质分析。"什么是哲学"因而具有认识的双关结构。

而在"哲学是什么"中，"哲学"作为主词不能像作为谓词那样拥有确定的认识意义。作为谓词，"哲学"代表了一种存在观点或存在断言，必然具有某种实质属性，或类存在，或类概念，处于已知状态，由此它才能获得述谓地位和权力。但作为主词，"哲学"仅仅是一个承担追问活动的名词，其本性正在于被设定为未知而有待谓词断言的。而作为进行断言的谓词在逻辑上必须具有相对普遍性，因此作为谓词的"什么"自然被限制在普遍存在属性范围内，使得"哲学是什么"具有唯一的去寻找哲学的普遍存在属性这一认识任务意义，而不可以用任何个体性存在作为"什么"的指代者。也就是说，在"哲学是什么"中，无论主词还是谓词都不需要给定特定意义，语句意义完全取决于句内的纯粹形式性逻辑关系，因而其理解并不像"什么是哲学"那样，意义解读受到主观的初始心理取向影响。相反，在"哲学是什么"的追问中，是不带任何认识前提的，纯然地不受任何前语句认识心理定位的影响，确定无疑地是一个寻求"哲学"定义的指令，把论断权力全部赋予一个有待展开的认识过程。

从上述分析可以发现，当采取内涵视角时，"什么是哲学"具有追问哲学普遍定义的功能，似乎与"哲学是什么"发生认识提问上的实际效果交叠。所以语句意义的模糊摆动无关紧要，可以宽容地同时接受。尤其是在默认通过同时关联个例和本质的归纳定义方法寻求哲学本质属性的认识背景下更是如此。但是，即使在这种情况下，二者也并非等同，也绝不能把这种问题同一性直接转换为语句句式的改变，即颠倒主词和谓词而把"什么是哲学"看成"哲学是什么"。因为"哲学"和"什么"在两种语句中承载着不同的逻辑的和认识的意义，隐含不同的提问清晰度和问题解答方向。

"什么是哲学"无论是在其外延指示意义上，还是在其内涵描述意义上，都预设了哲学概念，因而属于事后性说明传达范畴。而"哲学是什么"直接把哲学置于被追问地位，没有在先附加任何认识内容，属于探索研究范畴。后者是真提问，前者是假提问，仅仅是诱导性语言策略。说明并不承担对哲学的存在论证和确认，而仅仅报道其存在结果，并不能达到对哲学的真正的和准确的理解。说明可以使用非哲学存在本身的材料，借助哲学之外的内容加以诱导和启发，也可以零散而非系统化地进行描述，最终将把握哲学的希望寄托于个人的偶然统一性领悟。与说明相反，研究则要求原始性发现，在确实的普遍论断中为哲学添加逻辑适当的谓词，经历完整的哲学存在的内在认识过程，拒绝诸如经验个例的非法谓词内容的不当窃位。因此，除非变相地退回到"什么是哲学"的提问模式中，就不会容许在哲学定义过程中引入经验性内容。

提问的表达语句应该严格切中认识目标，不容有解释的歧义可能性。因此，"哲学是什么"是唯一正确的哲学概念定义的提问句式。

第二节 对以往各种哲学定义方式的反思和批评

哲学的定义与哲学的产生是两个不同问题，并不归属同一历史节点。在逻辑上，既可以由哲学定义规定思维活动而创生哲学思想及其历史，也可以自发地产生某种后来被称为哲学的思想，随之偶然地被施加专题性定义反思。哲学的真实历史采取了后者的存在形式。

哲学的产生起点或许不可准确断言，但哲学的定义作为自觉反思却可以给予确凿的历史描述。哲学经历了自发思考、经验指称和理性定义三种存在形态。流行的说法是哲学发端于古希腊的泰勒斯，但海德格尔却更严格地将苏格拉底看成哲学的起点。中国人说哲学始于春秋战国的老子、孔子，但二者却都没有宣称自己是独立的思想创始人。各种说法都源于站在独断的哲学观念上对思想史的特殊解释。也许唯一没有谬误风险的，是断言哲学思维偶然产生在人类思维涌现了后来被叫作哲学的特定思想样式的时刻，甚至是哲学思维伴随人类始终。因为，确认哲学思想需要普遍有效的哲学概念定义，但遗憾的是这一思想景象一直没有呈现，同时也发现已经存在在哲学有名之前追溯哲学思想的做法。进一步说，即使有了普遍有效的哲学概念定义，人类思想活动的真实过程与关于它的历史记忆（文献的与口传的）的不匹配性也使得无法作出关于哲学真实起点的断言。诸多差异的哲学思想的积累刺激着人们的观察，某种同一感觉鼓动起统一命名要求。在作为无名之学的哲学思考经历了诸多发展和积累之后，人们感觉到其间的某种类同性，于是便寻找一种名称来加以统一称谓它们。这种活动一直与作为大智的智慧（σοφία）相牵连。在文献上，赫拉克里特（或毕达哥拉斯）首先把自己的认识定性为爱智慧，而人们则把他称为智人（σοφός）。之后，诸多人尤其是智者派自称"智人"（σοφός）。出于对智者们的诡辩风气的否定，后来便以"爱智者"（φιλόσοφος）区别于诡辩家（智者）（σοφιστής），并用"哲学"（φιλοσοφία）来指称真正的爱智活动，区别于诡辩术（智术）（σοφιστική）。① 亚里士多德是试图定义哲学这门学问的第一人。他面对哲学名称的混乱使用状况，在真理属性的设定条件下，哲学被初步定义为关于存在的原理和原因的学问。他试图把对哲学的理解从感性外延指称提升到理性普遍内涵水平。但亚里士多德主要从认识对象、认识任务、认识形式、认识功能等方面着手描述哲学这一爱智活动的特征，其方法兼有归纳定义和逻辑分析。亚里士多德的定义带有归纳认识方法所内在的逻辑局限性和历史开放性，不能取得严格的理性彻底性和逻辑普遍性，因而成为哲学定义的争论起点，引发后来对哲学定义的不断探索。但不论后来人们提出怎样不同的哲学定义，其方法都类同于亚里士多德，努力从哲学思想的特殊现实形态出发来追问普遍的哲学定义。统观亚里士多德及其后来的哲学定义活动，可以归纳出几种寻求定义的方向。

有人用认识对象界定哲学。比如：哲学就是对于人生的有系统的反

---

① 围绕智慧意义的这一社会变迁历史，参阅吴寿彭在其《形而上学》译本第一卷第十章中对智慧所作的脚注。

思思想；哲学就是研究不属于其他学科研究对象的存在领域的认识活动；"哲学以绝对为对象，它是一种特殊的思维方式"。试图以对象的特殊性来定义哲学的这种努力，其困难在于，必须在认识论上证实它不能被其他学科所研究，但认识的历史却说明，存在同一对象被非哲学地研究的现象，或者反过来说，存在被某种哲学的对象性定义所排斥的对象却产生了哲学认识这种反常现象。

有人用认识问题类型来界定哲学。比如：哲学是研究大问题的；研究最高普遍性问题的就是哲学；哲学是研究总体性问题的学问。这种定义方式的逻辑困难在于，对问题属性的确认具有相对性和认识局限性，一个问题的属性确认依赖存在关联关系判断，而且又受到认识视野的制约，从而这种判断是历史的和主观的，但按照定义的要求却必须是客观确定的。此外，被认定为哲学问题的那些问题，在逻辑上不能排斥施以另类认识的可能性，并且在认识历史上恰好存在把这种可能性变成现实的个案，比如哲学史上一再发生的某种哲学问题蜕变过渡为科学问题的现象。

有人用主题内容来界定哲学。比如：哲学是关于自然、社会和人的思维的一般知识的概括和总结。这种哲学定义的困难在于，面对繁多的哲学表现，很难用这种方法涵盖历史上被认为是哲学的所有思想，或者无力说服人们放弃对那些被定义所排斥的思想的哲学属性信念。在不能有根据地说明自己哲学定义立场的情况下，所谓定义也就蜕变为对某种思想内容的偏爱和立场独断。

有人用思想的组织形式来界定哲学，说哲学是关于存在的理论化系统化的思想。但这种定义直观地与作为它进行归纳定义基础的哲学史相冲突，因为系统化在本质上向思想内容的规模提出要求，而哲学的发展史显示，这并非始终能够得到满足。而且，更为要害的是，系统化已经为其他学问所呈现，所以必然不能独立承担哲学的本质。否则，将面临泛哲学化这一混乱场面。

有人用思想功能来界定哲学。比如：哲学是追求人与万物一体的境界之学；认识理念就是哲学的目的和任务（黑格尔）；哲学是以进入抽象概念王国为最终目标的学问；哲学就是爱智；哲学就是从人类知识的最普遍结论中获得指导生活的信念。这种定义方式存在两个主要缺陷。其一，在逻辑上，事物的功能不是事物的存在本质，而是特定存在本质的某种与其他存在者之间关联关系的表现。也就是说，功能是外在性作用，但定义要求的是内在普遍本质属性的揭示。其二，某种功能并不一定专属于哲学，而是有被其他事物所完成的可能。比如哲学对道德的确立功能在历史上曾经被宗教所担当。

有人用思想表现形式来界定哲学。比如：哲学就是概念认识活动。但问题是，概念思维在人类认识活动中的出现非常广泛，并不仅仅归属于被看作哲学的学问。再比如，哲学是推理性认识活动。但问题情形依然。

有人用起源来界定哲学。比如：哲学发源于惊讶；哲学是闲暇之学。这种定义犯有严重的逻辑错误，即事物的起源不是定义所追问的存在本质。前者是相对特定存在的外部条件，而后者是特定存在的内在构成规律。自明的是，土地是苹果的自然因果来源，但绝不能说苹果的本质是土。

上述不同定义虽然存在很大差异，但它们具有共同的认识结构，即都是从哲学史到哲学概念，以被确认为哲学的不同理论所构成的哲学史为考察对象，从中发现哲学的本质属性，属于归纳定义。这些抽取或提炼哲学本质属性的具体思维形式，或者是对诸多理论进行特征描述和比较，或者是就个别理论进行直观感悟。不论怎样，这种从哲学史出发展开哲学概念定义追寻的活动，都潜在一种循环定义逻辑错误，即事先确认某些思想为哲学理论，然后再从中选择个例作为归纳定义的对象。其实质为先运用哲学概念于某种思想之上，否则就不能在认识上形成作为归纳定义对象的哲学史。这就把寻找哲学定义的认识过程还原为徒具认识形式而无实质认识功能的逻辑循环，仅仅是对独断哲学概念的独断真相的掩饰。

如果考虑到独断的任意性，那么就会有不同的哲学史构成面貌。而针对同一"哲学史"可以从中选择不同的归纳定义对象，从而有不同的哲学定义结果。所以，依附哲学史作出哲学概念定义的方法，可能产生诸多不同的哲学定义。因为这些不同的哲学定义具有方法同一性而享有对等的认识权利辩护，所以互相间难以辨明优劣。

如果再考虑认识发展的历史开放性，被认为是哲学的新异理论现象不断涌现，那么依附哲学史的哲学定义就处于无限变动状态，使得追求普遍定义的努力陷于必然失败境地。正因如此，一个哲学家和一个哲学史家作出了一个共同的消极判断，即哲学是不可定义的。罗素说："'哲学'的定义会因我们所接受的哲学不同而不同。"① 文德尔班以更为详尽的语调重复了这一观点："鉴于'哲学'一词的含义在时间的进程中变化多端，从历史的比较中要想获得哲学的普遍概念似乎是不现实的。根据这种目的提出来的概念，没有一个适用于所有自称为哲学的思维活动的结构。有些类型的学说，片面强调理论的实践意义；在这样情况下，即使将哲学置于更普遍意义的'科学'概念之下，也是成问题的。我们更不可以规定被认作特殊科学的哲学的对象和形式为普遍有效的。因为除开早期的，或者后来又流行的，关于哲学是普遍的科学这种观点以外，企图限制哲学概念的途径也是多种多样的。"②

人们只是从哲学定义跟随哲学思想的变化而变化这一现象的历史开放性，看到了获得哲学定义普遍有效性的不可能性，并没有进一步更深刻地反思从哲学史到哲学概念这种思维方式本身的问题。从特殊思想表现出发寻求哲学的普遍规定性，是其认识的逻辑本性。而以特殊对象为主词的所有可能谓词，都不能有效和可靠地甄别和排除与主词特殊性的关联和纠缠。虽说归纳方法可以限制这种特殊性，但归纳在认识上的无限开放性在逻辑上否定其限制功能的绝对有效性。另外，从普遍内容的构造上看，普遍内容并不一定直接表现在特定存在对象的存在显现中，

---

① [英]罗素：《哲学大纲》，黄翔译，商务印书馆2017年版，第1页。
② [德]文德尔班：《哲学史教程》，商务印书馆1987年版，第11—12页。

同时没有从特殊到普遍的必然认识构造道路，因而一种普遍论断无法有效辩护自己的正确性。在缺乏从特殊到普遍的有效认识方法条件下，即使一种普遍论断恰好是正确的，它也不能保证有效对抗对其普遍性的怀疑而被普遍接受。所以，从哲学史到哲学概念这条认识道路，注定了哲学普遍定义的无休止争议及其不可裁判性。可以断言，即使哲学史终结了，按照这种定义方法，哲学概念的定义也还是必然深陷泥沼。

依附哲学史进行哲学概念定义的困难内在于认识方法本身，定义的水平只能逻辑地停留在被动的经验观察和偶然特殊视角层次上。因此，只要对方法本身不进行反思和批判而跳出旧方法，那么所有可能的定义努力就只能归于同一失败境地。在这种条件下，面对哲学定义问题，哲学家相对哲学史家没有任何优势，因为哲学家所进行的哲学定义操作也采用同样的认识机制，他们对哲学理论的天然认识亲近性丝毫不能改善定义方法的局限性，而他们的智慧优越性也完全被定义方法的枷锁所废弃。不仅如此，哲学家更有可能偏执于自己哲学理论的特殊面貌和创造体验，陷于更严重的片面性，并借助其学术声誉骗得社会的普遍盲从。亚里士多德在哲学定义过程中所独断的真理品性前提，黑格尔给哲学所贴附的普遍性，都获得人们的无根据接受，并诱导哲学在缺乏可靠认识论分析基础条件下，走上自命不凡的歧途。

第三节　厘定哲学概念的正确定义方式

通过被认为是哲学的某种所作所为即"做什么"去推求哲学"是什么"，这是以往人们在试图为哲学下普遍定义时的一个习惯，即使西方哲学史上最享有深沉美誉的伟大哲学家也不例外，可以把它称为个例分析法。包含在这种做法中的逻辑错误，注定人们在哲学的定义问题上陷入苏格拉底追求普遍定义时一再遭遇的挫折或命运，即似乎已经近在咫尺却永无止境。但是，也许正是这种情境所具有的希望与失望交织变换的特点，使得人们不能割舍对它的幻想而重复进行同类试验。其实，这是一条看似平易自然却埋伏重重危机的魔幻之路。无疑，是感觉而不是理性充当这种哲学普遍定义追求的发动机，因为在个别"哲学"中确实让人感觉到哲学的存在，它使人产生可以直接触摸和把握哲学的信念。然而，哲学这种严肃的理性事业必然要为跟着感觉走这种看似拥有巨大方便价值的选择付出代价，其中所包含的循环定义和归纳定义这两种逻辑错误在根本上破坏一切定义的有效性。在个例分析法中所包含的循环定义错误其实是一个屡有发生的传统错误，即它在认识之初就已经预设了一种"哲学"标准或理念，否则就难以选择作为研究标本的哲学个例。结果必然是，所谓分析所得到的哲学定义也仅仅是开始就已经接受的那个理念，整个认识过程沦落为掩盖定义之感性独断本质的虚假理性包装。这种隐性的循环结构等效于一个直接的循环定义，从而逻辑无效即缺乏认识功能。由此所获得的哲学定义可能侥幸在客观上正确，但在认识上无法对此作出判定而使之提升为理性可接受的论断。另外，这种循环定义也存在经验多元性或无穷性。因为，对于哲学理念的独断受到关于哲学现象分类的影响。而从存在层次上看，哲学现象具有不同的表现和层次，可以进行不同分类，每一种分类在形式上直接决定一种哲学定义的可能性。但按照特殊性本身的逻辑开放性，哲学现象的分类可以无限细化。因此，遍历每一哲学层次是不可能的，而究竟停留在哪一层面上并无可靠根据。因此，必须采取一种独断态度，才能排除哲学现象的层次开放性所带来的认识犹疑。这正是在哲学定义中常常出现的不可裁判争论的重要根源。

至于归纳定义这个包含在个例分析法中的逻辑错误则为，从特殊不能推出普遍，从而决定这种过程的方法与目的之间存在错位，注定不能获得认识活动所期望的效果。在个例当中归纳普遍本质，这不仅包含循环定义那样的纯粹逻辑问题，而且遭遇认识内容的生成和转换困难。从认识论上说，从特殊内容开始的认识无法理性地褪掉其特殊性，扩大归纳范围仅仅可以改善这种认识的局限性，但永远不能根除其特殊性。因为从范围上说，对归纳个例不能完成穷尽列举，有限个例不论在数目上如何扩展，都不能排除其他特异情况存在和出现的可能性。而从认识内容的逻辑性质上说，普遍概念内容不同于现实显现的知性普遍内容，它们具有的是概念普遍性，不一定以现实经验内容的方式直接显现为可观察析取的内容，而是隐伏于经验之中，并没有直接可见的存在意义。而在逻辑上，以特殊内容为主词而开始的认识不能实现向普遍主词的转换，从而不能非独断地触及和思考所确定的认识目标，比如哲学定义。因为，从知识的判断形式上看，所有以特殊现象为对象的经验观察句的主词即某种存在性质的载体都是特殊内容，它们是认识进行的必要形式条件——述谓对象——的体现，因而在逻辑上此后的一切认识都归属于它们，无法由之转换到普遍概念，自然也就不能摆脱认识的特殊形式，实现主词过渡。总之，在经验观察的上述局限条件下，如果要得出所谓的普遍知识，就必然要借助于独断，即独断归纳个例充分有效、独断逻辑上本为特殊性质的认识为普遍的。

感觉的萤火把捕捉它的理性诱骗到空幻之路上。漫漫和坎坷已经足以警示理性停步反思，筹划正确的认识道路。哲学的普遍定义问题必须使用具有纯粹普遍性的认识方法加以解决，即从起点到过程始终保持思维相对"哲学"的普遍性，也就是从某种更高事物出发，不去独断哲学而是从无到有地发现哲学，在一种可能蕴含哲学的起点中分析推演"哲学"。在逻辑上，这样的起点应该是那种与所可能有的"哲学"的普遍属性具有存在联系并且居于最高普遍地位的事物。唯有它才可能具有推演出"哲学"的力量，如果普遍的"哲学"确实存在的话。

即使在纯粹主观观念而非严格客观实有的意义上，"哲学"也当然与其他学问如物理学、数学等一样，首先只能是一种知识，归属于知识门类。而它们之间之所以有所分别而各立门户，是因为它们各自具有自己的存在形态，表现出不同的存在属性和样式亦即知识形态。因此，在知识形态的形成根据和存在谱系当中，必然包含能够给出"哲学"定义的内容。直言之，知识形态是推求"哲学"本质的逻辑起点，从分析知识形态出发，可以达到演绎出"哲学"本质的目的。

适应演绎"哲学"本质的目标，知识形态考察的任务在于发现知识形态的普遍本质和完备的构成因素，从而奠定一个在逻辑上能够完全无遗地推定和发现知识形态种类的基础。只有拥有如此逻辑力量的知识形态分析，才能有资格承担起关于"哲学"本质的认识任务，保证自己断言的可靠性，即不论论断了何种哲学本质，甚至论断了哲学的乌有，都能保证结论的终极有效性和客观可信性。

由于关于"哲学"本质的演绎所要求的知识形态认识必须具有普遍性，而且，仅仅关涉知识的现实构成，所以为此而展开的知识形态认识不能指向知识来源的样式（如感觉或推理、直接或间接等），也不能指向知识的具体内容特殊性，而只能采取逻辑的视角，即关注知识构成的必然属性或者说知识构成的形式属性。

正像排斥对"哲学"定义的个例分析法一样，在此也必须摒弃对知识形态的个例分析法，即不能从现有的人类认识活动中任选某种特征来确定知识形态的成因和种类，而必须理性地设计一种能够保障认识普遍性和完备性的认识道路。

要具有逻辑普遍性和逻辑确定性地作出关于知识形态的各种断言，就必须以形成知识形态的最高根据为根据。凡所谓知识都意味着不同认识内容之间的综合，创设它们之间的某种关系，知识形态就表现在综合所直接显现的属性中。而认知综合的一般逻辑形式是判断，正是判断构成知识的最小单元。而知识的综合本性必然要求判断之间的相互关联，进一步形成新的判断。知识形态也就表现在判断及其相互关联关系上。因此，在判断的逻辑构成和逻辑属性中包含着关于知识形态的全部根据。

第四节　从知识的一般形态发掘哲学概念

一　知识类型分析

判断（个别事实描述语句不属其内）以主谓结构存在，主词构成判断的承担者或者说对象，是判断的质料。在形式逻辑的判断理论中并不考虑判断的主词,因为它属于非形式的质料。但是,对于知识形态考察来说,判断的质料却具有意义,参与构成知识的存在状态,形成一种知识间的差异因素。根据知识的综合本性,知识即为对关系的肯定或否定,是在确认或缔造一种关联,即使性质判断也只不过是关于某种属性对一种实体的归属关系的判定。因此可以说,被康德作为追问先验范畴的逻辑线索的判断的"质"和判断的"关系",在知识形态考察中却合并充当知识本身,并不显现为影响知识形态的差异因素。相反,只能作为知识的基底接受其他因素的限定。换言之,所谓知识形态,也就是对作为纯粹知识内容的"对关系的肯定或否定"所施加的修饰限定。判断的质料即构成对知识对象的限定。与此相同,形式逻辑中所论列的判断模态,构成对知识本身即关联关系之稳定性的限定。形式逻辑中所列之判断的"量"相,构成对判断之有效范围的限制。而知识在其综合本性上必然要求知识超越个别零散判断,继续建立以完整判断为单元的诸判断间的关联,这就必然使知识显现出特定的宏观结构。严格来说,停留在个别判断水平而对知识的扩展无意识,只能是一种前知识的知识,正处于知识的边缘或起点上,还是未完成的知识。总而言之,知识受到质料、量相、模态和结构这四个因素的限定,由之显现特定的知识形态。

判断的质料或为抽象的概念,或为实存,因为二者是作为认识观念的全部可能的形式,即进入认识视界内的只是概念或实存。判断之量相标志判断所断定关联关系的适用广度即逻辑有效性的品质,按照形式逻辑对判断之量相的分类,只有特称和全称两种,亦即普遍与特殊两种。可以断定,对知识形态考察来说,单称判断完全具有全称判断的逻辑意义,可以归并于全称判断之中。判断之模态按照形式逻辑的分类,只有可能与必然两种。在模态判断的传统观点中,一般也将"应当""必须"等作为模态词。其实不然。"必须""应当"等只是表达了对于判断所持的一种主观上的态度或附加的主观状态,是作出判断时的主观状态的自我意识,并非所断言关系本身所具有的属性。对于只关心知识所断言关系本身性质的知识形态认识来说,它们并不具有任何意义。由"应当"

表述的是一种规范语句。规范必然有其根据。在逻辑上，其根据就是谓词相对主词的普遍性和由此发生的同一关系。也就是说，在"应当"语句中，主词是在其分有普遍规律和本质的意义上使用的。但是，规范指涉现实存在，因而把主词拖入存在具体性中而作超出其普遍本质内容的使用。正是考虑主词的特殊内容对规范实现的不确定性影响，使"应当"语句的主谓词之间失去必然联系而仅仅呈现可能状态。质言之，"应当"就其所表达的真实存在关系而言，其实是"可能"模态，并不是一种独立的判断模态。

给定判断之间的关系必然采取复合判断形式，因而表达关系范畴的复合判断的逻辑形式就是判断间关系的可能种类。表达关系的复合判断有三种句法形式即假言判断、联言判断和选言判断。从逻辑意义上看，第一种即假言判断表达了原因和结果关系，而后两种则表达了同一种关系即相互之间的存在构成关系，所不同的只是具体性的相容与排斥而已。知识形态考察的立场是逻辑观点，因此对于知识形态学来说就只有两种有意义的判断间关系：因果关系与构成关系。在此，因果关系采取广义意义，即仅要求具有相互间的存在影响而不要求该影响为必要的或充分的。由于因果之间在逻辑上有一因多果和一果多因的不同，并且因果关系也有可逆（互为因果）与不可逆（单向因果）之分，所以，因果关系在逻辑上必然具有纵横交织性的网络结构。而构成关系作为对一种存在的描述，必然采取有序而互相制约和结合的形式，否则就破坏存在的可能性。因此，构成关系必然以内容的层级结构为形式。而且，由于知识的综合统一要求，这种层级必然趋于向单一判断作归属运动，从而呈现收敛状态。要言之，知识的结构只可能有两种：层级和网络。

为何在考虑一般判断的知识形态要素时所舍弃的"关系"，在此却被启用？因为，在判断间关联问题中，作为其实现形式的复合判断虽然也存在一般判断的质料、量相、模态等因素，但它们已不是影响知识形态的新增要素，而关联形式即关系内容却凸显为知识形态问题的主题，成为直接标志知识形态的一个独立要素。

判断之质料、量相、模态各自所包含的不同特性和知识的不同结构之间具有组合的相互选择性和匹配要求。而每一种逻辑可能的组合就构成一种知识形态。因此，它们是知识形态的构成要素。由于这些不同的知识构成要素都处于最初始的或者说最抽象的分类层次，所以由此组合而形成的知识形态构成最普遍的知识形态分类，仅仅抽象地断定了知识的可能形式，而不可能有赖以进行具体断言的内容。质言之，如此形成的分类的功能仅仅在于划定了不同的知识类型。

首先，应该确定判断的可能逻辑形式。在理论上，由于质料、量相、模态各自所包含的不同知识形态要素之间不能互相组合，所以三者的不同要素可以产生八种组合，但在逻辑上只有两种组合可以成立。第一，"概念"与"普遍"之间的一致和相容关系是直观确定的。而一种作为观念自身的思维的概念思维具有完全透明性，它所断言者必然具有认识确定性，同时观念间的关系也是确凿和不变的。因此，它们三者之间可以构成一种判断类型。第二，"实存"必然具有存在上的特殊性，即在认识上逻辑地处于"有些"地位，不能保证完全周延性。在携带这样的缺失之后，关于它们的判断也就总带有认识上的条件残缺，从而只能要求一种"可能"性断言。这两种组合方式之外的其他任何组合都在逻辑上是无效的，因而不可能成为有效的判断形式。因为，在其他组合方式中，质料、量相、模态的一个要素都与其他两个异类要素在逻辑上不相容，比如"概念"就分别与"特殊""可能"不相匹配；"普遍"分别与"实存""可能"不匹配；"必然"与"实存""特殊"不匹配。

在确定了判断的两种合法逻辑类型之后，知识形态的"知识结构"要素就表现为判断之间可能有哪几种合法的逻辑联结问题，而其可能的关联方式为同类之间与异类之间。换言之，也就是利用两种判断可以建立起怎样关系（因果关系与构成关系）的复合判断或者说形成哪种知识结构。首先，概念—普遍—必然型判断之间只能建立构成关系，从而形成层级结构。因为，"概念"的规定充分性、"普遍性"的无外性和"必然性"的存在确定性都在逻辑上排斥条件限制，即这样的判断不能接受一种存在条件而放弃自己的存在确定性。而构成关系所要求的存在完全性正与它们相切合，即主张绝对发生真理权利的判断之间必然要发生互相之间的共存要求。其原理为，"概念"具有特定的类属性的逻辑序位，"普遍性"之间也具有逻辑对抗性而产生等级分化，同时"普遍性"和"必然性"意味着对存在的共同参与和交融，它们之间也不能并行独立存在，否则就在逻辑上破坏存在可能性。因而这种判断类型之间只有在某种存在构成关系中相容，而且必然采取层级相属形式。其次，实存—特殊—可能型判断之间只能建立因果关系，从而形成网络结构。因为，实存的部分性、特殊的相对个别性和可能的非实然性，都在逻辑上具有存在上的非独立性，接受一种外在限制。相反，三者又都在逻辑上不能与构成关系的全体性相容。而因果关系的逻辑形式有两种，即一果多因和一因多果，所以必然造成纵横交织现象。同时，因果关系在逻辑上又有两种性质，即互为因果的可逆因果关系与单向因果的不可逆因果关系。所以，进一步，至少在局部，因果关系网络必然带有某种有向性而超越网络的平面维度，形成锥体网络。最后，两种不同类型判断之间不能建立逻辑有效的任何关系。因为，按照认识论的一般原理，有效的认识活动必须具有对象同一性。在这一条件下，概念与实存之间的存在性质的异质使以它们为质料的判断不能发生直接存在关联，既排斥因果关系，也排斥构成关系；按照前面的分析，普遍与特殊之间不具有平等并存性，在逻辑上排斥交互构成关系；而必然与可能之间的对立使它们不能发生因果关系，即可能判断不能成为必然判断的条件，反过来，必然判断也不能成为可能判断的条件。在认识上从"必然"产生"可能"这是费解的，而在逻辑上，认识的确定度在因果关系中应该等值传递。

总之，在质料之"概念"—"实存"、量相之"普遍"—"特殊"、模态之"可能"—"必然"和知识结构之"层级"—"网络"中，只可能展开两种逻辑组合，即"概念"—"普遍"—"必然"—"层级"和"实存"—"特殊"—"可能"—"网络"。因为，只有在这两种组合中才能保持各要素之间的逻辑一致和相容性。如果在一种知识建构活动中违背知识形态要素之间的组合规律，则必然造成认识的逻辑无效，亦即使得判断及其扩展产生内在的形式矛盾，瓦解认识的可信性。

知识形态是一种直接的存在样式显现，具有绝对的存在具体性，因而是严格差异的，即在一个观察层面上的任何一点构成要素变化都即行定义一种新的知识形态。所以，一种知识形态要求其构成要素绝对普遍同一地贯穿整体或者说认识的始终。

确保知识形态构成要素的同一不但是为了维持知识形态的同一或存在，而且是保证知识有效性的逻辑要求。如果在一种知识构建中发生某一要素内的选项变化，则必然造成知识形态要素的不合法组合，导致认识的混乱和断言性质的不确定，使认识接受某种不合逻辑的根据。比如"普遍"与"特殊"相混合，则既不知所得为何，也必将由此滋生某种虚妄，作出不该作出的断言。因此，即使不准备坚持某种知识形态，也必须按照合法知识形态要素组合方式而协同变更知识形态要素，以便保持认识的某种逻辑有效性。

二 知识类型与认识方法之间的逻辑映射

一切知识及其构成内容的直接现实存在形式都是观念，即使那些具体"实存"也必然以观念形式被纳入认识领域。可以断言，各种知识具有同一的观念本质，同等地具有主观性和特殊性。因此，对于孤立的知识内容，在逻辑上不能辨识它们的存在性状，亦即不能论断定义知识形态的那些知识性质。相反，只有在知识内容的相互联系中才能显现知识形态的诸多品质。而知识性状是抽象的，超越联系内容的特殊性，因此必然具有形式同一性，正是联系的特定形式决定那些定义知识形态的知识性状的产生。对于追求知识的认识来说，只有遵循联系的这种特定形式并以此为自觉目标，才能得到相应的认识结果。当然，仅仅从认识的客观实在意义上讲，一种主观任意的独断性知识也可能侥幸具有与自己所采取的知识形态相符合的真理性，但是这毕竟不是理性所能安然接受的知识。理性应该尽其所能地提供知识的可靠性。而遵循知识形态的特定性状所固有的内容联系形式，是保证认识的逻辑有效性的条件，也就是说使得知识在形式上具备认识合理性。但逻辑有效性仅仅是知识真理性的必要条件，而不是充分条件。因为判断形成和判断间关联的基础是具体的存在关系认识，是针对特殊观念内容展开的主观认识活动，在把诸特殊内容纳入特定联系形式的过程中并不能排除发生错误而错认内容联系的可能性。对于努力掌握自己命运的理性来说，这种逻辑有效性具有自主地走向真理的意义，因而必须将其内容设立为认识的形式，作为具体思维过程的普遍操作格式。此即认识方法。质言之，特定的知识类型要求与之相适应的特定认识方法，二者之间存在严格的逻辑对应关系。

那么，两种知识类型各自要求怎样的认识方法？在逻辑上，对定义知识类型的不同知识性质要素进行分析，可以自然获得其解答。

首先分析两种知识类型的质料对方法的要求。作为判断质料的概念是抽象思维的产物，具有纯粹思想性，其认识和确定形式为下定义。由于良好的概念必须具有普遍性和对事物的统摄能力，所以下定义的方法为抽象。由于知识对象不直接包含和显现概念内容，所以概念的获得是一个理智过程，其中必须有智慧参与，而不是一种机械必然的活动，其实质为构造存在形式。而实存由其外在于精神所致，其认识必然要求诉诸观察和经验。

判断的普遍性是主谓词内容即概念之间的匹配适应能力，具体说就是主词对谓词的完全归属性。因此，判断的普遍性是在主谓词概念的相对联系之中确立的。它完全不同于概念的抽象普遍性，因为它是对逻辑上无限的非特定差异内容的结构化包容和整合形式，而判断的普遍性却是特定主谓词内容之间的一种逻辑关系。普遍性必须依逻辑而确立，即判断内容之间直接地具有判断为它们所断言的那种关系。普遍判断的主词表现出无限定性，因而必须作为纯粹概念使用。其谓词的逻辑抽象地位必须高于主词，因为只有在这种情况下，谓词对主词的限定才会是逻辑上可能的和无例外的。比如，兔子是动物。判断的思维方向为从主词到谓词，因而普遍判断运思的特征为走向抽象。这就是说，抽象是普遍判断所要求的方法，只有在抽象观点中才能为普遍性判断找到谓词，相应地才能使一个主词获得判断中的普遍性特征。与普遍性判断相对，判断的特殊性仍然产生于主谓词内容之间的相对关系，但主词的逻辑序位高于谓词，谓词内容相比主词内容更具体和丰富，并不直接包含在主词之中，因而虽然其间具有相容关系却并不能延及主词的全部所指。主词在判断中的逻辑特殊性由此而生。比如，有的动物是兔子。而接受了个别性限制的概念已经在其纯粹概念使用之外增添了实指用法，即指称实存的事物，其中的纯粹概念意义用来确定所指的可能范围。从判断的运思方向看，特殊性判断是走向具体。相应地，只有采取增添具体性的经验观察方法才能正确地创立特殊性判断。在造成普遍性判断和特殊性判断的主词谓词关系形式即在逻辑抽象度上主词低于谓词和主词高于谓词之外，尚有主词与谓词同等情况。在这种条件下，由于主谓词之间并列而无确定归属，所以只能形成交叠性关系，被归入特殊性判断之中。

必然性意味着直接确定性和不可移易性，也就是决定根据的充分性。因此，必然性判断也就是造成某种关系的根据已经完全由判断内的主谓内容所直接或间接提供。在逻辑上，这表现为主谓词内容对特定关系的直接蕴涵。就判断的同一综合关系本质而言，必然性判断则为主谓词内容的内在同一性，从而呈现关系的自明性。因此，造成必然性判断的根据在于主谓词之间的互相蕴涵，发现主谓词之间的同一性内涵是致成必然性判断的必然途径。判断的本质即为形成某种同一性综合，而主谓内容之间必然存在差异，因此需要从中寻找内容同一性，以确定"关系"的具体承担者。那种主谓内容无差异的判断即"A 是 A"这样的同一性判断，是同语反复，仅仅在纯粹形式上表达某物存在的自身确定性，并不具有实质认识意义，亦即不属于真正的知识。显然，要形成必然性判断，就必须对认识对象进行分析，在分析中显现必然性判断。直言之，分析方法是进行必然性判断的方法。在分析中，由于主谓词内容之间的同一性联系可能并不是直接显现的，因而要求对其中某种内容进行分析性的相关代换，从而以形成新的必然性判断的间接方式来显现原始主谓

词内容之间的必然性判断关系，此即推理。综合言之，判断的必然性相应地要求分析推理方法。

在判断的必然性的存在问题上，康德、奎因、克里普克等人的不同论述具有代表性。康德把必然性完全划归先验领域而排除于经验领域；奎因却取消了可以支持必然性命题存在的分析与综合的逻辑分界；而克里普克则指出必然性命题分布的不规则性。但一旦把注意力集中于形成判断的最后环节即主谓词内容本身的意义和逻辑关系上，而不考虑其他并非判断构成直接根据的认识论因素，则他们的争论就并不能影响这里对必然性的分析的有效性。所幸对于知识形态论域来说，仅仅考虑判断的主谓词内容本身的意义和逻辑关系已经充分满足课题的内在要求，并且也不容许再引入其他因素。因为，按照知识形态的本质，对其有意义的只能是现实地显现知识形态的观念，正是最终设定的观念内容直接参与判断的构造。

判断的可能性意味着判断所论及的联系虽然有存在的根据，但又缺乏充分的决定能力，在逻辑上呈现根据的不充分状态，具体表现为主词和谓词内容不能完备提供显现某种关系的内容。在其中，"根据"仅仅是确定了主谓之间的一般存在关联性和相容性，但不能唯一确切地断定判断的现实可靠性。它们之间的一般存在关联通过概念及其相容属性来建立，即特定概念要求某些具体属性，而某种属性正是其中的一种属性，从而达到某种偶然的同一关系。可能性即为主谓词之间在存在上相容，而主词相对特定谓词具有更广的属性接受范围。比如，"有的马可能是黑色的"。面对这种情景，从事主谓词的分析对于下判断来说已经显然不可行，相反，必须在判断内容之外去求取判断的根据，这也就是诉诸事实。因此，以观察事实为基础的归纳就成为制作可能性判断的当然方法。对于可能性判断的致成而言，归纳仅有弱的逻辑要求，即一例即为可能性之证据。当然，更高频度的归纳能提高可能性判断的内容相关准确度。但是，多大频度的归纳在本质上都是一种事实观察，不包含判断所要求的抽象性"关系"，所以必须辅以对"关系"模型的主观设置即猜想。

显然，猜想是关于关系的主观性创造。因此，归纳—猜想是构造可能性判断的认识方法。

　　要确定知识形态之"结构"要素所蕴含的方法意义，就必须分析判断间关联的实质，因为其中包含认识的任务和过程。判断间关联的和纯粹形式的分类（构成关系与因果关系），仅仅是抽象的划分，并无直接认识操作功能，也就是说，要确定判断之间的某种关系，必须在关于诸判断内容的具体思维过程的展开中来确认。这种认识活动依判断给定情况可以分为两种，即或者给定有待关联的判断中的一个，或者两个均已给定。按前者，思维的任务是推出另一个新的判断；按后者，思维的任务在于给出两个判断之间关系的中介。在逻辑上，这两种情况分属于推导和证明，具有运思的不同要求，即按照数理逻辑的话语，前者只能采取谓词演算方法，而后者也可以采用命题演算方法。但尽管有此不同，二者相对认识本质即确定特定关系如何发生及怎样存在来说，仍然具有同一属性，即都必须归结于具体内容的实际考虑。命题演算只能抽象地确立特定逻辑关系，但并不能直接揭示这种逻辑关系的实际存在方式。因此，在本质上，判断间关系的确定必然是一个推导过程。而这种推导过程必然采取形成判断相续链条的形式。按照前述的知识形态同一性要求，在这一过程中出现的一切中介判断都必须与给定判断同质。因此，形成两类不同判断（构成关系判断和因果关系判断）的方法也就是制作同一类型判断间关系的方法，即分析—推理和归纳—猜想。这是"层级"和"网络"两种知识结构的微观操作方法。而在宏观上，由于层级结构必然表现出抽象等级提升和内容的统一收敛特征，同时概念—普遍—必然型判断的走向为抽象，更高级别的概念是形成判断的前提，所以，其认识建构方向必然为由高到低，并采取相属决定形式，因而呈现出演绎或综合形式。相反，网络结构虽然也具有知识的综合统一倾向，但终因其构成判断的走向的具体化和因果关系在认识上的跳跃性，从而归于逻辑上的事实描述性和离散性，缺乏层级结构那样的认识紧致品质和逻辑确然性，最终呈现经验证实特征。

综合以上分析，可以断言，"概念—普遍—必然—层级"知识形态要求采用分析—推理方法展开抽象思维，而"实存—特殊—可能—网络"知识形态要求采用归纳—猜想方法展开经验实证活动。

三 逻辑可能的知识形态谱系及其学科生成功能

在定义知识的一般逻辑形态的要素中，模态、量相都是逻辑常项，仅仅具有纯粹的认识形式意义而不会发生变化，唯独质料是一个变项，因为作为判断内容必然随着认识对象的不同而不同。认识总有其对象，在逻辑上，一切相关知识都最终指向这个特定对象，作为它的谓词而存在。因此，"质料"，无论是概念还是实存，都具体地与特定对象相关，是对这个特定对象的概念和实存的表述。在认识中，相关的判断群必然统一于特定对象，把它作为认识意义的承担者。根据知识形态的要素同一性要求，作为知识质料的认识对象的变化，必然生成新的知识形态。而按照存在对象的类属分层结构，知识形态必然相应地分化为某种有序谱系，其中子类衍生，由大到小，由整体到部分，由抽象到具体。显然，这种知识形态的衍生和分化在两种知识类型中分别发生，因而形成两条基本谱系轴线。在逻辑上，任何对象都可以分别成为这两种知识类型的认识对象，因此对象差异不能成为这两种知识形态谱系相区分的要素，即同一对象可以同时进入这两条知识形态谱系轴线。对象的知识形态谱系衍生功能仅仅在每一知识形态谱系轴线之内发挥作用。

占据知识形态谱系原点的正是两种知识类型。因为，作为判断质料的知识对象在知识谱系中应该从最抽象的存在或者说整体性的存在开始，然后逐次特殊化。而最高的抽象对象或绝对抽象的结果即为无内容的形式，逻辑上等效于纯粹的逻辑形式即"概念"和"实存"。它们的对象是一切可能的存在，具有逻辑同一性，此即"世界"。世界对于有限理智来说，就是对存在的观念虚拟。使二者区分开来的是知识的逻辑形式。这两种知识构成知识的最基本和最初的分野。从认识的对象具体性要求上说，二者并不构成具有现实认识意义的学科，而仅仅在形式上规定了认识样式。按照前面对这两种知识类型的讨论和认识，"概念—普遍—必然—层级"型认识的运思方向为走向抽象，其构成环节为概念，其对应的方法为分析—推理。因此，它是一种发挥主观智能而以超越经验的方式来自由地把握存在的认识活动，其规范为逻辑规律，其目标为事物的终极本质和原理。可以在严肃学术的意义上把这种认识类型称为哲学。如果在追求这种知识的过程中并没有采取它所要求的方法，那么这种认识就降格为被好奇心所推动的经验性感悟，可以称为哲思。与此相对，"实存—特殊—可能—网络"型认识的运思方向为走向具体，其构成环节为经验对象及其属性，其对应的方法为归纳—猜想。因此，它是一种要求实证的理性认识活动，在认识过程中必须直接面对和处理实存对象的相关关系，其目标为事物间的现实存在结构和关系，有效性被严格地限定在特指的事物上。可以在严肃学术的意义上称之为科学。如果在追求这种知识的过程中没有遵循它所要求的方法，那么这种知识就降格为被好奇心所推动的猜度，可以称之为揣测。在此，暂且概要指出，方法不仅影响一种思维的外观，而且更重要的是决定它的逻辑有效性品质，使相应的认识活动具有更严格的规范意识和主动探索能力。

必须澄清和指出的是，这里的"科学"的"特殊"和"可能"是在严格的纯粹逻辑意义上取义的，仅仅指判断的外在条件性。其实，判断本身作为知识都会主张自己的普遍性和必然性，否则就失去知识意义，只不过"科学"的普遍性表现为存在普遍性而非逻辑普遍性，即在其事物实指中显现出的普遍性，从而带有逻辑上的特殊性。而"科学"的可能性如果补足存在条件，也就在存在中升级为必然性。因此，"科学"在逻辑上的"特殊"和"可能"规定性并不排斥随着认识的健全和深化而建立存在上的"普遍"和"必然"。质言之，带有逻辑上的特殊性和可能性的"科学"与规律相容，从而可以为人类实践提供控制手段。

由上述分析可以发现，哲学与科学是特定知识形态与其相应方法共同造就的抽象的认识活动类型，并不直接作为具有现实认识意义的学科而存在，二者处于同一逻辑划分水平，与下面要提到的其他可能学科具有根本不同的逻辑地位，因而并不是可以与后者并列和比较的学科。可以称二者为母学科。

具体学科的生成依赖为知识形态的"质料"设置特定内容即限定认识对象。在知识形态谱系的衍生中，按照其内在的由高到低秩序，为质料注入的第一个对象应该是大全性或整体性的世界。之后，世界中的每一事物按照其分类地位都相应地确立一个子学科。这种学科谱系是辐射性开放的，显现树状分化发展状态，直至单一具体事物。受知识类型限制，这种学科分化必然分别在哲学和科学两个系统内展开。

虽然学科分化随同认识对象的选择而同等地在哲学和科学内进行，但是由此而形成的学科谱系却各有自己的特点。由于哲学认识以概念形式进行，那些表达不同对象的概念间具有逻辑种属或决定关系，存在特定逻辑秩序，并且哲学认识的走向为抽象，所以发生在哲学内的学科分化具有内在关联秩序，有高级与下级、普遍与特殊、核心与边缘之分。相反，在科学系统内发生的学科分化结果，则由于科学内容间并无必然的关联关系，并且科学认识的方向为走向具体，形成交互作用的网络关系，所以平等地存在，充其量在锥体式因果关系网络的作用下形成某种解释说明关系，但占有优越地位的学科并不能充分地提供决定其他学科的原则，因为存在的具体性决定必须在具体的考察中描述被解释的学科所代表的对象。质言之，哲学系统内的学科分化是纵向的或者说阶梯式的，各子学科间不平等而相依属，但科学系统内的学科分化是横向的，各子学科间平等和独立。

根据知识形态所作的学科生成分析表明，作为认识活动的学科，其内在构成要素是认识对象和研究方法。其中，研究方法直接牵连认识的逻辑性质，造成知识的横向区分，即哲学与科学以及这两个系统内的衍生学科之间的跨知识类型的区分。而认识对象则标划认识领域，造成知识的纵向区分，即哲学和科学在各自系统内的学科演化和生成。虽然从纯粹区别分化的角度看，认识对象与研究方法发挥不同的学科分化功能，与不同的学科分化现象相联系，但是，无疑，学科作为一种精神存在，却同时为二者所构成，即每一学科都被特定的认识对象和特定的认识方法所完整规定。

哲学或科学在其认识对象的抽象空无意义上并不是一个现实的学科，而仅仅是两种不同的知识类型，这种划分的逻辑意义压倒其认识意义。现实的学科划分正发生在哲学与科学这两种知识类型之内。因而哲学可以有本体论、认识论、宗教哲学、道德哲学、数学哲学、物理哲学、历史哲学等在哲学之名下的学术研究。哲学的超学科普遍性由此可见一斑。而科学可以有数学、物理学、生物学、化学、分子生物学等在科学之名下展开的认识活动。显然，把哲学作为一个学科而与物理学、历史学等学科并列比较的做法是错误的，它们本来不是同一个分类原则的产物，而是不同质的分类原则的产物。如此演绎确定的学科谱系完全解释了现实的学科分类和学术研究现象，即在其他学科里有所谓历史哲学、物理哲学等哲学"渗透"现象。其实，这并非意外的"渗透"，而就是一种哲学。之所以这些哲学分支学科没有在社会教育体制中表现为一个独立的学科或专业设置，仅仅是因为哲学的不发达和人们对哲学的社会重视程度不够。其实，它们完全有资格像物理学、化学等科学学科一样，获得独立的研究地位。

呈现学术形态的学科要求满足特定的认识方法，而知识形态的质料变化影响方法的成功运用。也就是说，在方法与认识对象或内容之间存在相关关系。因为，思维方法规定了认识展开的抽象格局，否定违背或欠缺方法特征的思维动作，而特殊思维内容间具有内在的关联潜能和相互选择性，特定思维形式并不能由任意内容随便拼凑来实现——犹如流水有势，所以思维方法必然生成某种思维紧张，即思维主体被夹在作为形式的特定方法与作为内容的给定材料间，被迫寻求和创造合形式的理论建构。因此，方法的运用是有条件的。首先，方法只能穿透一个特定认识内容群，因而必须占有能够充分满足一种方法的关于认识对象的内容。就关于对象内容的把握带有历史性而言，一种方法的运用现实可能性是历史变化的，即现在不能贯彻的方法在将来就可能是可以运用的方法。其次，可以参与一种方法思维的各个内容在被加以合方法处理之前都是孤立的，不能自动宣示自己的合方法属性。因此，在逻辑上，一种方法化思维必须以超越地发现各个内容间的某种合方法逻辑特征为前提，这就是灵感。不过，严肃的方法思维不能满足于抽象模糊的灵感，而是要在具体的认识展开中真实实现从而检验这一灵感。灵感仅仅是方法的探路杖，启示某种方法思维的可能性。显然，对于认识对象存在内容的把握，直接决定能否切实展开某种特定方法的认识活动。一般来说，认识对象越大则其所要求的认识内容的丰富程度越高。因此，适应一定认识发展水平的对象分化，有利于提供可以满足特定方法的存在内容，从而促成认识的成功展开。反过来，个别或局部事物的准确认识又为更大事物的认识提供新的内容，进一步促进认识的扩展和深入。学科的分化意味着对象的缩小和问题的细化，是推动认识进步的一种方式和研究策略。

对于哲学和科学这两大知识部类来说，因为它们具有不同的认识走向即抽象和具体，所以学科的历史发展也具有不同的方向和意义。哲学部类的学科分化以其抽象化的逻辑制约秩序，要求从最高级的问题开始，以此奠定继续研究的基础，即获得第一个也是最抽象的谓词。对于哲学，学科分化也就是问题的专门化或细化。而科学部类的学科分化以其指向具体事物的特性而必须从直接具体的存在物开始，逐步扩及事物整体。对于科学，学科分化也就是对象的扩展。直言之，哲学系统内的学科分化的合理秩序为由上及下，而科学系统内的为由下而上。

在如此刻画和定义了哲学与科学的特征之后，就可以清除很多围绕哲学定义问题的混乱认识和关于人类知识的许多不当但流行的分类观念。受对象定义学科这一片面的学科划分标准影响，人们往往将人类知识划分为哲学、科学、宗教（学）、艺术（学），进而有人认为那些不属于科学、宗教学、艺术学研究范围的即为哲学的对象，哲学就是关于这些"不管"对象的学问。在这种学科概念中，存在诸多逻辑的、认识的和现实的重大错误。首先，在这种划分中存在主观任意性，并没有一个客观划分标准。世界上的事物或现象千差万别，无穷无尽，何以单单挑选出哲学、科学、宗教学、艺术学？也许有人说，哲学是关于世界整体的、科学是关于自然对象的、宗教学是关于人的信仰现象的、艺术学是关于人的情感的。在此，已经显现出划分中的对象重叠。其实，一个重要现象是，真善美等是互相渗透的，并非可以为某一学科所专有的对象域。在这种划分中，并没有一个使划分具有逻辑有效性的同一划分标准。其次，世界是无限的，这就注定界定哲学的"剩余法"在逻辑上即为一条死路。不管进行了怎样的"切除"，所剩对象都是不能确定的，除非作为实施"切除"操作的对象已经完全给定。但对于有限理智，这是不可能的。最后，这一学科划分并不符合人类认识领域的现实表现。比如，关于宗教也有宗教哲学，关于艺术也有艺术哲学，关于科学也有科学哲学。这说明，四大领域划分存在严重的交叠，根本不是一种合理和合法的划分。其实，对于世界上的任何一种事物都可以做不同类型知识的追问，宗教与艺术现象也不例外，是与其他现象同等的认识对象，比如物理现象、化学现象、伦理现象，并不是一种在学科谱系中可以与哲学和科学并列的认识活动。凡有具体所指对象的学科均不能与哲学和科学并称共举。宗教和艺术作为人类社会的两种实践，各自都可以分属不同知识类型而成就宗教哲学、艺术哲学和宗教科学和艺术科学等作为知识部类的学科。应该注意，要严格区分学科的知识划分意义与学科的现实教育组织方式。后者往往根据知识的相关性而把关于同一认识对象的两种知识混合设置为一种课程体系。也就是说，教育建制中的"系"并不一定严格对应一个真正的学科。

通过以知识的普遍逻辑形式为起点的逻辑分析，哲学的定义内容终于在从一般到一般的思维路径中被迫现身。相比那种哲学史考察做法而言，这种哲学定义方法的逻辑学优越性在于，它不是徒劳地从特殊去追寻普遍，而是在更高普遍性事物中去把握相对低级的普遍事物，因而符合认识的逻辑规律。而这种方法的心理学优越性在于，它毋须特别预设某种"哲学"的考察对象地位，所以能够不招惹"话语霸权"政治性嫌疑而增强纯粹理性色彩，减弱接受上的社会心理障碍。

第五节　对哲学定义曲折历史的事后诠释

　　当彻底否定以往所有哲学定义时，或许会把人们推入一种巨大的疑惑，感到难以置信和惊讶，从而世故性地诘问，难道哲学史上那么多哲学家中竟没有一个人具有发现哲学定义的充分智慧？

　　在捕获哲学的普遍定义之后，对照哲学定义和获得哲学定义的认识形态，可以发现哲学定义本身就是一个哲学问题，必须用哲学思维来发现，也就是前哲学定义地展开哲学思维。这种循环意味着丧失认识方向的必要辅助性引导，造成进入哲学定义正确道路的偶然性，使其成为一场盲目性博弈，须是偶然信步间侥幸踩踏认识迷宫的唯一正确切入口，从而幸运地暗合哲学定义要求而探幽索微。可以说哲学定义问题只能托付给被命运主宰的历史。而这种探索历史的好运时刻的降临，需要满怀对哲学定义状况的不满和批判，在强烈的叛逆意志下突然闪现那种强力翻转思想框架的灵感。

　　对哲学的亲切经验和经验思维的方便堵塞了通向哲学定义的正确道路。无疑，人们操作着或遭遇着哲学，形成了生动的哲学存在经验。在逻辑上，如果相信一种哲学经验的真实性，那么相应地必然认定这种哲学中包含哲学之为哲学的属性。但这仅仅是存在上有效的判断，并不意味着从中提取哲学定义内容的认识必然性和简单性。相反，如何析取和把握哲学定义内容是一个相对哲学的现实存在具有完全独立性的认识问题。因为，从特殊经验存在到其中的普遍本质之间，存在认识上的逻辑鸿沟，无法必然地从前者过渡到后者，要求放弃直接从经验出发的冲动，筹划其他方法。这种情形如某种质料被投入了一种溶液中，但要将其从中分离出来有时却不是简单的蒸发操作所能成功的，而是必须设计某种萃取方法。然而，经验思维习惯在哲学定义问题上产生了巨大的约束力，从哲学个例出发取得哲学定义的期望强烈地诱惑着人们的理智，以致在失败中不惜一再重试。

　　经验思维对哲学定义的干扰不仅仅是认识原理上的，而且有认识材料上的自我破坏可能性，即疏忽间将虚假的"哲学"收集为归纳定义材料，在确认哲学个例时可能发生经验错误。因为经验地定义哲学需要独断地选择"哲学理论"，而在这种独断中无力保证恰当性。独断的任意本性使得有可能将不具有完备"哲学"本质的思想理论确认为哲学；也可能片面地将某种具有全面"哲学"本质的哲学理论的一种本质属性类比应用到另一种思想理论，从而误认其为哲学；还有可能由于模糊而将某种真实哲学的非本质属性认作本质属性，再类比应用到另一种思想理论，从而错误地将完全不是哲学的思想理论认作哲学。哲学归纳定义中的这种材料混乱可能性，进一步现实地恶化定义的归纳本身，使之更加偏离哲学定义。

　　哲学经验对哲学定义并非没有贡献。无疑，哲学定义问题就是哲学经验刺激的结果，个别哲学之间的同名和差异引导人们设立哲学概念的提问。另外，哲学经验对归纳比较的支持也具有启迪和限制哲学定义活动这种辅助认识功能。但是，要严格辨别和限制它们的认识功能。哲学经验之所以能够让哲学定义问题显现，是因为在个别哲学经验中既包含一般性哲学规定，也包含特殊性构成内容，两种内容混杂而需要在认识上加以分离。也就是说，哲学经验只有显现问题的功能。因此，不能继续用提出问题的方法去解决问题。苏格拉底所设计的普遍概念寻求道路即理智接生术的错误就在于此，其前途只能是在否定的无限延展中陷入问题包围而不能自拔，无法超越问题状态。而之所以对经验的归纳也不能搭救苏格拉底于问题陷阱，是因为一定的经验普遍性对定义的认识启迪和限制功能，仅仅建立在它与本质普遍性的表面一致基础上，即在逻辑上，本质普遍性必然表现为经验普遍性，一种内容如果缺乏经验普遍性，就必然不可能是本质属性，因而有限的经验普遍性具有本质普遍性的初步（必要）条件意义。但是，有限的经验普遍性与本质普遍性的联系是偶然的和不确定的，即它只能否定而不能肯定一种存在内容的本质属性地位，在积极的意义上也只能辅助作出该内容具有成为本质属性的可能性这一判断。

　　方法对认识的逻辑局限所造成的误谬，会被当作真理加以接受和固定。因为，方法是思维的强制轨道，是理智反思自身的边界，是确认认识正确性的最终检验标准。所以不难理解，苏格拉底说认识的本质就在于认识自己的无知，而依附哲学史作哲学概念归纳定义的那些人都说哲学不可定义。在此，只有对旧方法的彻底反思和叛逆并成功发现新方法，才能开辟思想事业的新天地。

第二章

方法与哲学

第一节 哲学的可能做法

根据哲学的普遍定义,哲学并不与特定对象、特定问题绑定,而仅仅是一种知识形态,它可能指向任何可能的对象和问题。哲学的对象开放性使得一切存在都可加以哲学研究,关键在于认识的任务设定是否要求哲学这种认识形式。由于认识的需要或者认识中偶然的操作混乱和任意,在同一问题的解决过程中也许可能出现科学与哲学并举的状态。耐人寻味的是,牛顿写了一部《自然哲学的数学原理》。这说明自然规律研究可以是哲学的,同时数学可以表达哲学思维,或者说数学也可以是哲学式的,或哲学也存在于数学认识中。

从哲学的知识形态及其认识方式可知,哲学应该超越经验存在而活动在概念间,概念间的存在关联是哲学的认识建构目标。如何实施这种关联建构,或者说哲学这一知识形态的可能实现方式,在逻辑上应该取决于其各种形态要素之间的可接受的组合。哲学知识形态的描述要素为作为思想的概念、作为存在事态的普遍、作为认识有效性的必然,以及由三者决定的知识统一要求的表现方式即层级。

"概念"是对存在物或想象物的构成本质即使之成其为存在的规定性的观念表达。概念作为观念,其形成可以是理性的即有充分的根据分析过程的,也可能是独断的即缺乏连续的根据分析过程,甚至根本没有根据分析环节便对概念的内涵作出规定。

"普遍"是一个存在范畴，表示特定存在之存在构成中保持其存在特定性的内容，亦即使该特定存在成为该特定存在的内容，其效应为塑造可能存在中的同一性，使一切可能的该特定存在呈现相互间的同一性。普遍性首先是一个内在存在构成范畴，现实地内在于一个单一存在者，但具有潜在的外在关联表现，即形成诸存在者间的共同分有现象，使这种内在构成内容同一地存在于诸多存在者间。如果遵守认识的经验起点程序，那么必然是从诸多同一现象领悟到普遍性，而不是直接把握普遍性的原初内在发生。其逻辑缺陷为，在仅仅面对单一存在者时，便无法发生普遍意识。此外，其认识缺陷为，由于内在普遍内容不一定能完全获得经验显现，所以比较认识模式下的普遍内容把握可能具有不完备性。

在内在构成中，普遍性是在存在内容的特定组织结构中显现的，一个内容的普遍性被它所处的诸多内容的关联所赋予。参与固定不可变动的关联关系的内容与那些缺乏这种存在强制性的内容之间，形成一种存在确立功能的差别，前者确立存在之特定性，而后者不能决定存在之特定性。前者产生存在同一性，而后者产生差异性或者说差异性预期观念。相应地，单一的存在构成内容中，分化出普遍内容和特殊内容，并且在共处同一存在的存在相容关系中，特殊内容从属于普遍内容而限制自身内容特殊性的范围，以保持与普遍内容的可相容性。从存在的现实构成看，不可能有纯粹由普遍性内容构成而没有差异特殊内容参与的存在，因为如果那样，存在将陷入绝对的同一，存在间不可辨识，存在本身也将封闭而以圆满姿态孤立地自成"世界"。实际上，同一的普遍内容是容纳特殊内容的形式，是差异存在的一种构造基础和限制能力，其本身不能有现实的独立显现，只是不完全的存在构成要素，仅在认识中具有观念上的独立存在意义，是认识活动中的一种抽象主观建构，代表存在建构可能性，即循环定义性地设定只要有任何的此种存在，就有这种普遍性内容。

既然普遍是由存在的内在构成内容所具有的同一和差异区别中的"同一"来生成和保证的，那么就必须着眼于存在的内在构成中的普遍内容的存在特性来寻求和保证认识中的普遍性。这种真正的普遍性在逻辑上完全不同于一般的经验归纳普遍性，因为在原理上，后者既不能保证完全揭示内在构成规定的普遍性，也不能保证所发现和确认的普遍性内容是真正的普遍内容。在经验归纳方法中，普遍性是归纳活动广泛度的一个变量，既可能丢失真正的普遍内容，也可能错认特殊内容为普遍内容。

在确认内容普遍性问题上抛弃个别经验存在的归纳方法之后，剩余路径就是直接针对内在存在构成本身展开分析。在形式上，存在两种认识策略，即针对单一经验存在进入内在构成分析，和根据不同存在的普遍内容之间的联系，在规定作用中确定普遍内容。至于二者的可选择性则需要具体分析并作出判断。

对于一个给定的经验存在，直接针对它作普遍构成内容分析不具有认识可行性。虽然在存在论上看，决定一物存在面貌的一切要素应该已经包含在该存在物中，但是对于认识来说，关键问题是它们是否以现实可经验的方式呈现了自身，或者没有直接显现为可经验内容，但可以以经验给与内容为线索加以确切分析和把握。事物的经验显现具有同等并列方式，所显现内容没有地位差异，是诸多构成内容相互作用的结果的整体表现。在其中，湮没或丢失了内在构成关联和作用关系，以及那些不可经验的内容。也就是说，事物的存在与它的经验给与具有区别，后者相对前者是不完全的。在经验直观中，存在物的存在方式没有给与，存在构成内容也有不可直观者。因此，针对存在物的经验给与内容直接进行普遍内容分析带有先天认识缺陷，即材料不完善性。而相继开展的理性分析也无法克服这一困难，因为在缺少因果制约关系指示的条件下，分析的入手点选择成为无根据的盲目操作，同时受可能的一果多因影响，作为原因的内容的选择和确定，以及缺乏内容显现条件下的原因内容的补足，都是不可理性操作的。所以，基于存在物的经验显现内容作内在构成分析来求取内容的普遍性见证，这种做法并不可取。因而希望寄托在通过普遍内容之间的联系线索间接地发现和确认普遍内容。

在逻辑上，具有存在相关性的存在物的普遍构成内容之间存在相互制约作用，按照作用关联秩序，不同事物的普遍内容被区分为不同层次，制约者占据上位，被制约者处于下位，形成一种关联体系。虽然现实存在不是仅由普遍内容造成的，但当仅仅考虑普遍内容的确立问题时，可以沿着这种普遍内容的关联关系，针对所追问的普遍内容加以推求。在这种认识中，逻辑上要求一个处于最高地位的普遍内容能够优先以非此种实质推导方法加以确立，而是以保证论断普遍性的认识过程展开分析。认识上可享有最高地位的最高存在是按纯粹普遍性给与自己的存在，而非以经验特殊性方式显现自身。对它的存在构成分析需要找到能够直接切入普遍性的认识起点。从它所包含的某种认识偶然性（不一定必然切中给定认识对象）上说，这是寻找和把握认识机会的一门认识艺术，事先进行元哲学筹划是提高其成功率的一种策略。在认识技术上，首先它必须活动在纯粹普遍性内容领域，以绝对抽象的普遍内容为思维材料，其次要进行存在构成分析，发现关于特定存在的普遍内容间的结合。

最高存在的普遍内容的构成分析与携带被制约作用的存在物的普遍内容的构成分析，具有完全不同的认识处境。前者是自足存在条件下的认识，需要寻找相关其存在的普遍内容直接切入规定活动。后者则是依赖他物条件下的认识，只能间接地在关联规定中有中介地加以确定。

从规定作用的分析角度看，每一表征特定存在的普遍内容都是一个有效思维单位，具有认识上的独立地位，它们之间的作用表现为逻辑因果而非自然因果。在同一的存在相关中，按照普遍性本身的意义，普遍性意味着并存和同在，相对高级的普遍性对于那些相对低级而处于同一存在相关中的普遍内容，意味着共在而支配其内容。这种作用是不同于自然因果的逻辑因果。自然因果是同样现实的存在者间作用生成新的存在者，"果"对"因"具有存在消耗性，因果作用使作为原因的事物消失。逻辑因果是上位普遍内容制约下位普遍内容及其关联形式，作用的结果并不使上位普遍内容消失，而是原因和结果并存，原因内容并不实在地直接进入结果之存在构成中，而是被"结果"之内容特殊地"体现"出来。一个制约内容在被制约内容一侧的效应,就是支配诸特定内容间完成特殊形式的结合。显然如前所述,具有存在相关性的普遍内容间是共在的,但在认识中却是被分别把握的,是观念间的制约关系。而这些关于普遍内容的观念也如前所述,并没有独立的存在构造能力,不表征有相应的存在现实性。普遍内容的独立观念存在,仅仅是考虑它们之间的作用关系所必要的主观设置。质言之,具有制约和被制约作用的普遍内容间,在存在上共同参与到现实的存在中,并不具有分离存在形态,仅仅可以在认识上加以抽象和分离。在思维中,这种制约作用的观念反映就是"应该",违背者就被否定,因而显现出规范力量。

由普遍内容的上述存在性质可知,作为普遍内容的本质不具有独立存在的属性,仅仅具有观念意义的独立存在。就其指称功能而言,本质是一种主观范畴,是知识的观念构造物。因为普遍内容间在存在相关之内是互相关联的,所以一个存在者在其存在相关内,蕴含了所有可能的"本质",是本质"全息"的。但是,在主观认识中,各特定普遍内容组之间却是分离和独立的,其间联系和作用不以存在上的直接融合为条件,相反采取"逻辑"形式外在地发生制约作用。

从普遍内容之间的关联系统入手在逻辑上可以把握一个其中的待规定普遍内容,而且由于思维操作的观念材料是普遍内容,所以是保证思维过程普遍属性和论断普遍性的可靠方法。从认识展开方向的可选择空间看,有两种获得待规定普遍内容的方法,即综合式和分析式。所谓综合式,就是沿着从上位概念到下位概念的顺向制约关系,逐步推及待规定普遍内容。而分析式就是沿着从下位概念向上位概念的逆向制约关系,逐步推及待规定普遍内容。这就是说,哲学思维有两种实现把握普遍性内容这一认识目标的方法。但是两者的认识有效性并不是等价的。综合方法的每一认识论断环节都是在上位制约性普遍内容充分给定的条件下进行的,具有论断的完整性和准确有效性。而分析方法则相反,在每一论断环节上注定是认识论断不完备的,因为它只能采取逆因果思维,从作为结果的普遍内容推求作为其原因的普遍内容。受一果多因(充分条

件多因与必要条件多因）可能性的影响，这种方法不能完全确认其论断的有效性。它所选择的论断逻辑是，如果 A，那么 B；B，所以 A。或者是只有 A，才能 B；B，所以 A。前者的推理偶然性是显见的，后者的论断因没有完全把握条件范围而难以保证形式完备性。二者均导致论断有效性的存疑，只能是一种具有探索意义的认识。

对于分析方法下的哲学来说，一个延伸问题是，在上位普遍内容缺失的条件下，下位普遍内容在逻辑上是不能准确而完全地确认的，因而作为认识起点的下位普遍内容本身如何确定和评估其认识价值，需要斟酌。在上位制约普遍内容未知情形中，下位存在事物的普遍内容只能针对给定经验内容进行存在构成分析。有两种策略可以选择，或单一使用，或同时并用。一是进行比较归纳，发现具有经验普遍性的内容。二是对存在物的经验存在属性进行相互间关系分析，发现那些包容、制约其他内容的内容，以及存在关联关系。但是，由于存在物的经验显现并不一定具有全部存在内容和关联关系的呈现完全性，有些普遍内容或关系可能隐而未显，所以这种分析策略的效果并不具有发现和确认普遍内容的逻辑有效性，而仅仅具有认识上的诱导和辅助功能。归纳普遍性内容不一定就是真正的普遍内容，分析普遍性内容也不一定是完整的存在构成普遍内容。然而，上位制约性普遍内容对下位存在物的作用效应就是生成被作用内容及其构成形式，所以对存在物的经验给与内容进行分析具有为逆向发现上位普遍内容的认识奠基意义。

"必然"是在认识中的一个关系范畴，指论断本身成立的不可置疑性，即论断的内在构成具有稳固联系，其根据与结论之间具有逻辑性的关联确定性。保证实现认识论断必然性的逻辑形式有充要条件和充分条件或必要条件。一切判断都有其根据，直言判断、假言判断、选言判断、联言判断均如此，都可以为其构造判断根据并判定其逻辑属性，因而都可以为其补写一种推理形式。充要条件支持下的判断具有根据的完备性和准确性，其推理的逻辑形式为"当且仅当 A，那么 B"。充分条件支持下的判断具有根据的可替代性和结论相对条件的存在独立性，其推理的逻辑形式为"如果 A1，或者如果 A2，或者如果 A3，……那么 B"。必要条件支持下的判断具有根据的不可替代性和不完备性，结论相对条件具有存在不对称性，即可能是条件存在但结果并不存在，其推理的逻辑形式为"只有 A，才能 B"。

"层级"是知识之间存在联系的制约形式，从联系在认识中的可逆性可以确定，层级性关联的造就方式有两种，即从高级（上位）知识到低级（下位）知识，或者相反，从低级知识到高级知识，两者都可以在形式上满足知识联系建构的有序层次化。

在对哲学知识的形态要素作出上述分析后，便可以考虑做哲学的可能方式，确认其逻辑合法性。为讨论方便，用符号 G1 代表独断的概念，G2 代表理性分析的概念；P1 代表分析式普遍内容，P2 代表综合式普遍内容；B1 代表不完备条件必然性，B2 代表完备条件必然性；C1 代表从下到上的建构程序，C2 代表从上到下的建构程序。从组合的数学可能上，这四种知识形态要素各自所包含的两种具体要素中的一种，都可以分别与其他要素所包含的任何一种具体形式进行组合，所得到的组合数为 16 种，但是，在逻辑上只有两种组合即 G1—P1—B1—C1 组合与 G2—P2—B2—C2 组合在逻辑上可以接受。因为，G1 与 P2、B2、C2 在思维的根据性质上冲突，P1 与 G2、B2、C2 在思维方向上冲突，B1 与 G2、P2、C2 在有效性的逻辑性质上冲突，C1 在关联的逻辑类型上与 G2、P2、B2 冲突。G2、P2、B2、C2 情形亦然。由此，可以断言，哲学有两种认识构造方式，即根据不完备而缺乏充分有效性保障的构造方式 G1—P1—B1—C1）和根据完备而拥有充分的有效性保障的构造方式（G2—P2—B2—C2）。

第二节 推理：哲学的运思工具及其形式

不论是哪种做法，哲学都呈现对概念性内容间的系统化关联结构的追求。其中，有两个创造性任务，即概念间关联关系形式本身的设立和

概念内容的创立。这就意味着哲学思维就是在已知概念间发现存在关联和从已知概念扩展出新的关联概念。而关系本身也必须以观念的方式加以把握,所以哲学认识的任务就是观念创造。

在意识中,关联形式意味着共有同一存在属性,包括现实的、想象的、真实的、虚拟的。而内容是存在性的载体,因此两个分离内容间只有在各自存在中找到同一性构成内容作为中介,才能确证双方的同一存在性。有了这种中介,便奠定了发生关联关系的基础,某种具体的特殊关联关系才是可设想的。在逻辑学中,这就是推理。由于哲学的合法构建内容是抽象概念,所以这种推理表现出思辨特性。

推理有直言推理、假言推理、选言推理和联言推理。按照推理中前提与结论之间的关联关系类型,推理又分为必要条件推理、充分条件推理和充要条件推理。

在纯粹经验认识中,一种存在内容的推理功能或者说属性是依靠自然因果观察显现和确定的。然而,在纯粹概念思维的哲学认识中,一个概念或概念构成要素的推理属性是逻辑地被赋予的。概念的意识明晰性和确定性,决定概念内容之间的关系是可以在意识之内通过思辨加以确定。那些存在地位处于被认识对象之上,其存在必然蕴含对被认识对象(概念)的作用和生成的概念,便具有充分条件资格。如果可以判定,一个概念或其构成要素是另一个概念存在的直接或间接的致成性控制要素,或参与概念存在,或连锁性地牵制概念存在的其他致成条件的形成,那么它就是这个概念存在的必要条件。与经验存在的必要条件确认可以采用选择性地撤销某一存在内容方法不同,哲学思维中只能在保持被认识对象的完整存在情况下,思辨地分析给定内容之间的逻辑关系来甄别必要条件属性。因为不仅概念的意识存在自明性可以对这种关联直接作出判断,而且概念存在的意识性也不能支持撤销控制方法,即撤销可能的必要条件概念,其关联概念也仍然可以主观地坚持自己的存在。在意识存在中,概念间的必要条件关系指向被决定概念的存在真理性,而非其特定显现。如果可以判定,一个概念的存在处于另一个概念的上位并完全包纳其存在,封闭性地提供后者的存在制约条件,那么这个概念就具有充分必要条件性。充要条件属性的显现是存在谱系的直观结果,因为概念的意识自明性,概念内容以及概念间的逻辑归属关系可以完全直接确认。

由于哲学的目标是建立和扩展概念关联系统,不断创立新概念使之融入概念关联网络,所以立足已有概念设置它们的根据或结果,就是一种必然的认识操作。在这种认识过程中使用条件推理工具是一种常见现象。其实质为通过构造条件推理结构中的条件概念,并通过条件推理的关联关系而把给定概念的存在性施加到条件或结果概念,从而设立其存在。如果 A,那么 B。B,所以 A。由此设立 A。也可以冒险地作出"B,所以 A"的推理。只有 A 才能 B,B,所以 A。由此设定 A。也可以冒险地作出"A,所以 B"的推理。当且仅当 A 则 B,A,所以 B。由此设定 B。或者反之,B 所以 A。在这种思维过程中,哲学从事着认识冒险,即有可能发生存在内容确认错误,比如以充分条件推理为基础的概念存在设立就有可能陷入误谬。这是一个不合逻辑的推理,因为存在一果多因的可能性,A 的存在没有必然性。演绎推理之所以可能有内容创新性,就在于它的判断支可以嵌入主观创造的概念,这种概念又是可能条件设立的。

在哲学的粗疏做法中,容许采取分析方法,因而便可以采用充分条件推理和必要条件推理来扩展概念关联。这两种推理由于条件相对存在的描述不完全性,所作出的推理论断不具有存在确实性。但在哲学的严格做法中,要求根据和论断的存在确实性,综合方法这种保证根据完备性的认识结构才是合法的,因而充分条件推理和必要条件推理便不能被采用,只能运用充要条件推理。

分析方法的认识起点是表达相对低级的存在内容的概念,目标是追问和设置其上位制约概念。这种推理结构决定其根据只能是抽象的外在存在原理,这种原理肯定某种上位存在内容作为当下存在内容的根据,而不可能是具体的切实存在内容。也就是说,在分析方法中,开放了想

象和设置作为根据的上位存在内容的权力，但仅仅给予了功能性的引导线索，即要求满足下位存在内容的存在可理解性或者说合理性。其中的每一认识论断都包含双重指向，即断言一种具有保证下位存在内容存在性功能的存在，同时又借助下位存在内容的存在设定而断言所设置的上位存在内容的存在性。由于下位存在内容没有制约上位存在内容的权利，所以上位存在内容的设立缺乏内容构成上的根据，所能作出的只能是抽象空洞的或零散的断言，不可能给出具体的实在内容描述。同时，由于在满足下位存在的存在性问题上也没有显现或判定切近下位存在的存在层级的根据，所以设置一种怎样强度的存在满足条件也没有可靠的约束，包含某种主观性，可能是扩大化的和过度的。其存在效应为，可能跨越诸多真实的存在关联环节而粗疏地解决问题，造成认识相对存在的残缺。分析方法的重大认识风险在于，通过下位存在内容的存在性而设定的上位存在内容的存在性，具有逻辑上虚妄的可能性。

综合方法的特征是以相对认识对象占据完全统摄地位的存在事物的存在本质为起点，采取由高到低的运思逻辑方向，最终切中和解决问题。值得强调的是，这种作为认识起点的最高存在，不是那种相对存在完整性为片面物的最高抽象属性或原理，而是描述真实的存在本身的完整的存在本质关联体，它与存在同一，绝对地理解着存在。它不是特定存在的功能或外部存在关联，而必须是存在的内在构成。因为认识就是要理解和把握存在，存在的外部联系和作用也必须在把握存在本身的条件下才能真正把握，而只有以存在为根据，才能达到对存在问题的真理性把握。在逻辑上看，综合认识的每一环节都充分占有了论断的根据，因为发挥制约作用的存在都完备给定。在综合方法的认识中，问题自行开显，上位存在依据其存在制约力量必然向与其关联的内容提出合乎自己存在的存在构建要求。而在解决问题的思维中，作为根据的存在本质构成内容直接施加规定作用，使被作用相关内容显现特定存在样态，在认识上构成推理结构，且为直言推理。更为重要的是，由于根据的完备性，各种根据按照自己的原初存在关联向问题内容施加统一作用，形成必然的作用结果，亦即唯一而不可变易的断言内容。在其中，上位存在的存在性完整地落实在断言物中，从而被断言物自然而必然地获得存在性而并不需要认识上另外的存在性的确认程序。申言之，综合方法由于根据的完备性，并且所推设内容自然紧邻根据，所以必然首先显现根据的直接存在效应，具体恰切地设立"存在"，而不可能有所跨越地作出隔层次断言。在其中，作为根据的内容就是待定存在的形式（依此类推），从而成为内容如何实现的形式。而形式即关系，所以认识对象内容之间的关系被规定，问题解决的唯一方式得以显现。正因为相对造就存在的条件设置具有完备性，根据间互相牵制而给予存在想象以狭窄性唯一空间，这导致推理性及其必然性（想象的非任意性）。因此，综合方法是一种认识上必然地得出论断的过程，显现出推理属性，而且是直言推理。

综合方法中的推理与分析方法中的推理的差别在于，分析推理是假言推理的逆推理，而综合推理的根据内容为实然的，是直言推理，无须借助任何具体存在规定之外的抽象原理；分析推理采用的是充分条件推理或必要条件推理，而综合推理是充要条件推理；分析推理中隐含关于论断对象的存在性的附加设定，其中包含虚妄风险，而综合推理中论断对象自然继承根据之存在性，无须设置针对论断对象存在性的专题认识环节。

从逻辑上说，综合方法具有认识真理性的形式保证，能够推动认识衍生出通向逻辑正确和存在有效的论断的哲学道路。但是，其脆弱性在于，一旦作为其出发点的最高存在本质发生认识错误，包括任何形式的对存在本质的描述偏差（缺漏、误认、误增等），就会造成整个哲学认识过程的乏力甚至无效。所以，存在的本质定义对于综合方法是一个关键问题。毫无疑问，综合方法要求配套地拥有有效的关于存在的本质定义方法。由于除归纳定义这一逻辑上无效的定义方法之外，哲学史上一直没有找到普遍有效的定义方法，所以可以说以往一直没有实施综合方法的条件。

第三节 论证的本质与形式

论证就是给某种断言附加根据，使其具有可接受性即合理性和存在性。它与真理概念相关，具体的真理概念决定根据内容的选择和组织形式。孤立的断言表现为信念。论证问题的提出就是基于对信念之可靠性的担忧。通过论证，某种信念蜕掉或减弱其主观性。

真理概念是论证的关键。一般地说，对于知识性断言，随着真理概念的不同也会有不同的论证方式。比如，对于符合论真理概念来说，论证就诉诸实证，而对于融贯论来说，就诉诸逻辑一致性。但遗憾的是，以往的真理概念定义史还没有给出真理概念的有充分根据的定义。其消极后果为，造成论证方案的分歧和论断的存在确证度下降乃至疑惑。此外，真理概念的模糊使认识属性陷入不确定状态，妨碍认识的恰当自我意识的形成。因为，在真理概念中，应该包含认识的全部机制和前途，是认识本性和能力的反映。不管怎样，哲学作为概念思维，推理是其认识过程，因此对于哲学，所谓论证也就是让其推理内容与所选择的特定真理概念所包含的真理要素相关联。

在逻辑上，真理概念要素与哲学认识过程本身可以是融合的（比如融贯论），也可以是分离的（比如符合论）。因此，哲学论证可以是自证，即内在于哲学认识过程本身，也可以是他证，即在哲学认识过程之外附加相关论证。分析方法的哲学就只能采取他证形式，而综合方法的哲学就可以采取自证形式。

论证是认识的严肃形式，其功能在于杜绝主观任意，防止错误论断。另外，不同的论证会展现出不同的认识深化推动功能，即在为论断构造根据系统的过程中，不是毫无认识贡献地简单确证被论证的论断，而是逼迫认识作出更加重要的发现。之所以会更加重要，是因为作为根据内容的认识发现，必然占据相对被论证论断内容更高的逻辑地位，从而具有更普遍价值和更深刻的本质揭示意义。

第四节 方法的哲学效应

哲学按照它的普遍定义应该有自己特定的方法。但是,在哲学史上,人们似乎并未严肃对待哲学方法的选择,缺乏统一的方法规范意识,甚至不太看重方法,没有察觉方法对哲学认识的重要功能,倾向于宽泛和自由地选择哲学思维方式。

一 方法形成对哲学创造的内在逼迫

方法作为认识的预定格局,具有思想安排和构成预制功能。在具体思维实现之前,方法就规定了思维的方向、步骤和思想结构。它抽象地设立起一种思维的理想,并把这理想借助普遍条件概念而提升为逻辑,即不是值得追求却可以损益的高标准,而是必须满足才能有效的最低要求。由此,方法形成对哲学的内在强制,构成对哲学思维行动的逼迫。这种逼迫把思维推向认识荒原。"应该怎么做"被方法明确地表达出来。方法生成一种对存在的透视或预感,为某种可能的现实内容先行定位,指令思维去实现它。有了方法,思维不再只是思考偶然碰撞它的东西,而是努力去填补存在,显现还没有触及它的遥远世界。于是,新的思想应运而生。因此,方法牵连出内容,不仅仅是无关内容的抽象形式。方法赋予思维的开端以全息性:怎么想决定了想什么。没有方法的思维只能是经验层面的思维,而被方法所支配的思维必然是有深度的思维。方法把思维放置在确定的道路上,强迫思维不断奔向它所筹划的前景。每一个思维通过方法都去除随物而游所造成的物性,获得自主灵性而具有了自己的命运。命运感把思维降至工具地位而使役思维,去完成命运所提出的思想任务。在命运中的思维就是纯粹的奋力创造。方法决定哲学思维的效率。思维按其认识本质,必然以成果的丰厚而提倡贯彻方法,置方法思维于经验思维之上。

缺乏方法意识的哲学必然是创造力疲软的哲学。离开方法的推动,哲学就不能超越经验的引力，其所思就只能停滞在经验层面之上。而哲学的认识使命却在于解释经验，即在经验之上构造管理经验的原则。哲学的力量正显现于理论的构造能力之上。经验的同层次折射为内在的无层次，因而在经验间不能建立起直接的有序链接。这样一种认识界域，不可能鼓舞和引诱思维的创造力。并且，以经验说明经验，就只能被限制在实在因果观念内，采取经验观察形式而作平面式知识构造，逻辑观点无法被系统引入。缺少了逻辑，思维将流于任意和浮躁，失去自我提升的动力。因此，没有方法，哲学就将对思想的可能前景处于盲视状态而心安理得地面对哲学的平庸无为，乃至宣称"这就是哲学"。经验式的哲学思维是平坦思维，无奇性和常识性使它失去思想的震撼效果，难以挥洒出对严峻理性的魅力。

二 方法使哲学独立自主

媚俗、追风和"供给"做派在哲学中已触目惊心。这使哲学不是内在地合乎理性地确定自己的主题和方向，而是外在地盲目地拾取话题。其危害在于，把哲学的发展战略从专业水平降低到通俗感觉水平。结果，哲学放弃了存在和发展的自主权，被外部环境摇来晃去。哲学因此就成了摇摇晃晃的哲学。哲学变得无根而不能稳步深化自己的问题。其实，所有这些都侧面映照出哲学缺乏自己开发问题的能力，没有不断发现能够牢牢吸引自己的问题，因而不能作出可以坚定执行的哲学规划。失去有力的自我提问，哲学就虚弱而容忍外部干涉，甚至起劲地批判哲学的专业化。这是哲学的自我虐待！

强劲问题的自足生产，是哲学独立存在和自主发展的先决条件。

方法定义问题。并不是随便一种疑问都是有意义的，更不都是哲学问题。问题是对存在延展的预感。只有那些依托特定存在而触发的存在缺失之感所生的疑问才是有意义的。也就是说，能够拓展存在的阙漏意识才是问题。主观制造出来的问题不具有可解性，没有存在创造能力。与问题自身的内容悬欠形式不同，问题的提出要求充实的根据。根据赋予问题以抽象的存在意义。依据根据，问题成为存在的边缘。问题是翘望存在的形式。对于思维，存在延展的可能性表现为关联着既有意识存在设置新的意识存在的要求。关联的实质为，在一种普遍属性的制约下安排特殊内容间的相邻和共存。而这正是方法的内涵。方法具有规定问题之为问题的功能。只有有方法根据的疑问才是有意义的问题。如果一个疑问不能在任何方法框架内被提出，那么它就不是一个可被接受的问题，没有要求被认真对待的权利。问题的有效性在方法之中。方法划定问题的区域，判定一个疑问是有价值的问题还是借语言自由所作的纯粹的语言杜撰。

方法推出问题。问题被方法所定义，其本质为从普遍形式出发对存在可能性的先行设置。而方法具有对思维的推动功能，沿着方法思维才获得先行指导。所以方法是在抽象水平上对思维的规划，正契合问题的结构，能够转化为问题。在思维试图将方法对抽象存在可能性的设置实现为具有现实具体内容的存在这一过渡环节上，即形成一个问题。方法对抽象存在可能性的设置使问题有所问即缘附何者而问，而存在的具体性使问题有所求即答之以什么。问题具有内在的抽象—具体结构。似乎在这一结构中显示出方法对问题的不充分性，即它仅仅决定问题结构的一端。但是，先验具体性概念作为意识存在条件参与抽象的存在可能性所指示的存在，所以借助意识的先验具体性概念，保证在先的所问必然能顺畅地转换为所求，即抽象可能性没有存在中介地产生对具体构成内容的寻求。因此，方法在问题的浮现中具有决定作用，就问题的现实性而言，可以说问题与方法的使用相同一。

方法评价问题。问题在方法中生成，然而并非唯一地生成，即方法按其对思维结构的设计同时设置不同的问题。按照方法对思维的规定，思维必须受问题根据间的普遍联系秩序的限制，使思维在向前发展中有完善的根据即把可能的根据充分展露出来。因此，思维要面向问题，然而问题的逻辑优先性却必须在先评断。问题被定义在方法中，而思维须按方法进行，问题和思维的这种关于方法的存在同一性使得问题的思维价值或者说逻辑地位决定于它在方法中生成的序位，按照思维的某种展开观点，问题的地位被其在方法中的序位所必然确定。在一种方法中，一个问题的地位才得以显露。

方法解决问题。问题按照方法设置起来，思维也必须在方法的引导下去解决问题。推出问题的道路在解决问题中弱化为路标，形成对问题解决环节的指示。按照方法的逻辑意义，在方法之外的问题解决不能建立自身的真理信念。而依循方法，思维就会被推到其所应当处身的环节上并受到关于努力方向的指导。

通过方法的上述四个功能，思维的发生和发展被充分规定。如果哲学有了方法并坚持一种方法，那么其存在和发展就有自己的充分内在根据，因而是自足的。可以内在地抉择自己命运的哲学才是独立自主的。独立自主的哲学才能获得认识连续性而有效地不断推进对世界的解释。

三 方法建立哲学思想的合法性尺度

方法不但包含形式规范，而且包括内容设置原则。按照方法的逻辑性，方法抽象地设置某种内容的应然存在，如果在思维的实际结果中缺少了方法所要求的那类组成内容或构成特征，则将被判定为无效。只有满足明确的方法意识的思维才可能是有效的。但是，思维不仅仅是形式的，而且是有内容的，特殊内容间的存在关联是否真实的问题，并不能在方法之内解决。方法提供关于思维结果的健全性的形式标准，规定应当顾及的方面。这是方法的积极作用样式。而在消极意义上，方法承当着规范角色，否定一切不合方法的思维，至少引起对不合方法的思维的怀疑。这两个方面共同形成方法对哲学言谈的约束性，使得哲学思维是可以自我检讨的。方法与广义的逻辑等价或者说同义。所谓广义逻辑，就是思维所必须满足的形式上和内容上的必然要求，按此要求，这思维结果才有可能是正确有效的。因此，方法建立起思维合法性的标准。当然，这种标准是消极的而非积极充分的，它不能独立实现思想有效性的判定目标，即满足它不一定有效，而不满足它则必然无效。换言之，它仅仅是思维有效性的必要条件而非充要条件。

摆脱主观随意性而取得客观严肃性一直是哲学的理想。这也是哲学建立自身科学性的必由之路。然而哲学却往往随随便便，几乎变成了行吟文学。其根本原因在于，没有把明晰的方法意识提升到哲学思维中来。有方法自觉性的哲学才可能有思维纪律。在思维纪律面前，哲学才能抛弃浮想而把随笔和漫谈改造成严谨风格的理论建构。方法以其形式本身就拒斥闲言碎语而推崇有精致结构的思想大厦。宏大思维之所以受到某种嘲笑，就是因为方法意识被湮没在媚俗的轻松化冲动之下。真实的思维一定是厚重的。只有依循方法，才能防止哲学滑向调侃，剔除废话，防范公然的错误。方法将把谨慎和普遍性还给哲学。有方法约束的哲学才能避免信口开河。在方法支持下的哲学思维才能拥有恰当的自信。

四　方法通向哲学之某种社会文明

认识是对事物的解释，也就是对经验内容的解释。解释的这种"对—经验"结构，使解释活动具有对经验内容的超越性，即思维不是制造经验而是在经验之上或者说之外构造关于经验的某种规定。思维因而收敛为内在活动，转变为纯粹的主观世界中的事件，封闭在思维之内。因此，思想合理性的判别就只能依据思想所提出的标准进行。依据方法的逻辑性，这一标准落脚在方法上。一个既拥有形式合理性，又经得起内容关联确实性检查的思想，也就是说完全实现了方法要求的思想，就是一个不可拒绝的思想。方法设置了一种思维的根据框架，只有在方法中能够取得合理地位的内容才能成为有效的根据。根据被定义在方法之上。因此，理性真理跟随根据而依方法相对确定。只有在一种方法之内才可能理性地判定一个论断的真理性。

哲学需要对话，因而需要尺度机制即规则。只有植根于意识自身普遍规定性中的尺度，才有可能成为以意识方式进行思想评判的众人所能共同接受的尺度。方法的普遍性使方法的逻辑性延伸到思维者间，给哲学思维带来真理判定的社会化可能性。方法以其普遍性而独特地承担起

统一思想判定标准的责任。只有遵守方法的哲学思想才是可公度的，而社会只有树立明确和强烈的方法尺度意识，才能对具体的哲学思想进行不存好恶和名副其实的社会性公度。方法把哲学团结为社会。在方法的指导下，才能克服哲学评判中的主观偶然性和偏见对立性，建立秩序而消除杂乱无序，以理性的态度取代蛮横的立场。立场堵塞倾听和接纳，使人互相分割孤立化。方法意识提示思想的区域性和条件性，也警示一种观点的立场化危险，从而树立普遍的思想批判和自我批判态度，作出进入并可能接受他人思想视域的准备。方法是沟通思想的形式条件，既避免以特殊的观点作为立场去驱逐其他思想，从而保证思想之间的可接触性，也提供进入其他思想的方式。在方法意识的指导下，哲学才会具有社会开放性，形成接受什么或拒绝什么的理性的和文明的规则，并同时发展出与所遵循方法相应的特殊思想，形成一种哲学文明。

需要指出，无立场不是无是非，而仅仅是一种倾听和理解态度。哲学的是非必须在一种超越某种立场的更高认识水平上去评断，也就是要以构造一种关于既有立场的哲学批判为基础。其历史发展方向为达到最高统一而消除立场的存在基础——不可沟通观点之间的并立。这是内容上的无立场境界。而在方法意识引导下所确立的无立场是形式的无立场，即在一种具有立场存在可能性条件下自觉采取的立场克制态度。形式无立场是导向内容无立场的一种智慧。

如果抛弃方法而他求真理判据于特殊的观点，势必丧失思想判定的普遍性，造成思想领域的盲目、混乱和武断。无穷的尺度必然尽失尺度。因此，离开客观普遍的方法，就会导致哲学的社会失范，主观态度泛滥，让不讲道理的权力话语吞没理性的声音。理性声音的退隐必将使社会丧失对新思想地位的普遍确认力量，从而不能在思想的发展中为新思想安排新的权威地位。哲学将由此在认识中变得怯懦和老态龙钟，不能培养起知新除陈的勇气和自信，自安于古道旧栈，神驰于书阁厚尘之中。

五 方法雕塑哲学形态

方法的普遍性形成对思者的直接强制，取代思者的主观特性而把方法的哲学潜能注入哲学。哲学方法规定哲学怎么做，而怎么做的直接结果是造成哲学思想的存在结构，使之带有明显的方法特征而互相区别。一种方法给其不同思想成果打上某种普遍的构筑烙印。方法形成哲学思维的某种模式和倾向。同时，怎么做也影响哲学的具体成果，因为怎么做决定思维道路，而不同的道路注定有不同的内容参加到现实的思维中来。简言之，怎么做决定能够做出些什么。哲学方法关联着特殊的哲学内容。作为结构和内容效应的延伸，在最外表的层面上，方法决定哲学的语言。不同的结构造成实现它的语言有不同整体语序即语言展开方向，这虽然不能改变语言的句法特征，但却将深刻影响语言的逻辑特征，比如推理的方向、构造命题的样式（分析的、综合的等）。而不同的内容直接把语言带入不同的事物区域，产生不同的语言色调和理解要求，比如明快的经验语言、抽象的逻辑语言等。人性亲近平浅易懂的语言，而疏远甚至厌恶艰深难解的话语。遗憾的是，根据对方法功能的揭示，哲学语言是对被一种方法所独特发现的真理的描述，不是可以自由选择的，而是在根本上被方法决定了。并且，由于不同方法之间在认识上具有不同的内容效应，不能互相取代而保持认识内容的同一，所以不同类型的语言之间不可翻译，即不可能把一种方法下生成的哲学语言转换为在另一种方法中所包容的较平易的语言。比如，直到今天，也没有人能把康德、黑格尔的哲学著作翻译为通俗易懂的经验语言。在方法之间所作的哲学翻译必然丢失哲学内容。《导论》尽管是康德本人所构造的对《纯粹理性批判》的"翻译"，也明显存在这样的问题，以至于根本不能把它看作一种翻译。进而言之，要理解一种哲学，就必须接受它的方法，不是挑剔而是紧跟它的语言。只有那些能够灵活地设身于不同哲学方法之中并体验它的独特语言的人，才能保证永远做一个成功的读者，也才有希望兼收思想营养而发展出强大的思想力量。强求一种所喜好的语言形式，势必扼杀那些最深厚的哲学思想。冷落真理的呼声，甚至牺牲真理而一味追求花哨的语言，哲学就变成只知涂脂抹粉而不关心内涵的街头招摇。

有方法意味着有规则。按照方法的内容即普遍根据性，这规则就是根据的连续。因为普遍的根据也就是每一内容都具有自己的根据，而对于一个具体的思维过程来说，这也就是思维内容之间形成一体化的根据系列。质言之，方法要求哲学思维必须采取论证形式。论证向哲学提出了非常严格的思想要求，使哲学话语趋于谨慎而少出。论证反对轻率和浮浅。论证一个观念比浮现一个观念艰难得多。但得到论证的观念比偶然存在的观念的价值也厚重得多。没有论证力量的所谓哲学几无理性价值。

在哲学中贯彻方法原则给哲学带来不同的理论效力。按照方法本身之所以被筹划的原因，方法具有赋予思想以形式有效性的力量。因此，有方法与无方法的哲学在形式上就存在有无效力的巨大差别。而在不同的方法之间，由于涉及不同方法所依据的普遍内容之间的逻辑关系，必然形成不同方法之间的效力差等。方法之间并不是效力等价的。也就是说，不同方法的哲学开发能力存在先天差别，它们的哲学力量即造就一种哲学深度的力量是不等的。由于方法的问题设置决定于作为方法根据的普遍规定性，所以，不同方法所造成的哲学具有相应不同的理论发展方向，不可互相替代。

六　方法使哲学社会化

根据方法而发展的哲学，严格按照方法所设置的关联结构展开，其中的关联被方法要求为内容之间的必然性关系。借助于这种必然性关系，方法赋予思维以普遍性或者客观性。换言之，以方法为基础，思维超越主观任意性而带有特定性和强制性，思维的各个环节被先行环节所决定。只要进入一种特定方法，思维者就只能逻辑地走方法所给定的道路。第一，方法设立起哲学的一种普遍性思想区域。第二，方法按其存在结构而使一个哲学领域的思维层次化，即设置思想任务的逻辑次序。第三，方法以其普遍制约特殊的本质在对哲学发展的设计中，使哲学问题分化，即区分出处于同一层次而有相同根据的诸问题。方法的这三种作用使哲学带有系统性，这种系统从方法所选定的原点出发而有向展开，表现出稳步的有根据的必然建构。其中，问题的横向分化与普遍性相结合，使得哲学研究有可能分工进行，而任务的纵向层次化将哲学带入真正的历史维度，可以继承先人结论而推进哲学事业。由此哲学获得了继承性。对一种方法的共享，创造出哲学的社会协作前景。由此，哲学不再是某个哲学家的私人世界，而成为可普遍参与的社会事业。

第三章

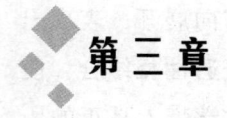

哲学与形而上学

第一节 形而上学概念的拨乱反正

尽管形而上学本身意味着玄奥，暗示高雅品格，但现在却是一个流行概念，已经被深度地大众化。然而，在严格的学术眼光中，却并未获得清晰稳固的形象，不但没有关于形而上学的普遍定义，而且存在不同用法，指称不同的东西。这引起很多混乱。首先，围绕形而上学人们形成许多对立的理解，对象、主题、方法、普遍性等都成为把握形而上学的角度。同时，在如何看待形而上学的存在合理性、认识价值、认识身份上也莫衷一是，肯定与否定相杂，尊崇与贬斥并存。其次，与哲学定义的混乱相叠加，造成哲学与形而上学关系的模糊不清甚至混淆，有人说形而上学是哲学的一个分支，有人说形而上学就是哲学的代名词。因此，一部作为元哲学的哲学导论不得不承担起澄清形而上学的责任，否则就不能树立清晰的哲学观念而爽于说明哲学并引导其学习和研究这个承诺。

形而上学之称来源于一段有趣的思想史故事。虽然形而上学的踪迹早已在古希腊文化、中国文化、印度文化、埃及文化等古老文明中存在，但这一名称的出现却直接与亚里士多德相联系，准确地说，是研究亚里士多德的工作发挥了诱发作用，而非亚里士多德本人发明和使用了形而上学这个概念。亚里士多德是古希腊伟大的思想家，在诸多领域均有深入的研究和发现。他综合百家，继往开来，思想丰厚，著述等身。受历史条件的限制和当时漫谈式讲座这一学术活动形式的影响,他现在传世的很多著作在当时作为讲稿或口述的学生笔记,都没有正式审定,呈现散轶状态。亚里士多德去世后,他的著作由吕克昂学园弟子收藏,曾经因为躲避政府的征缴而藏入地窖 100 多年。大约公元前 100 年,有人收购了这些手稿并归还雅典。之后,学园第十一代继承人罗得岛的安德洛尼可(盛年公元前 40 年)把这些旧文稿与学园传习的讲义相校勘,重新编辑排列,形成了《亚里士多德全集》。在全集编辑过程中,安德洛尼可发现在《物理学》等研究特定存在对象的著作之外,还有一些抽象讨论某些普遍问题的一组论文,它们并不是为写作一部著作的目的而作。所以,就把它们编排在《物理学》之后,作为全集的最后部分。由于对它们无法作出主题归纳和把握,不能看作一部著作,同时也找不到合适的名称,所以就姑且用"物理学之后诸篇"($τα\ μετα\ τα\ φυσικ$)这一编辑上的空间秩序特征来作为标示。显然,在这个标签的制作过程中没有作出任何学术担当,既没有肯定它们具有专著的性质,也没有判断它们的主题和观点。可以说,这个标签仅仅是一张毫无内容的名片,推卸了一切思想判断责任,是简单揭示某种存在的指称,其语义效力仅仅等于说"这有一堆文稿",未对它们作任何内容概括,所作的一般性肯定仅仅是它们作为存在物集合的存在形式即一堆文稿。可以说,它是一个最原始的指称词,在学术语境前提下,除了存在性以外没有暗示任何内容,而如果把语境因素也考虑在内,也只不过指示出存在的这堆东西属于论文范畴,其意义等于"(有)一群马"这样的指称词,却没有任何概念属性。

随后对亚里士多德著作的诵习和诠疏注释增进了对"物理学之后诸篇"中思想的理解。其中公元 2 世纪的克来孟·亚历山大里诺(Titus Flavius Clement,约 153—217 年)把这一书签题词肯定为一门学术专名。其中原委大致为,"物理学之后诸篇"具有超感觉经验意味,而"诸篇"之内容强调出于爱智的哲学要超越经验地追求存在之为存在的普遍原理和原因,并探讨和规定了存在分析的维度,两者恰好耦合牵连。在这种关联下,"物理学之后诸篇"就成为以超越经验的认识为主题的具有统一宗旨的著作,从而摆脱了散漫堆凑的表象。就此而论,作为一部学术著作的书名,"物理学之后诸篇"也就当之无愧了,完成了从人为制造的纯粹指物的指称到具有特定内涵的这一进化。也许正是这种背景,鼓励 13 世纪的拉丁文全集编译者弗兰德翻译家莫依贝克(Moerbecke)删除了古希腊文(τὰ μετα τὰ φυσικά)中的冠词,造成一个深远影响后来理解这部著作的拉丁文译名 Metaphysica,其英文对应词为 Metaphysics。在这一语词构造中,meta 是超越,physica 是可经验感知的事物,二者共同形成超越经验的认识或学问之义。汉译所沿用的日本明治时期井上哲次郎的"形而上学"这一译名,取典于《易传》"形而上者谓之道,形而下者谓之器",吸收其中的道器之无形有形区别,很恰切地表现了它的精要。因此,真正推究,今天的"形而上学"是对拉丁文 Metaphysica 而非对古希腊文 τὰ μετα τὰ φυσικά("物理学之后诸篇")的翻译。其中,用认识的"超越经验"(meta)代替了古希腊文空间上的"之后"(τὰ μετα),使后者成了一种转喻或暗喻或类比。这种由指物到指义的变化,不是翻译而是创造。

　　形而上学的这一概念演变是由哲学史家对哲学家的误解所造成的结果。不错,目前被称为《形而上学》的这组文稿,是贯穿一个统一的问题线索,但问题是它究竟是什么。克来孟·亚历山大里诺,或者不只是他,还包括其他的注释家,把它确认为超越直接经验地追问存在的普遍原理,其中也有许多相关的具体话题和对具体哲学家观点的描述。但是,具体分析前者和后者的关系可以发现,前者是探索的主题,而后者是探索的材料。也就是说,一般地阐明哲学研究的本质任务和规范是其总的主题,而按照亚里士多德探索问题的方法就不得不使用相关的特殊理论观点。在此,存在一种容易产生错觉的迷雾,即《形而上学》的叙事形式是独白体而非对话体,似乎亚里士多德在展开独立的直接论断式思想建构,每一叙事环节都是他的正题性陈述,具有论断确定性。但实际上,《形而上学》的叙事逻辑仍然是苏格拉底的归纳定义或辩证法,只是放弃了实现辩证转向的拖沓冗长的直接对话形式，将其改造为或者说精简为缩略版的间接对话形式，在其中，扼要陈述和比较相关观点，从而在对不足的显现中推动进一步探索和修正。关于探索问题的这种规范，亚里士多德明确表述在其《论题篇》中。正因如此，才有所谓关于哲学的五种不同说法。这种情况除了属亚里士多德独立开创的话题或思路之外，均有明显表现。在这种叙事逻辑中，前人的不同思想自然成为亚里士多德探索哲学定义和规范的材料，并且不可摆脱。理解到这一点，就不难理解人们至今仍感困惑的现象，即亚里士多德在《形而上学》中并没有说清楚很多所谓形而上学问题，因为这不是他的真正主题。同时，被这种苏格拉底式辩证法在逻辑上的无限开放性所决定，即使在他所确立的研究主题即哲学定义上，也不能奢望得到最终的确定答案，而是必须接受一个诊断，即这种肯定—否定式探索可以无限进行下去。因此，可以断言，《形而上学》的兴趣是研究哲学这种学问的本性，根据以往哲学思想进行关于哲学认识本身的反思，勾画了哲学的应有面貌，其中的论断之一就是哲学认识具有超越经验属性。按照现在的说法，它属于元哲学，而非哲学。直言之，它仅仅提出了哲学研究的理念或蓝图，并没有实施任何对存在的哲学研究，无论在存在的存在概念意义上还是存在者意义上，均不见亚里士多德的耕作。总之，"形而上学"除了超验认识这一认识属性之外，并无实在的学科分支意义。

第二节　形而上学的可能表现与哲学的偶然涌现

按照亚里士多德《形而上学》对哲学的规划，哲学认识具有形而上学即超越经验品质，但这仅仅是他所规划的哲学面貌所内含而可以推导出的论断，并非它的元哲学主题内容，因而从中可以发现"第一哲学""神学"等用语，唯独不见类似"形而上学"这种提法。所以把"物理学之后诸篇"改为"形而上学"（Metaphysica），是基于把全文内容误读为一种哲学探究的结果，故而才有中译者吴寿彭在"译者附誌"中的

"安德洛尼可当初倘就标举'哲学'为题名，实际上是允当的"这种惋惜。现在看来，标记为元哲学这一把哲学本身当作研究对象的名称才是妥当的。

违背亚里士多德著述宗旨，把《物理学之后诸篇》误读为一种关于存在的哲学研究，并确认其哲学分支地位之后，在定义这门学问上，便陷入挥之不去的困难。这组文献中涉及了不同的问题，实体、神、本体等，而且后来在"形而上学"属性下，又有新的问题加入，比如灵魂、自由意志等。在逻辑上，形而上学具有开放的问题域，所以在传统定义模式下无法获得其普遍定义，陷入了同哲学定义同样的窘境。另外，在确认其哲学分支地位后，被二者本身定义的模糊不定所牵累，所谓形而上学与哲学的关系也变得纠缠不清。问题的焦点是，有什么哲学是不带有形而上学超验思辨属性的，换言之，除了形而上学，是否还有哲学。

哲学并非起于亚里士多德，甚至元哲学也并非起于亚里士多德。于哲学，在古希腊先亚里士多德而有诸贤；于元哲学，先于亚里士多德的苏格拉底的理智接生术、柏拉图的认识批判和反思，都可视为其雏形，形成对哲学认识的辩护和规划。亚里士多德的元哲学研究说明了一点，即哲学认识带有普遍的超越经验的思辨性，但这并不能圈定特定的认识对象，因而可延伸地论断，所谓的形而上学不是一个特定学科，不可能在哲学内部割据而立。

哲学一定具有形而上学性，但具有形而上学性的认识不一定都是哲学。根据所获得的哲学普遍定义，哲学必然是概念思辨的，亦即表现为形而上学的。但是哲学有其特定的认识形式要求即必须拥有连续根据性，采取推理系统的论证方式来推动作出论断。但是针对存在的超验论断在认识形式上不唯哲学这一种实现方式，也可以采取跳跃性直观想象的方式作出超越经验的关于存在本质的断言，比如中国人强调的体验、观物取象等。因此，可以把超验形而上学分为两种，即直观想象的形而上学和逻辑思辨的形而上学。显然，按照哲学的普遍定义，非常清楚，逻辑思辨的形而上学是哲学，而直观想象的形而上学不是哲学。

第三节 形而上学的世界观开放性

　　形而上学的认识超验性仅仅规定了认识论断内容的非经验性走向，无论是直观想象的还是逻辑思辨的，都没有限定其论断内容，保持着作出何种存在本质刻画的自由。也就是说，形而上学认识并不必然导致某种特定的世界观观点。即使在哲学这种附加了思维形式限制的形而上学中，其论断前途也是不确定的，会随接受怎样的概念而不同。也就是说，能够满足超验性的认识论断内容，可以适应各种不同的存在图景。以往在误解亚里士多德《形而上学》著述兴趣的影响下，依据其中的话语内容演绎出形而上学的某种固定品性，比如追求终极不变的原点，按照逻辑僵硬地理解存在，研究抽象范畴，等等。其实，这是把偶然的特殊形而上学兴趣和决断，误解为对形而上学具有普遍拘束力的本质规定了。

　　形而上学不预设任何特定的观点，也不意味着任何特定的逻辑或方法。它的认识意义是一个认识论课题，会随一种认识论赋予超验性论断的认识地位而定。

第四章

哲学与科学

第一节 哲学和科学的认识不完整性及其互补

根据知识形态分析，哲学被规定为以概念为基础展开推理，从而获得具有普遍性、必然性和统一性的知识系统。而科学是以实存内容为基础，展开实证性归纳猜想，从而构造关于特殊存在的只具有可能有效性的一般横向性知识关联，亦即存在关联关系。从存在构成的角度看，这两种认识相对完整的存在构成都是片面的，因为存在是由普遍本质和特殊内容构成的，这一点被认识上的差异和同一所见证。同时，存在也同时是个别分离和整体统一的，这一点被因果联系现象所证实。哲学被其内容的概念性所决定，必然涉及存在的内在普遍本质并显示出等级逻辑制约形态，并不直接处理经验存在内容。科学必然基于"实有"而展开认识，是针对现实存在内容设置它们之间的存在关联，只处理存在的结果和存在间作用的结果，而不问其隐性的原因。虽然在其所处理的现实存在内容中蕴含普遍本质，但只是针对存在的直接表现而不过问作为内在存在根据的抽象超验性普遍本质。

而且，在认识上，哲学的发展也没有进入特殊经验内容领域即从概念自然延伸到经验内容的能力，科学的发展也同样没有进入普遍概念领域即从经验自然延伸到概念内容的能力。因为，虽然存在由普遍本质和特殊内容构成，并且二者之间具有存在构成关联，但普遍本质相对特殊内容所具有的作用是存在形式设定，给出其必须满足的关联条件，划定特殊内容的可能变化空间，这种形式并不能具体地必然确定特殊内容。在存在上有同一和差异现象的见证，在认识上有普遍本质到特殊内容上的逻辑障碍，即普遍内容只能发生互相间的作用，而并不蕴含推出特殊内容的根据。

反过来，根据特殊内容的共存之简单共存性并不能把握作为共存之根据的普遍本质，因为其中也还夹杂内容之特殊性的作用，是普遍本质和内容特殊性二元因素的结果。现实显现的特殊存在虽然在逻辑上包含普遍本质，否则其存在就不可能，但是要从其中可显现内容追寻普遍本质，必然地发现关联概念却是不可能的。因为，直接显现的特殊内容就是其本身，即使其中混杂有普遍本质要素的显现，也没有可识别的逻辑特征。无论这些内容本身，还是内容之间的共存，都不包含认识上以它们为根据来必然确定普遍本质的可能性。因为，它们与普遍本质这一存在限制条件或者说形式之间，逻辑上是偶然对应的，同时特殊内容本身不显现这种限制作用。归纳比较只能排除一个特殊内容的本质身份，却不能由此断言存在本质。

因此，哲学的边界是普遍，不能到达特殊内容，因而不可能取代科学。而科学的边界是特殊内容的存在性因果关系，构造特定内容间的存在关联规律，不能到达普遍，因此不能取代哲学。

在消极地限制了哲学和科学的认识功能之后，也必须阐明二者之间的积极关联，即普遍概念与特殊经验内容之间的逻辑互补功能。

虽然哲学知识和科学知识之间不能互相直接导出，即实现强规定关系，但二者之间却存在逻辑上的某种弱规定关系，即尽管不能互相在内容上实现确定性指示，然而却能够限制对方的内容选择空间，消极地使得某种内容被排除于存在可能性之外。一旦经验内容及其科学知识给定，便发生相应哲学认识的知识相关性，要求哲学的抽象认识适应特殊经验性科学知识，保持存在相容。反之，若哲学知识给定，则它将限制可能发生存在关联的特殊存在内容的范围，因为只有在具有概念同一性关系的基础上，差异内容间才可能具有同一存在关系。

除了互相为对方消极地划界而规范其认识活动之外，哲学和科学在认识上也互相触发，互相设置对方的认识任务，共同推动认识的深化，形成对存在的完整理解。

事物的直接现实存在中蕴含一切致成其存在的原因，包括存在的因果关系和存在得以保持自己存在的构成要素。因此在逻辑上可以面对事物的存在现象认识其存在规律。事物的历史性存在或者说在时间中的展开和重演，增加对事物认识的可能性。因为事物的历史性展开是由事物的普遍规律支配的，所谓历史与逻辑相统一，而历史中的逻辑是由事物本质规定的。当然，本质也并不一定表现为现象的重复。在单一事件中也包含成就其存在的本质内容，可以感受和分析其中的本质规定。前者可以借助归纳方法加以发现和确认，而后者可以通过直觉获得启示，在感觉中直接经验到其某种内容。

尽管如上所述，存在在逻辑上包含了其本身的全部可描述内容，但是，认识能力和认识过程并不一定当下完全获得与存在对称的存在信息，在其对存在的直接把握中可能不能完全准确地揭示事物存在的内容。申言之，必须审视面对现象进行归纳和直观的权力及其有效性限度。因为无法保证人的经验直观能力与存在的内在构成的绝对对称性，在存在内容、存在形式、存在内容的关联秩序等方面，经验直观都不能保证具有透视性。另外，可观察的事物存在现象，是各种可能原因交互作用的结果，这种原因的复杂性也未必能够完全直接呈现，从而造成基于存在现象所作归因分析的疏漏甚至错误。总之，建立在经验内容之内的直接断言，在严肃评估其中的认识风险后，所能赋予它的最好认识属性也只能是一种假设，其真理性有待某种全面揭示事物存在本质和普遍原理的认识过程加以核定。这种与经验直观异质的认识，形成对假设性经验判断的论证，在其中提供支持经验判断的完备根据，其论证收益可能溢出判断之外，即在论证中绽放的事物的普遍本质和存在原理可能牵连出与待证经验判断无关的知识，也可能诱导发现与待证经验判断同质的更多具体判断，而待证经验判断的前途则可能被确证，也可能被否定。

古希腊哲学家柏拉图曾经提出一种认识模式，即从假设出发，经过论证，最终消除假设而把假设提升为真理。遗憾的是，他并没有清晰阐明这种认识道路的原理和逻辑，没有深入解释这种认识模式的操作方法，也没有实际践行而给出一种范例。而这一模式的表述让人感到莫名其妙，因为以假设为出发点的论证何以消除自身的假设属性，是一个带有巨大疑问的问题。这里可以给出柏拉图认识模式的一个认识论范畴解释，即经验判断是一种假设，它是诱发认识的认识目标，是认识的启动环节，设立起一个问题。所谓从假设出发，只能理解为认识论意义上的，而不能看成逻辑意义上的，即不能把假设作为论证的理论出发点。如果这样，那就必须接受一种后承式论证格式，即如果A，那么B；B，所以A。但这是不安全的，在不能确定B结果是否存在多因的条件下，这一论证逻辑是不能接受的，其实质为从A出发得不到一个可接受的结果。认识的认识论程序与逻辑程序具有完全不同的意义，前者是思想活动的发生学描述，后者是思想观念间的直接存在关联。当从一个认识论上的假设出发，而为其寻找逻辑意义上的论证时，一场严肃而艰难的认识才被正题化而真正展开。为一个假设性论断构造理论论证，也就是为其提供可信性支撑。这可以有两种性质不同的构造方式，即心理加强型的和逻辑证成型的。前者只是提供可以增加可相信度的证据，各种证据间平等而同质，并不能造成有效的根据梯次关系，不能生成对假设的理解，不能免除待证论断的真理概然性。比如归纳论证即是。后者暂且放下假设性论断而从某种可以相关于假设性论断的占据更高存在地位的事物或普遍原理入手，将其作为最高根据而进行分析推理，在根据链条的逐次下行构造中，获得待论证的假设性论断，从而完备论证其真理性。在这一过程中，作为根据出现的一系列普遍概念或原理可能展现出更多没有预料到的理论论断，原来的假设性论断的证成仅仅是其理论收益之一。当然，也有一种可能性，即原初的假设性论断并不是在论证过程中获得简单的重复表述，而是被修正、限制，其意义更加具体化，也许甚至被否定。两相比较下，就柏拉图的认识图式而言，合格和应该采纳的论证是逻辑论证而非心理论证。在逻辑论证中，假设性论断仅仅在严肃理性态度下提出其论证需要而诱发问题，其正题需要在假设性论断之外另行设计起点和程序，基本要求是必须保证每一认识论断的普遍性和必然性。假设性论断与论证之间具有完全不同的认识形态，一个为偶然性经验认识，一个为必然性理性认识，二者在知识的逻辑联系上是断裂的，不能有直接的知识建构关系。但是，作为认识的认识论出发点，假设性经验判断却可以成为勘测确定正题性论证入手点的分析基础，引导和设立起正题论证的具体认识任务，包括起点、展开方式等。对假设性论断的存在相关关系和逻辑相关关系的分析可以完成这一认识任务。可以说，没有假设性经验论断，在逻辑上就不可能获得认识方向即拟议的认识主题，从而不可能有任何认识发生。

基于经验现象的任何论断，无论是简单个例下的直觉，还是经过归纳方法过滤的论断，在逻辑上都缺乏知识的理性可靠性。因为，作为关于事物的本质描述，这些论断的实际认识历程均为从有限个别特殊存在开始，中经心理学意义上的感受性认识行为而直达最终论断，并没有逻辑上的论断根据的有序连续过渡和紧密联结，换言之，也就是在"是什么"之后缺乏"为什么"。这构成一种认识的逻辑跳跃。其不安全性在于，首先，认识跳跃所横跨的是偶然性到必然性，认识的对象材料一侧为经验存在，显现为偶然性，而论断一侧为对事物存在规律的描述，带有必然性，其间的模态转换缺乏逻辑支撑。其次，认识起点的内容是特殊的、具体的，而论断的知识形态是普遍的。这种从特殊到普遍的跳跃没有可靠根据，因为无论怎样延伸认识的特殊材料，都不能遇到生成普遍性的累加节点。最后，论断内容的存在关联隐晦不明，论断成立的限制性条件、论断内容的完备性、论断内容的正确性等，都处于悬疑中。因为论断内容是跳跃而孤立出现的，所以论断内容可能牵连的存在关联并未加以敞开。论断内容按照其经验认识性质，仅仅是在经验材料中有所显现，并不是纯粹的知识存在，其间可能夹杂非普遍必然性内容，或是被某种特殊内容渗透而遭到了歪曲。为消除这种不安全性，只能设计和展开满足知识的理性标准的论证,即重新构造知识根据的完备系统,在其中充分赋予论断以精确意义并生成其普遍性和必然性,发现和补写与其相关的其他知识。

论证的前途具有不确定性,新存在内容的发现或许添加问题,或许否定原来经验论断,或许纠正和改变原来问题,或许补充新的论断。因此,为经验论断制作论证就是步入前途难卜的可能世界领域,其认识结果选项具有开放性。

经验论断需要为之补写论证,但如上述分析,这种论证具有与触发经验论断的认识完全不同的性质,这便决定论证不能再沾染与原初经验论断相同属性的认识,必须告别一切实证认识。

由于给灵感性经验论断制作论证,从肯定意义上说就是寻找能够致成经验论断的必然观念序列,其逻辑结构为观念的根据性制约关系,表现为高阶普遍观念限制相对低阶的观念,所以论证的认识建构材料是本质性概念和普遍原理。

就论证的目标是揭示必然存在关联,其有效认识单元是参与存在关联的存在物的存在构成而言,存在构成分析是论证的直接认识形式。适应论证的知识普遍性和必然性要求,这种存在构成分析对内容具有特定要求,即应该是本质分析。在逻辑上,不论论证系统多么庞大和复杂,其效用都是简单的,即确定地刻画存在的构成内容及其存在形态,赋予对事物的理解以穿透性、清晰性、完备性,使之达到认识确信。需要指出,任何一种经验因果,在某种健全完备的存在构成分析系统中,都可以还原为本质规定关系,因为真正因果事件中从因到果的诸环节,都应该是存在的本质关联效应。反过来说,每个自然因果论断,只有得到了本质构成分析的支持,才能是一个真正的因果关系。经验因果形态范围内的因果关联重复性演示,不能形成有效的论证,其功能仅仅是增加对这种猜测性因果现象的信度。

以存在构成分析为展开形式的论证由以下原因所决定而必然是逻辑分析。首先,参与论证的内容间必须具有存在关联的连续性,不可以出现跳跃和断裂，否则即丧失论证的本真性和强制说服力。因为论证的目的就是要建立待证明经验论断的存在必然性，揭示其在存在构成的系统内容中的地位，使其获得充分的根据。而如果论证中夹杂了存在关联的非连续性环节，则在逻辑上即行判定其根据性灭失。其次，事物的存在构成关系不是可以直观描述的，而是需要按照各种特殊内容之间的规定性的存在关联可能性去加以分析和阐释。因为任何经验给与的存在内容都是平行并列呈现的，其间的逻辑关联并未在感知中展现。特定内容之间的相容性、矛盾性、依赖性是进行存在构成分析的抽象基础，具体结合只能在特殊分析中加以确定。也就是说，存在构成关系的设立不能在经验给与材料中进行，而只能在纯粹主动的思维中完成。最后，存在构成分析不能局限于经验给定的内容而仅仅作内容间关联结构的确认，而是可以超越给与存在内容而作出新的存在论断，或者根据某些内容设立它们之间的关系，或者在特定内容间的制约作用下生成新存在内容。因为，经验给与内容相对存在的本质构成是不完全的，至少不能显现存在的某些本质构成内容。这就是说，超验性是论证中存在构成分析的本性，在思维中创生某种存在内容是论证的内在要求。这三种属性决定，论证性认识是一种逻辑分析思维。

关于存在的一般构成分析当然应该以所有可能的存在内容为对象，可以包括个别的偶然的特殊内容和一般的必然普遍内容。但是，作为论证的构造内容，必须是后者。因为论证就是要必然地说明待证论断的真理性根据，证明其存在的确定性。而只有保证存在同一性的存在构成的普遍本质内容，才能满足这一要求。因此，为进行论证所作的存在构成分析的思维材料，必须具有普遍性。需要追问的是，一个存在内容怎样获得自己的普遍性确认。在论证中，针对一个存在进行存在构成分析，以保证普遍性的方式切入认识对象，那种首先获得确认的内容就是该存在的"原初之是"或者说"本然之是"，它们由此获得普遍性。也就是说，存在地位或认识序列优先，便附加给相应内容以一种普遍性。同理，普遍内容之间也根据相互之间存在地位或认知序列的优先性差别，而产生普遍性的相对高低之别。

对论证一个经验论断的上述分析揭示出论证的三种属性,即思维方法上的逻辑分析性、思维结果上的超验创新性和思维内容上的普遍性。三者之间具有互相一致和支持关系。内容普遍性提供逻辑分析的实施条件,因为普遍性具有存在同一性的保持功能,同时也内在与相关存在内容发生存在关联的可能性,这使得可以考虑和设立其必然存在效应。逻辑分析方法赋予思维以主观作为机能,可以在超越感性经验的纯粹思维操作中展开思想观念的创造。而思维结果的超验创新性为论证生产和提供论证性认识活动所需要的普遍内容,因为活动在纯粹思维中的超验和创新性思维的结果必然是普遍的。此三者协同缔造了一种思维的现实存在,构成一种封闭性的存在关系而非可分离的因果关系,因此不能追问三者中的开放性根据序列,而只能谋求能够成功切入三者之间协同作用的认识对象。构造论证的这三种思维属性一致于按照知识形态考察所确定的哲学本质,恰好落入哲学思维范畴。因此,论证发生在哲学领域内,必须是一场哲学活动。

虽然作为哲学的论证具有纯粹思维的认识品性,但经验认识在设立哲学问题时却不可或缺,发挥触发哲学论证的作用。因为,哲学论证不可能自动自主发生,其参与内容都不是现成给予而当下可感知的,存在经验只能平列各种构成内容,有些构成内容还被其他内容所遮蔽,不能呈现它们之间的逻辑关系和本质规定关系。这些关联关系必须在全部内容在意识中都到场条件下才能真实、完备、准确地呈现。然而,按照提高认识有效性的元哲学认识的筹划原理,不完善的经验存在却呈现了存在的一角,不但提供了认识的对象,而且沿着它所崭露的存在进行因果追溯,就可以发现决定其存在的最高存在物,由此获得综合认识的起点性认识对象。

第二节 认识优化:哲学与科学的轮替

在重新定义的哲学即仅仅关涉思维方式和知识类型的哲学,而非被

内容特定化的传统的狭窄哲学概念基础上，哲学与科学的认识关系便展现出某种认识论的可规定性。

从知识的纯粹存在上说，科学和哲学作为不同的知识类型可以独立存在，即主观地各自自由生成和发展。但是，人类理性的健全理解要求却提出针对同一对象的哲学和科学双重认识任务。因为，科学作为指物性实测之学，不论其抽象度如何，都仅仅处理给定存在内容的现实存在关系，具有存在结果的描述性，并不触及其背后的本质，满足于回答"是什么"。而哲学只能停留于抽象概念领域，思考存在的本质性统一，无力触及特殊的现实存在结果，只能作定性化论断，提供"为什么"的可能答案。然而，存在是由"是什么"和"为什么"共同塑造的，只有同时完成关于二者的认识，才能达到对存在的理解和把握。在科学论断没有得到哲学的解释之前，它就仅仅是实践有效的和假设性的，而哲学论断在展现出它对科学的包容或者说被科学作出弱证明之前，它就仅仅是一种形而上学主观想象。

面对这种情况，可能有两种选择，或者积极回应理性对健全认识的要求，或者漠然待之。因此，哲学与科学的具体关系处于不确定状态。如果是后者，那么哲学与科学便互相割裂而各自独立发展，有所谓纯粹科学和纯粹哲学。如果是前者，那么在关于同一存在对象的认识中，便会发生哲学与科学的轮替，即对科学的"是什么"论断施加"为什么"这种哲学追问和论证。反过来对哲学的本质分析和论断进行科学实验，以哲学概念和原理指导科学认识或解释科学论断，从中判定哲学的存在有效性。从认识心理上看，一旦人们严谨地关注科学所描述的事实背后的本质，试图把握关于存在对象存在规律的连续关联关系，就必然转向哲学思维。而一旦人们负责任地关心哲学的现实有效性，就必然超越抽象思想的边界而转向经验领域，进入哲学概念所开放的科学认识的可能空间。

是否自觉推动哲学与科学之间的认识轮替，不是无关痛痒的纯粹主观兴趣，而是具有重大认识历史效应。在此，首先需要澄清，科学知识的普遍性与哲学知识的普遍性具有实质差别。科学规律的普遍性是特殊存在现象的重复性，它以实在条件的控制为前提。而哲学概念的普遍性是存在构成的形式和内容的必然性，存在于单一个别事物之中，但并无直接现实显现，不一定成为可观察内容，从而不能成为科学认识对象。在逻辑上，普遍科学规律必然以有待哲学加以揭示的存在本质为根据，在本质被揭示前，作为科学规律基础的实际控制条件是模糊的，因为在可操作的经验显现条件之外，是否有其他未显现的存在关联因素并不确定。只有将必然性存在关联环节连续地推进到特定现象内容，才能最终理解科学规律。同时，在本质关联的分析中，也会帮助发现原初控制条件之外的隐匿条件，完善科学规律的控制性存在条件。进一步，从问题形成的逻辑结构看，哲学的概念创新可以提出科学问题。因此从科学转向哲学会推动和深化科学认识。

另一方面，哲学普遍知识作为抽象的存在本质，应该有其现实存在显现，也就是被特殊内容所充实，或者反过来说，落实为对特殊存在的组建。因此，在哲学认识充分发展到具有一切组建特殊存在内容的水平之后，便要求把认识推进到特殊存在领域，展开科学认识。此外，借助哲学的普遍概念和原理所规定的存在关联领域，科学认识的特定论域才能形成。哲学所设立的存在同一性，建立起差异内容的关联可能性，科学只能针对这种具有存在同一性的差异内容展开认识活动。

综上所述，从科学认识连续地切换为哲学认识，可以完善关于存在的知识结构，并反馈性地进一步推动科学认识。而从哲学认识连续地切换为科学认识，可以推动科学认识，并反馈性地进一步修正和推动哲学认识。因此，哲学和科学两种认识方式的适时切换，不仅是理性健全认识的要求，而且能够优化认识，增加认识发展动力，提高认识效率和认识品质。科学与哲学认识之间的转换是理性的内在要求，但由于二者具有不同的思维特点，要求不同的思维素质，需要特定的主观兴趣来支持某种认识选择，所以哲学与科学之间的兼容并包和恰当切换并不能必然实现。哲学与科学之间的认识转换可以实现在一个认识群体中，也可以实现在一个认识个体中。无论哪种情形，都标志着精神气质的深沉和严谨。一旦二者的结合在哪里缺失，哪里就会失去理性的锋芒。

根据已经作出的解释和论断，可以断定哲学与科学之间的认识让渡并不损害对方，更不取代对方。相反，哲学在生产着科学问题，科学也在不断生产着哲学问题。针对同一对象，哲学和科学可以共存，并无限引向深入。因此，因科学的发展而担心哲学的生存是杞人之忧。

第三节　学科：概念与现实

知识按照哲学和科学两种形态发生、发展和积累，它们自然地涉及不同存在对象，并可以根据对象的特定存在属性制定认识规范，形成关于特定对象或对象领域的认识。在逻辑上，以同一对象领域为基础，可以构成具有认识关联关系的认识，表现出认识的门类属性，这就是所谓学科。与此相对应，在认识活动的社会行为上，可以制定特定的协同组织，安排人们共同从事某种存在领域的知识传播和知识发现活动。这就是作为社会组织形态的学科。从学科关联特定认识对象上说，作为纯粹知识形态的科学和哲学本身都不是学科，而是二者在与特定对象的关联中，分化出各自的不同下属知识门类即学科。逻辑意义上的学科是社会建制意义上的学科的存在基础，但二者并不必然对应。具体说就是，逻辑意义上的学科伴随认识而先天存在，但要转化为社会建制意义的学科，却需要认识的历史发展条件。只有相关认识发展到一定水平，知识积累达到某种规模，而且人们产生了在此认识方向上集中认识力量的兴趣之后，才会进行相应的学科设置。严格地说，逻辑意义上的学科是开放的，可以无限细密分化，而现实的学科设置却是可以主观选择的，二者具有非对称性和不平衡性，即有的逻辑意义的学科转化为社会建制的学科，而有的却并未形成这种转化，同时也会存在有的发展水平较低的逻辑意义的学科获得了学科的社会建制，而发展水平较高的却并未获得学科建制这种现象。这种情况鲜明地反映在现代学科分类中，即在人类认识早期并没有学科分化，甚至没有哲学和科学的分化。而现在科学得到了高度的学科分化，有物理学、化学、电学，等等，而哲学由于发展缓慢和缺乏知识稳定性，却被不当地人为设置为作为与物理学等科学学科平级的学科，处于原始混沌状态，即使在所谓哲学学科的进一步分化中，其二级学科的设置相当任意，并且不具有与科学之下的学科的平等地位。

  现代意义的学科建制不仅具有特定研究对象要素，而且具有比较完备的方法设置，使认识活动具有普遍的规则，从而获得了学科共同体成员之间的对话约束，能够就特定认识论断的认识过程在形式上加以核验，从而产生真理性评价的强制力量。在这种认识的必然性和社会普遍性基础上，科学认识进入有效积累和可持续发展状态。就此而言，迄今为止的哲学的历史表现说明它还没有达到现代化。直言之，哲学还不是现代意义的学科。哲学，无论是所谓的"哲学"学科，还是哲学这一知识形态下属的学科，都需要一场提升自己认识有效性的深刻方法反思，以便进化到可普遍对话和知识积累阶段。

第五章

研究哲学的道路

第一节 何以需要专门研究哲学

所谓研究哲学，就是学习哲学，即感受和把握哲学是什么，理解哲学的历史成就，通过重历和分析以往的哲学思想，体悟哲学思维精神和思维方法，培养哲学素养，完成心灵的哲学化。

学习哲学，不仅要学习以往作为知识的哲学思想，更要学习哲学思维本身。哲学思维的要素存在于我们每个人的认识的逻辑结构中，展开哲学认识是人们的一种自然倾向。之所以需要对哲学加以专门研究，是因为哲学认识具有特殊的概念、形式和规则，然而却混迹于各种经验内容之中，受到日常经验和思维习惯的干扰，不易获得自身清晰独立的显现。因此只有对哲学思维加以特别的关注、反思和训练，才能熟悉和习惯哲学思维操作，真正拥有哲学思维能力。

虽然按照定义，哲学是一种纯粹的知识形态，或者说一种思维形式，但由于思想的显现必然具有内容，以具体的现实思想成果而存在，所以哲学不可能有纯粹形式的直接存在。要接触哲学，只能通过观察其认识成果的表现来实现。因此，哲学史知识是学习或者说研究哲学的必经中介。但是需要警惕的是，个别的哲学理论仅仅是触发哲学感悟的机缘，能否借此灵光乍现而洞见"哲学"是一个偶然心智事件。因此，学习了哲学史，甚至熟知哲学史，却没有真正达到哲学境界，是并不让人惊讶的常见现象。但需谨记，要想领悟哲学，就必须接近哲学史。

人们至今津津乐道古希腊人的一个说法，即哲学就是爱智慧，以此把哲学区别于知识。智慧是洞察存在本质而产生知识的活动，但在其源始处更是一种能力。试图从哲学史知识返回到哲学能力，之间横亘着认识秘密这个鸿沟，即在知识中已经或多或少丢失了智慧的足迹，因而需要进行创造性的补写。申言之，有点尴尬的是，真正透彻地把握哲学史，本身就需要智慧条件。这便注定通向哲学境界的道路绝非平坦，而是需要许多主观条件，包括艰苦的努力、清晰的目标、充分的哲学气质和获得灵感的运气。

对于不是以哲学为稻粱谋的职业，而是立志以哲学为精神寄托的事业的那些人，走上哲学或者说研究哲学之途，就是一场纵身成败风险之中的博弈。因此，选择一种真正的哲学生活需要勇气，其中尤其包含对世态炎凉的鄙视和在人生起伏面前的泰然。

第二节　择师：俗世师与圣灵师

学习哲学包括理解哲学史知识和锻炼哲学智慧，即把握前人的哲学思想成果和培养自我独立哲学探索的能力。这是两种具有完全不同认识品质的精神活动，前者是旁观，后者是进场。不论二者怎样不同，都面临同一个困境，即学习意味着进行精神拓展，增加自我当前没有的某种内在存在，这种学习活动必然指向无知。但既然无知，又何以设立起以特定对象为构成要素的具有指向性的学习任务。尽管可以接受求职欲望的天赋性，然而却不能在本然缺乏经验的前提下确定学习内容和学习方法。破除这种困境的社会方式就是求师，择取有知识的人和有智慧的人作为指引者，跟随他们走进知识世界和锤炼智慧。

对于作为知识的哲学史的学习，可以充当老师的人很多，只要具备一定的哲学知识，具有相对哲学史视野的人都可以解决两个在学习哲学史过程中经常会遇到的问题，即学习内容的合理选择和对某种哲学思想的帮助性解释。不论是谁，不论学习者已经具有怎样的哲学知识基础，只要落入学习处境，就意味着未知和探索，必然要面对这两个问题。如何走进并走好未知领域，可以通过老师的合理引导加以解决，从而避免盲目性，做到按照哲学思想的历史发展和内在逻辑优化学习注意力分配和学习过程的安排。而在每一个学习环节上可能还需要老师帮助解释某种思想，以消除困惑而达到理解。在知识基础和心智品性所共同塑造的理解力与有待理解的哲学思想存在差距的情况下，就需要辅助性的解释加以引导。因此对知识之师的需求因人而异。显然，知识的存在是固定的。为师是把以往获得的相关知识体悟传达给他人，知识之师属于经验范畴。在现实生活中，尤其是在教育成为一种社会事业的条件下，知识之师可以方便得到，最通常意义的老师甚至被社会教育体制所安排。此即俗世师，师生成为一种社会关系形式。

知识之师易得，但智慧之师难求。因为知识可教，知识分子可以通过教育生产，而智慧不可教，智慧巨匠世间稀有。智慧作为创造能力本身包含变动不居属性，没有一种公式可以必然通达创造结果，面对特殊材料自主地应对和处置，自由地闪现存在创造方式，是智慧的本质。智慧反对教条，寻求灵活洞见。智慧按其创造本性，在逻辑上就永远面向新意而不可重复，以往的智慧必然失去作为智慧追求的模仿价值，没有可传授效力。亚里士多德说，实践智慧不可教，康德说，理论智慧不可教。这里所谓教，就是外在地输入必然获得智慧之果的方法。然而智慧可以启迪，即有智慧潜能的人通过深入体会别人的智慧而感受到智慧活动的禁止性规范和诱发性条件。由此虽然不能获得必然导向智慧成果的积极操作规则，但却可以设立激发一个人已有智慧潜能的一般思想环境，提高智慧释放的可能性。智慧有其特殊的心理结构。批判的眼光和冲动是智慧的前兆，对缺陷的洞察让智慧躁动，没有一种智慧会安于现状。面向和尊重存在特殊性而努力保持独立思维态度是智慧的监护，它为智慧提供认识张力，逼迫思维进行创造性探索。完美性追求是智慧的领航，它为认识设立可接受标准，推动认识对存在构造出更具优化性的把握和描述。这些原则是空洞的，必须得到智慧经验的填充，其基本途径就是向有过智慧的智慧大师追问，倾听他们的道说，窥视他们创造性思想的那种千姿百态。能够遇到一个当世智慧大师而得其亲身授受是一种幸运，也是一种精神奢侈。更为现实和可靠的智慧之师，是那些已故哲学家。此即圣灵师。虽然斯人已逝，但他们的不朽著作却是永恒的诉说，等待热爱智慧的人去倾听和琢磨。这种交流必须是亲密的才有希望从中受益，即直接与他们对话，而绝不能替代为无智慧者的转述。因为智慧不会通过无智慧的人成功传递。从这个意义上说，对于一个胸怀崇高哲学理想的人，圣灵师要远远重过俗世师。听教于圣灵师而求智慧，就是直接阅读哲学大师的著作，而且绝不是简单地满足于知识态度的阅读，即浮于观念及其直接联系上，满足于知其所说是什么而热衷记忆，而是必须深入窥探其思想发生脉络和逻辑，明察思想方法，领悟大师何以走上这种思想道路，又为什么如是说。这必然是无字之书，或者说是字后之书。

哲学可以自学。因为，人人均有哲学慧根，具有理解表达哲学思想的语言的能力，对于哲学观念间的逻辑关联甚至其产生过程，通过持续的主观努力能够加以把握。而且，最好的哲学学习必然是自学。因为，从学习哲学的最高目标是掌握哲学思维技能来看，自主地驾驭理解哲学史的全部环节，可以在消化每一哲学思想观念的过程中完整重历一种哲学思维，在其中加强哲学思维的真切体验，让全部哲学史思想发挥思维砥砺功能，从而得到充分的哲学思维锻炼，培育思维主动性和对宏大理论框架的驾驭力量。

第三节 流体式阅读

学习或者说研究哲学，无论是指向哲学知识还是哲学精神，都落入理解范畴，是一种接受活动。理解的一般绝对要求是，无论理解者与被理解者是一种什么相对关系，或者理解者低于被理解者，或者相反，理解者高于被理解者，都必须是理解者跟随被理解者。唯其如此，才能达到所谓的理解目标，把握被理解者的存在。

思想活动有形式和内容两个构成方面。形式包括思维形式、思想材料类型、论断可接受性标准等认识论选择。内容就是具体参与认识过程的被认为属于特定存在的观念，包括感觉经验的、理性概念的。对于具体的认识来说，在逻辑上形式干涉内容，即思想活动的形式会影响提出什么问题，哪些内容可以进入特定认识环节。反过来，思想内容资源会限制思想形式的选择和实现，即只有特定的思想内容，才能满足特定思想形式的要求，恰当地填充特定思想形式所预设的各个思想环节。如果思想内容类型不适应思想形式的要求，或者不能充分地提供思想内容，那么一种思想形式的认识就不能完成。

理解就是重复一种给定的思想活动，因此不仅必然具有思想活动的一般结构，而且必须与被理解对象的思想存在一致。直言之，成功理解的发生条件是进行理解活动的思维形式和思想内容与被理解思想的思维形式和思想内容相契合。如果两者之间的思想形式不同，那么就根本没有理解的成功希望，有的只会是晦涩和迷惘。如果在理解过程中错误把握或者遗漏了其中的思想内容，甚至外在地掺杂不属于原有思想的内容，那么就只能造成意义的残缺和歪曲。

因此，在哲学学习的阅读中，首要任务是在阅读前通过相关了解确定著作的思想形式，或者退而求其次，在阅读中推敲其思想形式。必须指出，在把握一部著作的思想形式之前，一切阅读只能算是试读，因为只有在思想形式显露的情况下，问题的设立根据和意义、解决问题的路径，思想材料的选择，认识进程的推进、搁置、转换、继续和终止，才能得到合理解释。缺乏对思想形式的把握，对作者的思想意图就无法准确感受，也就难以预测和紧密跟随其思想轨迹。只有在思想形式的限定下，才能解释作者为什么这样思考。可以说思想形式是"语法"，只有它才能促成作者和读者之间的对话。如果读者有意无意所抱持的思想形式与作者不合，那么双方就是方枘圆凿，根本不能进入作者的思想世界。

在对著作的思想形式具有认识后，便向具体内容的把握及各个思想意义的理解提出纯粹倾听要求，也就是严格地把理解材料限定在文本之内，按照作者所提供的思想观念及其说明来解读文本，勾勒其思想根据和思想观念。切忌习惯性地任意把自己原有的某些相关观念带入文本，牵强附会地揣度和解释。否则只能歪曲和掩盖作者的思想，不是去了解作者思想，而是给自己或许粗陋的思想贴上作者的假名。其后果为错失向贤达学习而获得思想进步和思维教养的机会，对于那些相对作者具有更高思想水平的人来说，至少也是丢掉了理解他人的机会。这种纯粹倾听式阅读所获得的意义图像是客观描述式的，完整把握作者的思想状况，理解其精神活动结构，不仅理解其正确的观念及其关联，也看清其错误的观念和观念关联的产生情形，也就是不仅理解其中的真理，也理解其中的误谬。

这样的阅读才能达到学习哲学的目标，即走进哲学故事，利用别人的哲学思维成果洗练自己的头脑，从而让自我哲学化。非哲学的经验思维具有习惯力量，形成对哲学思维的巨大干扰，诱导人偏离甚至厌恶哲学。因此，必须以强大的自觉顺应哲学思维规范，接受哲学的改造，而非让哲学文本迎合自己，努力以纯粹哲学的方式理解哲学。这就要求读者必须放弃旧我的反抗，而跟随作者沿着哲学思想流动管道随形变化，最终成就新的哲学自我。此即流体式阅读。完整地经历哲学思想的过程，而非仅仅满足于牢记哲学观点，这具有重大哲学学习意义。因为哲学思维的本质和重心是过程，只有不断经历前人哲学思维过程的洗礼，才能积累自己的哲学素养。那种总是迁就自己，每逢哲学思想便试图绕过思维过程，伸手索取经验事例来晓谕普遍哲学原理的走"捷径"做法，必然自绝于哲学大门。

第四节 超越性阅读

流体式阅读把握的是哲学文本的存在本身，即其思想的"是什么"。健全的理解要求进一步追问"为什么"，即是什么原因导致作者作出了思想形式和内容的如此选择，从而把理解扩展到文本之外，挖掘其思想形成的深层土壤。它们构成一种思想的背景。对这种根据性思想背景，有些哲学家或许有清晰的完整意识，或许有部分意识，或许根本没有意识。但不论怎样，按照理论叙事的思想成果描述这一定位，对它们作出正题交代不是作者的必要责任。在哲学史上特定思想活动的真实背景被隐匿是一种常见现象，很少哲学家有兴趣敞开它们，而是大多喜欢让他们成为秘密。这就越发需要读者加以专题探寻。

思想背景具有复杂性，包括认识的、逻辑的、心理的。所谓认识背景，就是作者的特定认识水平即认识趣味、思想能力等决定思想态势的认识要素和在先接受的观点即认识信念。所谓逻辑背景就是作者面对特定思想处境所采纳的逻辑观念对思想发生和发展的影响，包括方法选择和论证形式选择向认识过程施加的限制作用。所谓心理背景，就是作者的认识目的、认识情绪、认识意志的偶然状态对认识方向的影响。三种背景之间互相交织、互相作用。各种思想背景的可能构成要素并不一定在每一哲学中均有所体现，其存在需要加以具体分析而确认。

把握一种哲学的思想背景，便可以解释作者思想发生和发展的特殊性，理解在诸多思想可能性中，何以现实地显现了这样的思想面貌和特定论断。通过思想背景，读者才有可能比作者更好地理解作者的思想。

第五节　批判性阅读

在经历流体式阅读、超越性阅读两重阅读之后，形成对哲学文本的思想的客观描写性把握。在此基础上，应该展开第三重阅读即批判性阅读。所谓批判性阅读，不是简单地用一种观点去反对另一种观点，而是对文本的哲学思想本身作出形式分析，以其形式本身状况的逻辑属性来判定思想的是非。其任务是针对文本思想作出真理性诊断和评估，肯定真理，同时发现其中的不足和错误。

批判性阅读的首要任务是对哲学思想内容的确立和之间关联的逻辑合理性作出审核。其操作是撇开思想构成内容的真理性，而仅仅关注他们产生和相互之间关联的逻辑过程，以逻辑规律的满足形式作为可接受标准，揭露逻辑瑕疵和悖谬。逻辑分析将纯粹内在地解构一个哲学文本的真理性自诩。

批判性阅读的另一个任务是对作者的哲学思想进行认识论合理性判断，即针对一种哲学思想的形式方面作出合理性和价值判定，包括认识方法、认识目的、认识任务规定等的合理性及其认识价值。就认识的逻辑起点即认识切入点的合理性评价，不是以是否赞同特殊内容而是以特殊起点内容的相对存在地位为着眼点而言，它也属于一种形式性判定，可以归入认识论合理性范畴。在认识论合理评价分析中，一种哲学思想的思想背景和正题内容被全部纳入批判视野，形成对一种哲学思想的论断有效性程度的逻辑判定，达到对其思想水平包括贡献和局限的理解。

理解的健全结构包含对文本思想观念本身的把握和对其缺陷的洞察。因此，只有完整经历三重阅读，最终完成批判的理解，才是彻底的理解。

第六节　哲学文本的两种构造方式及其不同阅读策略

在关于存在的哲学认识中，有两种不同的思维境界，一种是哲学家性的，即仅仅接受逻辑约束而独立设立思想的起点并展开理论建构。另一种是文人性的，即接受前人权威观点而做关联性观念拓展，借以形成理论论断。二者形成的认识成果具有完全不同的思想品质。前者具有明确的理论建构起点，思想自足，即能够自己论证自己，文本封闭，即不需要借用外部文献而完成思想的勾勒和表达，论断清晰确定。后者缺乏明确的理论建构的逻辑起点，认识展开过程主要表现为知识搬运和搭接，文本开放即需要借用外部文献而使文本意义延伸到文本之外，思想往往飘动犹疑。二者同时也具有截然不同的直观写作标志，即哲学家式著作没有或很少引注，文人式著作必然大量引注。

鉴于两种著作迥然不同的思想结构，应该采取相应不同的阅读方式和策略。因此，阅读一部哲学著作，首先就要甄别它的思想构造类型。

对那些哲学家式著作，读者只需带入高度的认识激情和好奇，以纯粹的理解努力面对文本，严格尊重其中的文字，把全部注意力集中在文本语言上，寻觅其中的逻辑线索，参悟思想创造脉络，明了论断有效性及其条件。在这种阅读中，成功的关键在于读者的领悟力及其恰当和充分的使用，而不在于著作之外的知识的丰富。

对那些文人性著作，读者必须具有充分的相关文化知识，按照文本的思想开放节点，随时走出文本而寻觅其思想来源，深入了解相关思想的本真意义和价值，还原或补足其文化语境，明察引述背后作者的兴趣和态度，审视不同引述内容间的关联关系和相容性。在这种阅读中，放宽阅读态度，不去刻意追求意义确定性和思想清晰性是可接受的一种阅读策略。因为读者不可能在阅读中创造出文本缺乏的东西，容许理解结果的模糊而适时终结阅读正是一种明智。

第七节 哲学史家式阅读与哲学家式阅读

哲学文本包含不同思想属性的信息，对它们的猎取会因读者的兴趣而有所偏向。阅读是一种学术积累，为何种目的积累决定阅读态度和阅读策略。其中，一个最基本的区分就是读者的学术积累目标是哲学史家还是哲学家。由于大多忽视了两者的素质要求差别，简单化地相信哲学史知识积累与哲学创新的连续过渡，所以阅读方式的分化很少被作为明确的反思任务。

作为哲学史知识兴趣的阅读，必然把知识掌握的历史全面性当作核心任务，竞技于追逐思想观点的细节，品评在纵览思想史长河。然而，由于哲学原创是进行论断内容的独立构造，需要的主要是创造性思维品质，对观念创造方法的把握和灵活运用是其中的关键，所以追求哲学创造素养的阅读就必然有其特殊指向。

知识积累对于原创具有重要的教育奠基功能，只不过应该重新界定它的作用形式和途径。虽然就认识目标而言，原创所从事的是面对特定认识对象的前无古人的工作，但它仍要求以相应的提问能力、认识操作能力为前提。而问题的提出与知识水平相关，是已知进而引发无知，所知越多，无知的感受就越沉重。同时，知识背景也决定问题的质量，它避免重复提问并保证提问的认识潜能和价值。但值得慎思的是，从有效问题的生成角度看，原有知识的提问功能的存在形态是双重否定，即否定那些已经解决的问题，否定那些原有知识的理论有效性。而原创认识的目标是普遍原理，与其相关的不是原有知识的全部，而是其中的普遍原理部分。因此，原创式提问所要求的学术积累不是漫无边际的文本吞食和细节梳理，而是对知识的源头和主干的把握，尤其要富有洞察力地知悉它们的认识论意义和逻辑属性。克劳斯·黑尔德为胡塞尔所作的如下辩解，很好地诠释了原创作家的精神结构和特征："了解胡塞尔的人通常都认为，胡塞尔想要成为一个彻底的开启者，因此他对哲学史并不很感兴趣，对之也鲜有涉猎。然而，我们在这里还应当有所区分：胡塞尔对传统的经典哲学家文字的认识可能的确比较单薄，尽管如此，对于思想史上那些至关重要的决定，他的感受力要比一般所以为的更强烈。"[①]

哲学具有自身的本质和方法，相应地设立起自己的研究规范，因而不是可以随便从事的简单人类劳动。身处特定哲学史中的人要获得有效的哲学思维能力，就必须通过哲学史来经受哲学思维的演练、磨砺和培养。但鉴于原创的认识目标，为积累原创思维能力的哲学史学习应该瞄准原创经典，因为只有它们才是哲学思维方法的综合运用与集中体现的最高场域。只有重历那些经典的原创思维，悉心沉浸在范例性原创文本中，跟随原创大师的精神历程而感受他们的原创思路和技艺，才能以虚拟实践的方式磨练自己的各项哲学思维能力。

显然，基于提问能力和思维能力的培养而向立志原创的学者所提出的哲学史阅读，应该完全不同于仅仅具有知识兴趣的哲学史家的阅读。直言之，哲学史家式阅读与哲学家式阅读具有不同的要求。除了哲学家

---

① ［德］克劳斯·黑尔德：《世界现象学》，倪梁康等译，生活·读书·新知三联书店2003年版，第3页。

式阅读的文本可以只限于经典，但哲学史家式阅读则更加广泛这一阅读范围上的选择不同外，更重要的是阅读宗旨和方法的差别。

合格的哲学家式阅读必须是批判性阅读，由此才能实现原有知识在原创认识中所应发挥的否定性作用。而哲学史家式阅读则可以对一个哲学文本坚持纯粹的知识兴趣而中性地作描述性的理解。纯粹的哲学史家式阅读表现为通俗阅读、观点阅读和成就阅读，即把哲学文本当成普通文本而忽视它的学术类型形式的阅读和把注意力放在记忆具体观点及其所达到的精神成就之上的阅读。而哲学家式阅读则应采取与此完全不同的宗旨，即概念阅读、方法阅读和问题阅读，即着力挖掘哲学文本中所包含的哲学之为哲学的概念，重在注意文本中所实践的认识方法、思维技艺和理论构造结构等形式性因素，同时努力通过文本的成就提高自己的认识起点，并在分析文本的内在缺陷基础上发现具有研究价值的问题。这种阅读方式差别决定于哲学史研究与哲学研究之间的目的上的根本差异。纯粹的哲学史研究的目标是接受知识，只关心以往哲学家到底作出了怎样的论断，认识被限定在过去的主观事件层面内。而哲学研究的目标是创造知识，它对哲学文本所关心的是其中所包含的能够影响自己研究活动的"哲学"概念和思维方法，以及认识内容上的消极借鉴意义即给出超越哲学史的标识。要言之，哲学家式阅读的关注焦点要从论断转向论证，从而体会被深埋在文字下面的制作哲学的技艺。而这一目的并不是在简单的文本阅读中就可以直接和必然地达到的，而是必须还原文本中的真实的思想过程才能实现。海德格尔曾经作出过一个重要区别："人们对哲学表现出某种兴趣，这决没有证明人们已准备思想。我们经年累月地钻研伟大思想家们的论文和著作，这一事实仍不能担保我们自身正在思想，或者哪怕只是准备去学习思想。这种哲学研究活动甚至可能最顽固地给我们造成一种假象：我们在思想，因为我们确实在'做哲学'嘛。"[①] 原创式阅读不应该追逐知识性的字句，而必须以把握其中的

---

① [德] 海德格尔：《演讲与论文集》，孙周兴译，生活·读书·新知三联书店2005年版，第138页。

运思技术和节奏为使命。这绝然有别于精于细节、热衷熟悉具体观点、津津乐道于章句注解的史家式阅读。原创式阅读的要务在于领会原创文本的运思手法。然而，体现原创认识能力的各种运思手法并不直接写在纸上，而是无形地体现于各种具体思想及其发展之中。因而原创式阅读不能着迷于各种知识观点的机械堆砌，而要求富有灵性地揣摩和体悟特殊知识背后具有普遍意义的原创活动的致成形式。悟解而非记忆才是原创式阅读的成功标志。这是一种极具个体心智特殊性的活动，究竟在学术积累历程的哪一点上能够达到了然彻悟，必然因人而异而不能加以普遍量化规定，而对可以收获悟解的文本对象更不能外在地指定，只能自由地诉诸特殊心灵与特殊文本之间发生共鸣的机缘。

有志于成为哲学家而准备踏上原创之路的人，唯有采取哲学家式阅读才能从文本的阅读中获得真正合乎自己目的的哲学教育。历史的误会和对抗触目惊心：一些像康德、胡塞尔那样的伟大哲学家并非杰出的哲学史家，因而常被学富五车的优雅的学院派所轻视，康德甚至被他的哥廷根同辈斥为"半吊子"哲学作家。显然，哲学家与哲学史家有着根本不同的哲学教养，他们的学术积累道路也断然有别。

第八节 作出告别哲学史研究决断的时机

超越性的普遍原理构造这一认识实质，决定原创认识与历史认识之间失去了积极的建设性的根据关联关系，发生了认识发展的逻辑断裂。因此，学术积累的原创意义绝不在于死知识的收集整理。原创的认识飞跃要求认识切入方式的翻转，借用关于认识对象的存在原理的原有论断不可能逃出传统知识框架而实现原创。可以断言，从知识发生的角度看，知识积累乃至那种理想状态的无所不知的圆满知识积累，并不是原创所需要的学术积累。

至此，有人会反驳说，一个人的原创认识绝不会平地崛起，而是必然要掺入一些前人的判断，至少也要使用以往认识中所形成的认识规范、一般形式原则等，比如人们经常使用一般认识方法、笛卡尔采用了中世纪的"观念的客观性"概念、康德利用了形式逻辑知识。这是一个具有很大复杂性和欺骗性的问题，容易诱使人们把原创与知识积累直接纠缠在一起，因而必须认真辨别。原创意味着具有完全异质基础的理论体系，而一切判断的具体意义只有在特定语境中生成，被语境所确定。因此，即使有些原有知识语句被收入原创理论之中，它们也不可能在完全固守自己意义的条件下搬进原创认识，而是必然要被不同语境所胁迫和改造而发生语句形式之外的意义变异。也就是说，对于特定认识对象，不可能有作为知识碎片的关于其存在原理的原有判断内容直接参与原创理论构造，而是必须为之添加或删减某种意义，这完全是一个创造性的认识活动。此外，还可能有更加微型的知识或概念被原创认识所利用，这种情形也会造成学术积累与原创关系的混乱观念。对此，需要辨明的是，思想原创的实质是命题的构造，而命题的本质存在是无形的意义，这种意义超越命题语句的构成成分而创造性地生成，是意义统率和组织语词，而不是语词碎片机械推出意义及其相应的命题。而在如何看待认识的一般规范或形式原则知识对原创的贡献问题上，需要澄清的则是，它们不能加以简单使用而必然能行地直接找到自己的适用对象并造就具体命题，相反，是特殊内容之间合目的协同聚合而进入给定形式的过程，只能借助于智慧来创造性地完成。推而言之，那些作为知识形态的认识方法、认识规范、一般逻辑原则、抽象形式原理等，不但都不具有作为关于认识对象的知识的意义，而且也不能直接必然生成关于认识对象的新知识。

　　以上分析在知识发展的内容链条层面上对学术积累的原创功能作出了否定性判断。但是，这不意味着学术积累与原创毫不相干。相反，学术积累对于原创具有重要的教育奠基功能，只不过应该重新界定它的作用形式和途径。原创认识的能力，比如提问能力、认识操作能力、遵循规范能力、运用方法能力，并不是生来就圆满充分地为一个人所天赋的，而是需要在演练中磨砺和培养以臻成熟。而作为知识传统的原创作品就正是原创能力的综合运用与体现的场域，舍此别无其他。只有重历那些原创思维，悉心沉浸在范例性原创文本中，跟随原创大师的精神历程而感受他们的原创思路和技艺，才能以虚拟实践的方式磨练自己的各项原创能力。在以这种方式漫步学术长廊的过程中，原创能力才会生长起来、壮大起来、成熟起来。质言之，对于原创，学术积累的功能在于个体的抽象原创认识能力的培育，之所以带有抽象性，是因为它所指向的原创认识能力与具体的原创认识存在阶段性认识距离。

就原创而言，仅仅具备基本原创认识能力还不够，现实的原创认识必须以设立一个有研究价值的问题为前提。而有价值的问题就是具有认识开拓性并在逻辑上有提出根据和有可能加以解决的问题。要发现一个有价值的问题，就必须借鉴以往相关研究的成果，在明辨其理论不足的基础上，否定那些不恰当的问题，或者根据理论发展要求设立一个相应的新问题。这仍然处于学术积累的范畴内，并显现出学术积累具有否定意义上的原创功能，即它通过把原创的问题意识驱赶出特定领域而逼迫探索可能的新问题。

在获得一个问题之后，有针对性的独立思维就可以展开。但是，根据理论构建的逻辑结构，只有在闪现超越性的普遍原理洞见并形成求证思路之后，才能正式着手原创认识。在此之前，学术积累性工作作为激发灵感的一种可能手段还仍然是一种有价值的选择。而一旦获得原创直觉，原创时机就已经降临，学术积累就应当让位于专心致志的原创实践。就灵感性直觉的个体心理性和发生偶然性而言，不可预断造就原创时机的学术积累的普适限度。

从原创与学术积累的各种关联可以看出，原创是学术积累和天才的函数，学术积累过程与个体智慧品质具有反比关系。在其中，学术积累是一个逻辑有限的因子，但究竟在哪一点上完成终结而实现向原创的转换却因人而异，不可硬性确定。悟性和创造力是原创认识的重要相关变项，它们在个体中非常态地不均衡分布，因此，学术积累的量化指标不能科学地转化为原创资格。

"学无止境"往往被奉为至理，如果是为学习而学习，这可以成立，可以说哲学史家式阅读按其本质是无限的。但对于原创目的，却是"学有止境"。在界定了相对原创的学术积累及其逻辑终点之后，学术积累就从须由认识主体永远背负而压垮原创的包袱，变成把认识主体推上原创轨道的一种可脱落式认识推动附件。因此，对于原创，所谓学术积累就不再被无限化而令人望洋兴叹。可以说，哲学家式阅读是有限的，即应该终止于哲学思维能力的养成和问题的发现。

第六章

哲学研究的条件和规范

第一节 作为哲学担当和担当哲学的哲学研究

所谓哲学研究，就是将哲学思维方式运用到特定存在对象之上，从而形成关于其普遍存在属性和存在规律的哲学论断。创新是其使命，智慧是其工具，抽象知识是其表现。

凡所谓"学"，便以发现存在对象之普遍存在原理，努力创立系统的普遍知识为职责。其大类有科学、哲学，次类有物理学、化学、伦理学、逻辑学等。不论哪种"学"，其认识的逻辑方向都必然是从特殊到普遍，而绝不会是从普遍到特殊。后者是对作为"学"的普遍概念和原理的运用，应称为"某某学的运用"，而不应采用容易带来错觉和混淆的"应用某某学"这种称谓，比如伦理学的应用，便不该称为应用伦理学。自然科学很好地区别了这一点，它把普遍科学原理的应用研究叫作技术，而不容许技术冒充科学。一种普遍学问的应用，并不产生新的普遍知识。而仅仅带来普遍原理限制下实践智慧性的特殊存在创造，具有绝对的个例性，与"学"之职分无关。因此，不能把哲学普遍知识的应用性研究混同为哲学研究。① 由此可以断言，哲学研究是哲学的应有担当。

反过来看，哲学研究是哲学成就自身并保持自己存在的条件。作为

---

① 可否尝试把哲学普遍原理的应用称为策论？因为其应用具有所谓实践智慧结构，充满多元性和选择性。

人类的一种认识类型，哲学的全部使命就在于开拓对存在的普遍理解和把握，包括哲学史研究在内的哲学的学科性建制，其宗旨正在于在知识的传承和积累中保持和扩大哲学认识能力，不断深入地开展哲学研究。不可设想仅仅有哲学史而没有哲学研究的哲学存在。缺失哲学研究冲动的哲学，不论拥有怎样丰厚精彩的哲学史，都是一具哲学僵尸，是失去灵魂的假哲学。因为一味沉溺在对以往知识的玩味中而固囿于认识的历史，就是遗忘存在这一哲学的真正对象而错乱地把旧知识奉为偶像，用表演记忆取代放飞智慧。其后果对哲学来说具有毁灭性。一方面，关于存在的哲学研究保持哲学的认识本色，一旦放弃哲学研究，就意味着掏空了哲学之为哲学的根据，哲学不再实际具有认识属性，也就不再成其为哲学。另一方面，一旦放弃了哲学研究，哲学史就停止生长，而凝固的历史便蜕变为化石而不再具有参与存在发展的功能。历史只有紧密地保持与当前发展的联系，才获得存在意义，从而保持自己的活历史身份。也就是说，正是哲学研究不但赋予哲学史以存在意义，而且以新的哲学知识的生产不断激活哲学史，使之保持历史存在所本然要求的活跃和延展状态。停止哲学研究的后果不仅仅是哲学史知识积累性增长的中断，而且更是哲学史本身的虚无化。脱离哲学研究而不再产生知识变化的哲学史已经丧失历史性。因此，哲学研究不仅在创造哲学史，而且也在维持着既定的哲学史。总之，从根本上说，哲学研究全面承担着哲学的成就责任。没有哲学研究，就没有任何意义上的哲学，包括作为理论智慧的哲学和作为学科建制意义上的哲学。

保持与智慧关联和交往的哲学史知识必然接受批判，使哲学史自身保持有效内容的代谢。失去或拒绝智慧批判的哲学史，必然陷入虚假的智慧身份幻觉，夸张地自我悬挂神圣金匾。

第二节　哲学创新梯度：从解释创新到原创革命

按照原创思想生成和存在的形态，原创有两种类型，即纯粹原创和混合原创。所谓纯粹原创就是开辟了一个新的认识道路,从起点到整个道路都由原创思想构成,形成一次思想革命。不管研究的对象是否在历史上被前人触及过,纯粹原创都拥有新的独立论域,自主地生成理论体系。纯粹原创在逻辑上是可设想的,在历史上也不断被思想革命所证实。自然科学和哲学社会科学都有纯粹原创的体系。人类认识的发生历史在逻辑上只有在纯粹原创的可能性中才能被理解,而其发展则只有借助纯粹原创才能出现论域的横向开拓和视野的陡然跃进。不能把研究的历史混同于原创的基础部分,存在和发展在时相中的连续性不意味着一种原创理论的逻辑依赖关系,而原创性是由逻辑的独立设置决定的。质言之,原创性判定不能纠缠于学习经历和由此获得的能力(一般地说,每一个研究者肯定有自己的学习经历并由此获得研究能力),而必须着眼于研究成果内在的逻辑独立性,看它是否直接借用了前人的研究成果作为其理论体系的构筑环节。纯粹原创以原创思想的学术范式为自己学术范式的全部内容。

在一个理论体系中含有前人的研究成果和原创思想——不拘援用成果在体系中的逻辑位置——即为混合原创。混合原创在形式上介于传承与纯粹原创之间,它具有不同于传承研究的原创目的,而又在理论体系中含有相同于传承研究的引证内容。因此,混合原创面临复杂的学术范式设计任务,既要满足传承学术范式的要求,又要合乎原创范式的规范。更为艰巨而至今鲜有自觉意识的是,由于引证材料必须按照原创学术范式纳入理论体系的统一联系中,而引证材料来源于不同的理论体系,具有不同的意义和根性,可能是不相关的甚至是不相容的,所以带来对引证材料相对引入体系和引入位置的存在相关性以及逻辑一致性的批判考证任务。因为,按照理论体系的本性,其构成内容间必须具有严格的存在相关关系和逻辑相容与相邻关系,否则,就破坏其体系有效性,并使得其中某些与错误内容相关的认识失去逻辑有效性而陷入可疑状态。只有对每一引证内容针对引入体系和引入位置作出全面的分析批判,确认其引入恰当性,才能保证混合原创的理论严肃性和逻辑有效性。可以把

这一引证批判工作称为知识谱系对接，其意义有如输血前的血型鉴定。不加审查而实用主义地凭感觉援用一个论断的做法，是极不严肃的思想游戏，毫无学术严谨可言。以往以混合原创自居的著述甚丰，但对这种学术形式的学术范式的反思却一直空白，没有提出"知识谱系对接"这一重要的混合原创学术规范，以至于在渊博的外表下制造了大量既非资料整理而传承思想，又不能承担原创使命的学术垃圾。那些本然互相差异甚至对立的哲学家被拉在一起而实现了"大团结"，以拼凑支持和推出一个观点的"论据"。在这种现象中，拉大旗作虎皮的权威崇拜成分居多，而独立的学术理性几被湮没。平心而论，其知识谱系对接任务在思维难度上虽然小于原创，但烦琐却远大于原创。如果主张原创权利而回避知识谱系对接工作，那么引证也就在实质上沦为闲谈中唬人的把戏。

学术有论证的义务。谁主张谁论证；主张什么，论证什么。而论证有不同的要求、材料和形式。史家之论证责任的形式，按照其主张的性质，在于文本分析和材料举示即引注，而原创主张的责任形式在于提供符合认识论的和逻辑的知识规范的真理性说明。换言之，引注只是论证形式的一种。文本研究必然要引证且要求注明，而事物研究则因其根基为存在，可以直接取证于事物而没有引证。但这种情况也仅限于纯粹原创，混合原创则必然不但要承担引注任务，而且要添加知识谱系对接任务，那种一引了事的做法是无效引证。

从传承、混合原创到纯粹原创，构成一个连续学术阶梯。大概每一种学术活动中都会多少有一点儿原创思想，而每个人也都钟情于原创之名。所以，如果没有一个可以量化的原创评估方法，就会出现埋没或盗名这种混乱状态。只有科学地肯定每一个人的原创贡献，才能维持学术界的学术秩序并促进学术的健康发展。

从直观上讲，不同理论体系的原创性有程度之别，其"原创比率"（F）与引证量和思想总量的比值（Y）有关。数学化这个关系即为 $(1-Y)$，此值越大，原创比率越高，其中 $0 \leq Y \leq 1$。而这个原创比率还不能准确反映作品的原创度，因为按照思想的本性，引证内容在体系中

第六章　哲学研究的条件和规范

的逻辑地位越基础，即所占逻辑环节序位越低，则原创性越小。可以用"引证逻辑系数"（L）即引证层级序数（1，2，3，…）倒数之和与所有思想层级序数（1，2，3，…）倒数之和的比来进一步确定原创度，其值即为减弱原创的程度，相应的原创逻辑系数（C）为 1 − L，其中，0 ≤ L ≤ 1，它表明原创内容的原创性的减损率。所以可以把"原创度"（T）定义为原创比率与逻辑原创系数的积。

原创度本身只是一个特定的理论体系的自身创新性，要进而确定其普遍的原创意义，还需要考虑该理论体系所解决问题在知识总体中所占的逻辑地位。一般讲，越是基础的问题，原创意义越大。因此，有必要设立"原创价值系数"（P），而以问题在知识谱系中的逻辑位阶序数（1，2，3，…）的倒数表示它，且 0 < P ≤ 1。显然，"有效原创量"（B）等于思想总量（W）乘以原创度（T），而原创贡献等于有效原创量乘以原创价值系数。综合上述评估指标，可以确定一个理论体系的原创绩效公式为：

原创贡献 = 有效原创量 × 原创价值系数

= 思想总量 × 原创度 × 原创价值系数

= 思想总量 × 原创比率 × 原创逻辑系数 × 原创价值系数

= 思想总量 ×（1 − 引证率）×（1 − 引证逻辑系数）× 原创价值系数

= 思想总量 ×（1 − 引证量/思想总量）×（1 − 引证层级序数倒数之和/所有思想层次序数倒数之和）×（1/问题在知识谱系中的逻辑位阶序数）

= $W \times (1 - Y) \times (1 - L) \times P$

在这一公式中，能对所有具有原创成分的作品的原创意义做连续确认，因而每一个人都可以在其中找到自己的位置而与其他人有区别地分享属于自己的那份原创殊荣。

第三节　原创法度：关于哲学原创本质、方法和规范的逻辑分析

一　何为原创：关于原创的纯粹认识论——知识学批判

原创，不论将其理解为一种思维过程还是思想成果，都归属于认识范畴。这是直观明证的，而认识的现实存在形式是意识。因此，在意识中包含着原创，如果确有原创的话。意识的认识功能分类是确认原创的存在及其本质的必然途径。

由于意识必然是某种精神活动的结果，而认识作为一种精神活动也必然始终伴以具体意识存在，所以认识与意识互为影形，合一共存，不同的表述选择只是适应论述内容的不同意义——发生的或显现的——的结果。

意识是关于对象的，认识的目标是把握存在的属性和原理，存在是认识的真理性的根据。因此，可能的原创必然指向存在，是关于存在的认识。

认识作为一个过程整体逻辑上必然有其绝对起点和由之展开的主观活动。这把意识区分为两类：给予的和思维的。给予性意识是被动接受的，与存在具有直接对应性，仅仅是对存在内容的无思维确认，在自身内直接显示自身和规定自身，显现为个别特殊内容。可以称这种意识为经验。经验按其本质形态就是分离存在的。经验的语言表达是个别性事实陈述。思维必然针对给予性意识内容进行，其存在的必要性和可能功能，逻辑地只能是超越经验而构造关于分离的经验内容之间的存在关联。因为，单质性的内容无以再施内在作为，思维也不能再主观无益地为创生单质内容而创生单质内容。因而思维性意识相对给予性意识具有一多对应关系，是对经验内容的超越性主动规定，赋有普遍性，概念为其存在形式。通过思维性意识，分离的存在内容间接地得到普遍关联，形成具有必然性的知识。知识的逻辑形式是普遍判断，是对关联关系的设定。

因此，意识普遍地意味着知或者说知道，但知道不简单地是知识，而是还包含着另类的直接事实确认即经验。简言之，意识有经验和知识两种。显然，原创只能从属于知识领域。

思一般地是涉及普遍概念内容的判断活动，知识正是追求普遍性的思的结果。而知识的诞生改变了思的可能逻辑结构，打破了产生原始知识的思的单一方向，增置与从特殊到普遍方向相反的从普遍到特殊方向。一定的知识以其概念普遍性和可能被更高概念所统摄的相对特殊性，创设了两个以自己为起点的思维发展方向。首先，作为普遍概念，特定的知识逻辑地具有对其所属特殊内容的存在限定能力，因而享有规定特殊个别存在的权利，拥有可能的潜在的适用活动空间。这个过程的实质是把普遍存在原理适用于符合其特定条件的特殊存在，从而展现该特殊存在的某种普遍属性。可以称这种思为知识的应用。知识的应用的特征是从普遍到特殊，是思由上而下推进自身。康德把这种思看作一种判断力的使用形式，并称之为规定的判断力。仿此，可以把知识的应用这种认识称为规定的认识。与规定的认识这一认识发展方向相反，还存在把已有知识当作相对特殊的内容而继续构造普遍概念和存在原理这种可能的认识方向。在本质上，这一认识方向与构造原始知识的特殊向普遍的提升认识方向是一致的和同质的。这个认识发展方向的根据在于，特定知识有其本身的普遍性限制，即是相对普遍的而非绝对普遍的，仅仅实现了有限内容的存在关联，其普遍性被其所属内容的特殊性所限定。因此，在逻辑上它们仍然没有彻底摆脱存在的分离性，有待进一步被更高的普遍概念和存在原理所关联和统一。这是知识的普遍性提升，其方向为从特殊到普遍，思在其中作由下向上的运动。康德对此类思维亦设有与"规定的判断力"相对的称呼，即反思的判断力。缘此，我们可以称从特殊到普遍这一认识方向为反思的认识。

规定的认识的结果是个别事物被归拢在特定普遍知识之下，从而获得该知识所表述的普遍性质。这一认识过程的判断结果的所有直接相关内容都是给定的和已有的，无须思的努力创设。而其间的联结按照知识

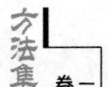

与个例之间的逻辑关系，也是已在先被相关判断内容所内在决定的。因为，作为普遍性的知识逻辑上已拥有其特定的有效管辖区域即外延，使所属对象无条件地、直接地和自动地具有特定知识的内容规定。也就是说，这种规定关系对于思是已然存在而无须创设的。规定的认识的唯一认识任务在于从特定个例的存在性质中发现符合知识存在的条件的内容，从而启动知识原理的套用过程。但这种发现活动是对事实的观察和在已知内容之间的比较，因而仅仅具有感受性，不涉及意识内容的主动增置。所以，规定的认识绝不是原创。

反思的认识的目标是构造关于存在的新的普遍概念和原理，展现存在的更广泛的关联和统一。这种认识所追求的普遍概念和原理绝非缺乏知识扩展功能的知性归纳普遍性，不是诸多个例中直观共同性质的抽取，而是理性的逻辑普遍性，即具有自身完整内在存在规定关系而超越于可能个例的直观存在性质之上，同时又具有对个例存在的普遍规定和限制作用。如果以归纳普遍性内容作为普遍概念和原理，那么就将带来诸多认识的和逻辑的矛盾。第一，归纳概念论潜在地包含逻辑循环，即适当的归纳个例的选定在先依赖所追求的普遍概念，因为没有后者的指导就不可能有对个别对象的辨认，而概念却又正是当前所寻求者。第二，一旦仅仅以作为个例中的直观存在性质直接构造普遍概念，那么就使概念被牵入个别特殊性之中而失去绝对的普遍性保证，无以获得向普遍性的超越力量。第三，归纳方法本身不能保证归纳得出的普遍内容之间具有存在统一关系，但创造存在关联的概念其本身构成内容间必须具有内在统一规定关系。第四，它也不能保证对其他个别特殊内容的存在限定和关联关系，从而不能保证归纳概念的概念功能。与知性的归纳普遍性认识活动相反，对普遍概念和原理的寻求必须适应其存在统一功能而具有相对特殊内容的存在超越性。它必须能够填补被作用对象中的存在"空白"或"裂隙"，因而逻辑地要求创设新的存在意义。如果仅仅停留在原有意识的存在水平上而没有扩展和增置存在，那么反思的认识就绝不能完成自己的认识任务。然而，在逻辑上，思不能从特殊内容出发必然地和能行地上升到可以统摄它们的普遍概念和原理。因为，面对缺乏存在统一性的诸多分散的特殊内容，不能预知其中可能的可关联对象，因而无法设定思维对象。而存在关联有特定要求，不容任意捏合。质言之，盲目性笼罩着反思的认识。同时，由于普遍概念和原理处于当前缺失状态，在逻辑上并不蕴含于特殊内容之中，所以不能由特殊内容必然而直接地给出，而是需要反思在不断的努力中偶然洞见之。因此，对于反思的认识，从过程到结果，都具有认识的开创性。由此可以断言，反思的认识是原创。

原创是对存在的普遍概念和原理的构造。

原创的本质是创造普遍性关联，这种关联在逻辑上具有两个维度，即普遍与特殊之间的纵向关联和普遍内容或特殊内容之间的横向关联，但其实质都是对已有意识内容向普遍性提升。认识的不断普遍化的逻辑表现就是判断关联内容区域的不断扩展。而凡参与判断的内容都有自身的存在确定性，即有自身特殊的内涵。在逻辑上，作为要求实现判断关联的一个特殊存在内容，有多种向其他特殊内容发展关联关系的可能，因为作为特殊内容间的关联，没有那种特定关联可以证明自己具有相对的优越性和排他性。诸特殊性在形成关联关系的逻辑可能性上具有平等地位。因此，以严格的逻辑眼光看，一个特殊内容的判断走向是多维的，进而知识的构造方案是多元的。一定历史阶段上的现实知识形态具有偶然选择性，而非唯一必然的理论构建道路。在理论世界中，可以说，现实的必然是合理的，但合理的不一定是现实的。

然而，同是偶然选择的不同知识道路，在理论发展能力上并不是平等的。因为，特殊内容间的关联有其相互间的特定要求，从而特殊内容关联方向具有自己潜在的可发展内容范围，不同关联方向间自然具有关联延展能力的差别。直言之，特殊内容间的不同关联方向所能形成的知识链的长短有别。相对于一个给定的对象域，不同关联延展方向具有不同的解释力，其中，有的关联方向可能无法达到对对象域的完全把握。所以，在认识活动中，必须在逻辑上为全新的知识重构留下空间。

另外，以上述原理为基础，如果对象域扩大，则使认识面临更大的危机可能。既有知识链条可能无法延及新增存在内容，从而要求创造新的可能的知识道路，其中包括创造全新的关联系统这种可能情况。

因此，知识的发展有延展与重构两种。相应地，原创有纯粹原创与混合原创两种。所谓纯粹原创就是开辟了一个新的认识道路，从起点到整个道路都由原创思想构成，形成一次思想革命。不管研究的对象是否在历史上被前人触及过，纯粹原创都拥有新的独立论域，自主地生成理论体系。纯粹原创在逻辑上是可设想的，在历史上也不断被思想革命所证实。自然科学和哲学社会科学都有纯粹原创的体系。人类认识的发生历史在逻辑上只有在纯粹原创的可能性中才能被理解，而其发展则只有借助纯粹原创才能出现论域的横向开拓和视野的陡然跃进。而在一个理论体系中含有前人的研究成果和原创思想——不拘援用成果在体系中的逻辑位置——即为混合原创。混合原创在形式上介于传承与纯粹原创之间，它具有不同于传承研究的原创目的，而又在理论体系中含有相同于传承研究的引证内容。

混合原创虽然在原有知识体系的制约下进行，但新增普遍概念和原理并不能从中自然而然地生发出来，即原有知识体系并不蕴含新增知识，因为作为分离的特殊内容的相关者，新增普遍概念或原理是对真实存在空白的填补。否则，如果一个普遍概念和原理被原有知识体系逻辑地蕴含，能够必然地从中推导出来，那么这种普遍概念和原理就是相对原有知识体系为既有的，其获得性思维仅仅是分析的，没有综合创生功能，从而不属于原创。

一般地说，在混合原创还有可能的情况下，人们不太倾向于接受纯粹原创。也许这种做法有其认识上的方便和社会益处，也为知识体系的扩展本性所要求。但是，由于特定内容间的关联具有内在的限制性而非可以自由无限设置，而有限理智对于这种潜能并无预先把握能力，不能在其具体显现之前对关联链条的穷尽与否作出判定，甚至在原有知识体系已经被纯粹原创取代时也难以最终作出这种判定，所以认识的发展以

第六章 哲学研究的条件和规范

及由混合原创向纯粹原创转换的恰切性都具有不可测度性。同时，从认识行为形态上看，原创，尤其是纯粹原创，关联着个体智慧，因而具有发生偶然性。即使以一个知识体系为基础的混合原创已在冥冥之中走到了它的自然尽头，也得等待富有灵感的智慧来实现向纯粹原创的转换。换言之，原创，主要是纯粹原创，是一种机缘性事件。因此，对于原创，不可能在先由具体实现原创的原创智慧之外的一般心智来盲目地预言或否定，而只能抱怀疑式的开放态度，让将来开口作答。原创按其本质就排斥他人关于原创人、原创领域、原创方式的外在规划。搞计划原创必然是瞎指挥。

原创的宗旨是缔造分离内容的存在关系，形成普遍知识。从认识发生的程序上，这就要求首先关注存在分离内容并将其设为问题加以追问，因而原创的认识起点是问题意识。

原创并非简单地是新知。换言之，新知并不都是原创。新知有多种，但其中新的经验、知识的运用作为新知并不属于原创范畴。

从特定内容的关联发展自由性可以看出，特定思想文本所包含的思想材料具有不定的多种可能联结方式，又加文本不能包容对象的全部存在内容，文本不能成为认识的可靠依凭，仅仅面对文本所作的不同认识不能保证自己与存在的切合。因此，对于追求知识的认识活动来说，文本不等于世界。纯粹的文本研究由于违背认识的本然对象而不可能是原创。文本研究中也会有新的理解和解释，但一来由于它离开存在本身，二来由于这种新的理解和解释仅仅是文本所含普遍概念向不同历史语境条件下具体的和偶然的特殊材料适用的结果，所以不能归入原创领域。对文本的不同理解改变的仅仅是特定存在的偶然所指物，是作为特定存在部分的特殊关联物的偶然变动，并非存在概念和原理的变换。至于理解和解释本身所建立的文本存在意义，则不具有知识的社会创生意义，而仅仅是对理解者个体来说的存在创生。

在思想的外在表现上，原创具有给定的历史文化环境和基础，比如语言、某些思想工具、方法和规范，但这些环境和基础不构成所谓原创思想的充分必要条件，不能必然而能行地产出原创思想。从作为语言的碎片大全的词典，不能必然地引申合成出原创思想；参与建构原创思想的工具方法和规范并不内在地提供原创思想的内容，而只是外在地辅助原创思维，并不损害原创思想的独立性。比如爱因斯坦的相对论虽然援用了微积分乃至初等代数知识，但由它们所表达的相对论理论却是自成体系、独立而原创的。如果不区分原创思想本身与原创思想的运思和作为表达手段的内容，就会借原创的历史语境之故而错误地否定原创的可能性；如果不区分原创思想与原创的思想史推动作用并认识到其间的非连续性和主观异质性（创造的与学习的），就会睡眼混沌而把原创与述古搅和一团，踢倒碾碎每一个鲜嫩蓬勃的原创思想。"脚下留神"是一个社会的认识发展的重要学术批评条件。

原创不必非得从造字开始。

二 由消解美诺悖论走进问题意识的内在批判结构[①]

原创活动的前提是问题，即必须针对具体问题展开思维。因此，提问如何可能以及如何提问是原创的首要问题。而二者都取决于问题意识的构成，在问题意识的本质构成中包含形成问题的普遍条件和问题内容的存在形式。

问题这一人们习以为常的思想活动经验一直被"美诺悖论"所困扰，苏格拉底把它揭示为问题意识的这样的逻辑困难，即人不能寻求他知道的，因为他知道它，也就没有必要再寻求它了；另一方面，人也不会寻求他不知道的东西，因为他甚至还不知道要找什么。这一辩难的实质在于发现一个问句的主词与谓词之间意义的同一性循环所导致的互相依赖关系，在这种依赖关系中由于嵌入了意义空无的疑问代词而瓦解了命题的存在，进而引发认识行为层面上的自我消解这一逻辑矛盾。例如"美德是什么"中的"美德"与"什么"如果所指同一，即出现设问本

[①] 以下关于问题意识的内在结构的例示性分析缺乏逻辑上的普遍有效性，其正面理论阐述请参阅崔平《有限意识批判》，吉林教育出版社2002年版，第191—204、246—249页。

身的两难处境：你要么知道美德，要么不知道，如果知道则为无意义的明知故问，没有认识价值；而如果不知道则不可能确立"美德"这一发问的主词，所以必须取消"美德是什么"这一问题。美诺悖论对人类问题意识的发难构成一种对问题意识的内在逻辑否定，但是人类的显明的问题意识经验又对其形成强劲的抗辩，并稳定地坚持自己的提问活动及其语言形式。关于问题的这种逻辑与经验错位，说明逻辑分析的无效，暗示需要对问题的内在逻辑结构进行认真勘察。

"美德是什么"问题起于对道德生活现象的解释要求，其生活语境把它的意义具体地诠构为"美德行为的本质是什么"。如果考虑到人类认识的认识论信仰和观念系统，那么"美德行为"即为个别美德现象，而客观化的对象"本质"以"概念"形式折射为人的知识形态。所以，"美德是什么"进一步等效为"确认'美德'的概念是什么"。在这一表达形式中，"美德"是已知的，但仅仅是个别行为现象意义上的，带有经验特殊性背景。而"概念"作为一种认识形式的抽象名词而存在，所具有的只是其逻辑规定性。这种逻辑规定性在认识上外在于个别美德现象的经验。换言之，"概念"在此只以纯粹的逻辑形式为自己的内容，并不涉及"美德"之特殊本质规定性，在认识论上不要求以对"美德"本质的知识为前提。"美德"与"概念"的这种逻辑层级判别具有决定性的认识论意义。正是这一判别造成了一种认识情境，即提出了具体的认识任务——为杂多而特殊的"美德"现象寻找满足"概念"形式要求的普遍规定性。由此，"什么"获得了自己独立的存在地位，成为一个介于美德现象与抽象逻辑名词"概念"之间的有特殊内容要求的代名词，它所表达的特殊内容应该与具体美德现象发生"概念"所表达的逻辑关系。可以说，"什么"是一种抽象的本质存在的信念。因此，在"美德是什么"中并不存在消极的主谓词意义循环。

设立"美德是什么"问题的确实是某种知，但不是对作为本质的"美德"的知，而是对美德行为的直接体验和对作为纯粹概念的"概念"及其适用的知识。也就是说，"美德是什么"这一问题的全部意义是由

"概念"的普遍逻辑意义和"美德行为"的特殊表现造成的,正是这两种知相遇而创造了未知。"概念"的逻辑特性形成对特殊经验内容的否定而要求设置符合其形式规定的另类内容,此即"什么"之所指。因此,在"什么"中,有所知——形式,也有未知——实现出形式的特定内容。"什么"所表达的是先验地知其"有",而不知"怎有"。

何以"概念"具有对"美德"行为的先验规范能力,亦即何以可能在先确立一个"美德的概念"的可能存在?这是"美德是什么"问题形成的关键。就作为逻辑功能的"概念"先于作为具体美德本质的认知而施用于"美德"行为而言,"概念"是在对美德行为作先验规定。在"美德的概念"短语中,"美德"相对"概念"处于特殊地位,是"概念"的承载者,"概念"具有相对高级的普遍性,而且必须在二者之间存在一种逻辑相关即某种必然存在的归属关系。也就是说,必须从"概念"的普遍性出发作出一个断言"一切事物都有其概念",以之使"概念"获得向"美德"赋性的权利。因此,在"美德是什么"之外或之上有一个更普遍的命题作为其生成条件,并与"概念"相牵连而潜在地嵌置其中。没有这一特定的普遍概念,就不可能产生"美德是什么"之问。而这种普遍概念构成对所论及的事物的存在的普遍根据的论断。因此,关于事物的前提的认识是形成问题的基础,也可以说成功的前提批判是具体问题的致成要素。在问题意识包含前提批判的具体结果并使之内在地处于普遍规定性这一前提地位而与设问对象形成普遍—特殊分化的意义上,问题具有内在批判结构。一定的前提批判的水平决定问题视域的层次和广度。在逻辑上,问题的内在批判结构具有向普遍侧和特殊侧开放发展的要求,因而问题必然有其经验基底和最高原理。这并不导致"第一提问"的逻辑困难,因为最高原理在思想领域中也就是意识的综合原理,而意识的综合原理作为意识存在的规律是随意识存在而给定的。

提问是一个认识沿普遍性到(相对)特殊性的下降过程。这一过程的本质是不断根据作为存在前提的普遍概念(命题)设置相对特殊的问题，而其答案又可作为普遍概念设置相对自己为特殊的问题，如此连续地向直接经验层面推进。在其直接认识效果上，这是在不断地揭示和构造一个经验对象的前提，执行前提批判职能。而在认识形态上则可说是在进行先验批判——普遍概念构成特殊经验之可能条件。先验建构被连续的提问所具体设置，而提问本身正是在成功的先验认识基础上不断按环节开显的。提问与先验批判合一。提问由此而是有方向的即按先验批判要求的指引来进行，而先验批判是一个过程并且由特定的具体内容加以实现。

由问题意识的构成可以断言，就其中的概念形成相对问题内容的超越而言，提问需要智慧，只有智慧地在先拥有了某种概念，才会在思维中绽放出相关的特定问题。同时，问题也抽象地预示了问题内容间的存在关联的可能性，为继而开展的认识奠定了理性决断基础，因而本身就具有重要的认识启迪功能。严肃有效的问题绝不是可以任意设定的，而必须是有根据的和可解决的。

按照问题的内在批判结构所具有的普遍与特殊两种关联向度，提问的可能空间被限定在普遍层面和特殊层面上，既可以追问特殊内容的普遍根据，也可以寻求问题内容间的直接特殊存在关系。前者构成对经验事物的理解和解释，是理论的；而后者在创造一种经验存在，是实践的或对策的。在提问的批判结构序列中，最初级的与经验相邻的第一个提问环节即为对策性的提问，它在解答过程中始终只有一个支配提问的普遍前提，即同质提问的重复。经验化思维的要害就在于用同一个概念针对不同经验材料作重复式设问，因而总是滑动在经验层面上。

三　方法洞见与原创决断

问题内容作为特殊内容被置于特定普遍概念之下，已经说明它们之间具有某种存在关联，这种关联由同一的概念作为中介建立起来。这种间接的存在关联在逻辑上设立起问题内容之间的直接的普遍必然的存在关联关系的可能性，因为存在不容非存在性的关联阙失，既然问题内容

通过概念中介共同分享着同一种存在或者说参与同一种存在，它们也就应该具有必然存在关联关系，只是在当前问题意识中这种必然存在关联关系还是潜在的。问题是新存在眼光的启蒙。

问题意识还具有重要的方法内涵。第一，成就问题意识的特定概念在问题意识中占据相对普遍地位，它构成对问题内容可能的存在关联的逻辑规定，即必须按照其要求构造问题内容间的必然存在关联。因此，问题意识中的概念成为追求问题内容间的必然存在关系的理想或形式。进而，问题意识中的概念本身的认识性质即由之规定的有效认识方式也将一并带入关于问题内容的思维中，成为思维的形式要求。比如，如果一个问题意识中的概念要求由归纳获得，那么在相继展开的解决问题过程中也必须引入归纳方法。

第二，问题意识显示，概念内容与问题内容有存在上的逻辑距离，并且，按照存在关联的统一要求，必须通过不同的概念式必然关联，连续地构造出填补这一逻辑距离的关联链条，最终实现问题内容间的直接必然存在关联。原创思维任务的性质和形式由此给定。

第三，问题意识给定概念不同构成内容各自对不同问题内容的特定相对关系，同时，以普遍限定特殊这一形式，问题意识规定了概念构成内容各自对问题内容的特定作用关系。这些作用关系线索成为思维必须完成的历程。

第四，以问题内容与概念构成内容的相对存在关系为基础和中介，问题意识设定了问题内容间的相对存在关系及其性质和形式。在思维任务观点下，这正是要最终以特定内容填充而消除的存在距离。

第五，问题意识所含概念的不同构成内容间的相互统一规定关系，以其上位规定地位，必然要通过各自对问题内容的必然作用链条投射到整个问题解决过程中，具体说，就是要求上述第三款与第四款相统一，在保持有关概念构成内容各自对问题内容的规定方向的同时，最终实现各个规定链条间的统一并落实在问题解决结果上。这在实质上要求同是以概念为根据的两种内容间（概念内容与问题内容之间以及问题内容之间）必须契合，以概念内容对问题内容的规定链条间的特定结合形式，实现问题内容间所要求的存在关联形式。

综上所述，特定概念所设立的问题意识，已经在先预示着思维的道路。问题决定方法。一个问题意识的特定构成就决定了思维的可能路线、形式和需要穿越的内容序列。这为原创思维创造了认识的方法条件。

但是，被如此揭示的方法仍然是抽象的，需要不同的特定内容具体地加以实现。而可能存在关联的内容特殊性却不能必然能行地互相导出，因此，方法的洞见并不能消解探索的困难，而仅仅是为探索的成功赋予逻辑可行性，推动产生原创意向并作出原创决断。

四　哲学问题的合理形式

按照问题的内在批判结构所具有的问题发展空间，任一问题总可以扩展到其经验基底或者说还原为一个经验问题；而任何一个经验问题总可以作超验追问。但同一问题的这两种问题处理方式具有不同的前途。经验化处理只求得特殊经验对象的存在关系的特殊调整，构成一种生存或活动对策而不能形成对事物的深层理解。超验追问挖掘事物的普遍原理即其存在前提，构造关于事物的思想秩序，是在进行前提批判。因此，具体的提问形式与特定的认识目标相关，认识目的及其对知识结构的逻辑要求决定提问的对象和恰当内容。

尽管在哲学概念的定义问题上存在争议，但哲学具有追求对事物的普遍理解和解释这种规定性却是可以得到一般认可的。哲学的普遍性形式一致于按照问题意识的内在批判结构所作的前提批判选择，即在采取前提批判发展方向的设问中才能保持思维结果相对直接问题内容的普遍性，成为对给定问题内容的普遍把握。因为，普遍性与前提的逻辑特性契合，哲学的普遍性在逻辑上就表现为前提或基础。与此相适应，哲学思维的合法过程必然由普遍性命题来实现。哲学按照问题意识的普遍—特殊分化和双关结构，必然有其经验指向和归宿，但其内在发展目标却是构造关于经验对象的普遍概念把握。换言之，哲学的处境为面对经验

而寻求超越经验的普遍理论解释。

哲学就是要针对事物的特殊现象谋求关于它们的普遍把握，构造关于一定特殊事物领域的统一存在关联，其理想知识结构为不同等级的普遍概念和原理在相互连续的规定关系中给出特定对象领域的根据体系。就此而言，哲学的任务是一种前提批判。前提批判按其本质要求完备性，即全面揭示一事物的全部根据才能达到对事物的真正理解和把握。存在论论域中的这种系统性根据秩序有其逻辑上的认识方向要求，即必须从可能的知识体系的最高概念开始，采取综合方法（前进式、下降式）展开。因为，只有综合方法才能保证哲学认识的完备性和最终有效性。在综合方法中，可能的根据都在先展露，每一认识环节在逻辑上以完备的根据为推进条件，因而其结论是准确的和确定的。相反，如果采用分析方法即由特殊到普遍地认识给定对象的根据，则在逻辑上陷入片面性，因为可能的根据尚付阙如，每一认识环节都缺乏自己所当拥有的完备根据，即在根据不充分条件下进行断言，必然遗漏必须涉及的内容，无法揭示事物本然具有的全面联系。严格有效的哲学建构必须是综合式的普遍本质的递次揭示。其他方法尽管可以是哲学的即相关于哲学认识目的，但只能是哲学的预备性探索，最终都必须回归到以综合方法进行哲学建构这一正题上来。哲学建构的综合方法一致于问题的超验追问方式，因为前者正是在揭示事物存在的前提。而存在论意义下的综合式前提批判就是认识论意义上的先验批判——作为存在论上的前提的普遍原理即为认识上的先验原理，因为对前者的知识正是相对特殊的事物的经验知识的可能条件。

认识上的综合方法要求首先追问关于特定对象的可能知识体系的最高概念和原理。然而这一最高概念却逻辑地不能直接从给定特殊现象即问题内容中获得。因为，在哲学语境中给定的问题内容相对哲学谋求的可能内容具有特殊性或者说前提依赖性。而在逻辑上特殊与普遍之间在存在关系上是不对称的，即由特殊内容不能推导出普遍内容，而只能从普遍内容出发构造关于特殊内容的存在关系，因为按照存在关系的秩序，普遍内容规定特殊内容，反之，特殊内容却只能服从普遍内容而不能规定普遍内容。所以，哲学建构活动只能从适当的普遍内容出发，在不断的问题设置中沿下降方向发展对给定问题内容的普遍规定性的阐述。因而，在给定问题内容与作为哲学建构的可能起点的提问之间存在认识论断裂，即不能直接由之发展出切合哲学建构要求的提问。哲学的第一设问必须另外寻找自己的对象，这对象包含能够发展出对问题内容进行全面规定的最高概念。这就要求必须进行问题的转化，把一个给定的经验性问题转化为一个恰当的哲学问题。这种转化的实质是实现问题的跳跃式提升。

但是，这种问题转化是有严格条件的，即设置问题的概念必须有能力切中给定问题内容。因而寻找和确定特定普遍概念成为问题转化的关节点。这一初始概念的选定即确定了一条哲学道路，把思维抛置到哲学轨道上。由这种具体的转化要求可见，问题转化即由经验意识转变为哲学思维并不是空洞的和自由的，也不是抽象的认识态度由经验到普遍的转变，而是必须在具体的成功的思维操作中才能实现，需要明确的哲学意识和技能。从某种意义上说，对哲学思维境域的存在形式及其获得方法的模糊，正是造成哲学思维的混乱、低水平乃至假哲学出现的根源。

如何实现对设置初始哲学提问的概念的恰当选择，事关哲学思维的成败。显然，被给定问题内容的特殊性所牵连，这一初始概念不是可任意独断的，而必须是关于与给定问题内容具有存在相关关系的事物的概念，并且这事物在逻辑上具有相对给定问题内容的普遍根据地位。这种特定的存在关联保证由之开始的提问视域包含有效的解释给定问题的连续概念序列。因此，针对给定问题内容展开寻求其存在前提的逻辑批判，是哲学思维所要求的问题转化的必要步骤。逻辑批判帮助划定哲学提问的境域或界域，保证哲学问题转化的理性化和恰当性。

五　逻辑批判：作为哲学提问的准备或奠基

经验关联作为事物的直接现实关联，是通过事物的实质构成内容实现的，因而是事物内在存在关联的现象和结果。哲学提问的普遍性提升这一要求，按照普遍性内容对事物的根据地位和哲学提问的下降式发展方向，本质上就是在追求事物的内在根据及其序列。所以在哲学提问与经验关联之间具有某种关系，在被经验关联所包含的事物中包含着哲学提问所追求的内在关联内容，并提示着哲学提问的恰当方向。经验关联所显示的存在根据的自然秩序——因果性的和类属性的——指点着提问所追求的内在普遍关联关系的线索。

但在经验关联中，存在物抽象地以整体形态参与对存在关联的表现（共时的与历时的），因此使得经验关联具有粗糙性和外在性，不能具体显示其中何种构成内容真实地参与存在关联。而且，经验关联作为存在关联具有存在方式上的并列性和混杂性。因此，必须对经验关联关系中的事物作出关于其根据地位的确认，才能使之对哲学提问具有积极价值。而适应哲学提问的普遍提升要求，其认识过程应该从给定的问题对象出发，追索其存在根据。以本体论观点看，这就是在经验领域进行一种前提批判，而在认识论眼光中，此即为对一事物的存在条件作逻辑批判，其进行设问的概念为"凡物存在都有根据"。

就存在根据的可能形式而言，因果差别和存在的层次差别构成对它的完整界定。也就是说，一物之为另一物的根据，要么在具有存在分离性条件下而表现为因果，要么在不可分离的并存条件下具有可辨识的层次分别且相互间构成基础与依托关系，即在逻辑上，作为基础者可以独立于另一个内容而保持自己的存在，同时缺少了作为基础者的存在，后者就不能存在。因此，逻辑批判的方法是因果分析和存在层次分析。

逻辑批判的任务始终是同一的，即寻找一个给定对象的外在根据物。由于给定内容的特殊性并不影响这种根据的形式，即其特殊性本身在追问根据这一抽象观点下不作为提问的独立因素，不能提出自己的问题，所以设置逻辑批判问题的是普遍同一的"根据"概念，整个逻辑批判就是这一概念循环往复运用以设置提问的过程。逻辑批判的这种提问结构决定，提问所针对的内容的逻辑地位始终同一于作为提问缘起的给定内容的认识论地位，或者说与给定内容的逻辑性质是同类的内容，不可能发生认识层面的提升。联系给定内容相对提问设置概念的相对经验给定性，可以判定，逻辑批判的合法活动区域为关于经验存在物的经验知识。

绘制存在关联的谱系草图是逻辑批判的功能。它实质上在进行对经验存在秩序的理性观察，因为这种逻辑思维满足于对存在关联事实的外在确定，仅仅抽象地或者说空洞地断言两个事物间"有"存在依存关系，而不进行内在关联形式的揭示，并不创设关于存在依存关系的具体规定性即"怎有"。质言之，在逻辑批判中所得到的仅仅是在"前提"范畴下的存在根据的外在表现。

按照"根据"的"特殊存在物间的依赖"这一本质，根据追问是无限开放的。因为，在其对象侧，特殊存在物的特殊性本身决定它带有关联性——在相互关联中显现和存在，缺乏超越关联追问的逻辑特征，从而所获得的"根据"地位都是暂时的、相对的，不能摆脱设问概念的合法作用。在其设问的概念侧，"根据"概念作为概念具有抽象性，在逻辑上把自己的外延设定为一切可能的具体存在物，或者说具体存在物的可能世界。这使得它在设置问题中拥有思维的抽象拟制能力，即虚拟一个"什么"来充作所追求的根据。因而在其设置问题的形式"这物的根据是什么"中，"什么"并不受到关于存在物的经验的限制，可以主观地设置一个抽象的可能的"什么"以延续根据提问。根据提问所带有的任一根据的相对性和主观拟设能力这两种特性一起，决定在逻辑上它是无限的，既在无限经验界内周游不止，更可以超越经验的制约而无限想象。这正是传统形而上学——超验地独断第一因——的诱因。

但是，逻辑批判的这种逻辑无限性受到了哲学提问目的的外在制约，为其提供可以终止追问的形式条件。哲学提问的普遍性跃升所要达到的高度，是由之开始构造关于给定问题内容的内在存在解释，描述它的全部普遍规定性。因此，按照外在存在关联物对应和包含内在存在关联内容这一原理，一个可以包含或者说发展出给定问题内容全部普遍规定性的存在物，就已经满足哲学提问的要求，可以作为哲学提问的入手对象。

而这一存在物在逻辑上就是给定问题内容的充要条件。充要条件的唯一性和对问题内容存在的必然致成性，保证对给定问题内容之全部内在普遍规定性的认识完备性，即可以作为诱发对给定问题内容之全部普遍规定性的认识起点。这要求，逻辑批判不能停留在对作为前提的必要条件形态上，而必须不断推进必要条件的追问直至到达充要条件的把握。因为必要条件对于给定问题内容的存在还不是完备的。另一方面，面对诸多充分条件也必须进一步追踪单一的充分条件，使逻辑批判达到充要条件水平。并列的充分条件必然可以归属于一个更高的作为充要前提的存在物。因为，以作为"一果"的给定问题内容为中介，"多因"在逻辑上发生存在关联，这种关联所见证的存在相容，必然体现为对更高根据的共属。也就是说，充分条件也必须被推进以达到充分必要条件。

六 先验决断

在借助逻辑批判确定了启动哲学提问的对象之后，思维首先所面临的问题是具体实现提问的哲学化。其实质为，针对这一选定的对象，确定问题结构中一个适当的提问概念。按照哲学的认识任务，哲学就在于构造关于给定问题内容的普遍存在规律，其材料为概念规定。因此，哲学设问的源概念是"概念"，只有依之设置的提问才使哲学成为可能，其提问被决断为"这事物的概念是什么"。这构成提问概念的先验决断。

哲学的目标是构造关于给定问题内容的内在存在原理，追问其所以然的普遍根据，其形式为事物构成内容间的普遍规定关系，这种关系表现为普遍对特殊内容的制约。所以，哲学思维的方法被确立为内在构成分析，其理想是发现事物存在的内容及其相互间的规定关系或者说存在结构。内在构成分析是使哲学思维获得成功的可能条件。不同于逻辑批判的外在存在关联考察，它是对具有共在关系的一个对象的内容的内在存在秩序的分析。可以把内在构成分析这一哲学建筑术的确定称为方法的先验决断。

由于哲学的使命是发现存在的构成原理而非自然致成线索，她关注事物的共时性规律而不以事物的历时性联系为内容,所以自然因果关系被先验地排除在哲学建构正题之外。

与方法的先验决断相联系,产生哲学建构的合法内容的先验决断。内在构成分析决定,参与哲学建构的一切内容必须为被分析对象的直接构成内容,而不能是其他外在内容或者说其他对象的内容。因此,在哲学思维中,随着主题的确定,也就同时划定了可能的思维取材范围,即那些属于哲学对象的存在的内容。哲学不能旁顾这些合法内容区域之外的内容。质言之,哲学思维必须把自己限定在特定的对象之内,反过来说就是,要适应自己的课题而把相关对象孤立化,对之进行思想分割和隔离操作。由此,哲学成为有限的思想活动,是有限理智可以完成的思想事业。在活动对象的具体化中,哲学也成为具体的,可以对其成就作出确定的判定。如果超越这一哲学内容的限制,或者对此缺乏明确的自觉,哲学就会陷入无限对象的无限性纠缠之中,从而被迫按照逻辑"理智地"放弃哲学,或者相反,扮演为不可为的超现实英雄,或者把哲学这一理性兴趣引渡给无限的上帝,使之成为上帝的哲学。

在哲学普遍性所蕴含的前提批判本义中,有不断设置根据即根据的根据这种要求,其理想为达到无前提的第一根据这一绝对前提。在形式上,如果以独断方式设置一个普遍判断作为哲学的开端,则导致这种哲学在逻辑上的缺陷,造成哲学的形式上的可疑性,从而破坏它的逻辑有效性。无前提的前提是一个认识要求,即作为彻底的思维原则,它要求在思维中不未经思维而直接引用任何具体的存在断言。在思想中,无前提性在"前提"的存在论依赖意义上,就是一个存在内容的纯粹思维的确定性,即经过思维并且这思维过程不启用一个涉及存在的实质内容来确定一个对象的存在。无前提有双重含义。一是在存在论层面上不再依赖其他事物即第一因。二是在认识论层面上这第一因又不表现为独断的认识设置,是要经过思维和论证的。二者似乎在认识行为意义上是矛盾的。但这种矛盾性可以在对前提的内容性和形式性的区分中加以消除。对一个存在物的存在确认,只要有可以不触及该存在物的存在区域的论证，就可以避免这一矛盾。也就是说，对第一因的论证不能使用与之同处同一存在范畴的实质（特殊）存在物，保持整个论证过程与第一因存在物的异质性（没有存在上的关联关系），采取形式的思维方式从而保持绝对的抽象性和普遍性。其理想为，从纯粹的思想接触到一个存在物的存在。也就是说在第一因的见证过程中不能使用特殊的关于存在的实质内容的存在语言。这种思维过程的绝对普遍性保证了其视见物的绝对的存在普遍性，使之具有第一因性格。由论证语言的非存在性所决定，这种论证的开端必然具有某种怀疑论形式。

按照普遍性之逻辑递归性即普遍性的不断提升必然导向一个最高普遍性内容，哲学至少需要进行一次以怀疑论为开端的无前提思维，由之使其他存在内容成为有可靠根据的。此外，在解决给定问题过程中，可能牵涉作为适当哲学提问原点的对应存在物之外的其他存在物。一旦这"其他存在物"的普遍存在本质不能从在先根据中推导出来，就需要通过彻底批判形式非独断地加以发现和论证。所以，每一种哲学提问和建构所包含的以怀疑论为开端的彻底的前提批判数目及其在哲学体系中的设置结构，要根据给定问题所对应的哲学提问对象的逻辑地位和所牵连的其他对象的性质来具体确定。对以占居逻辑原点位置的存在物为哲学提问对象的那个哲学建构活动，就必须设计彻底的前提批判开端。同时，也必须为所涉及的不能推定其本质的其他哲学提问对象设计前提批判。可以称这种涉及哲学可信性的开端形式的选择为哲学信用形式的先验决断。

七 先验批判：作为内在存在描述和对问题的依序推进

由针对给定问题内容所设置的原初哲学提问来启动的哲学建构活动，其任务为建立到达给定问题内容的存在构成的描述，因此是从普遍到特殊的下降过程。按照普遍内容是特殊内容的形式和前提这个原理，其中占据相对普遍地位的内容——认识在先的内容——构成下级特殊内容的前提和可能存在的条件。换言之，哲学建构的结果是揭示事物的前提序列，直至给定问题的经验存在。就其客观认识效用来说，它所进行的是与逻辑批判方向相反的前提批判。而且，不同于逻辑批判那种不断消极否定一个已获得的前提的最终前提性，它具有积极的建筑特征，以每一环节的根据有效性为基础，连续肯定地给出事物的根据内容，构成关于给定问题内容的存在的根据体系。由于这种哲学建构所追问的普遍内容与作为直接经验的给定问题内容并不是外在的，而是就容存于其中，一起成就经验事物的存在，所以哲学建构具有典型的先验批判意义。

先验批判的核心工作是概念的建筑即构造关于普遍原理的命题。其中，第一任务就是以彻底的前提批判方式确定相对哲学提问的最高概念，然后依序构造其他概念。按照内容的先验决断，只有那些与当前思维环节有存在构成关系的内容才能成为考察对象，而按照概念的逻辑特征，它在该内容区域中享有最高的普遍地位，并且必然已经完备地存在于其中。依照这样的把握，可以有某种具有启迪作用的概念建筑术。第一，对概念构造的可能内容进行批判，即划定合法的内容范围。第二，去除互相间的非关联内容，留存有关联内容。因为概念内容必然在逻辑上要与其他内容发生关联。第三，整理有关联内容的内容关联群，以相同的关联项为中介，排列关联层次。第四，去除关联关系群中关联项数目较大侧的关联关系端项，保留内容数量较少侧的内容项，直至最高关联内容。因为按照普遍性的外延特征或者说关联特征，在普遍与特殊的关联关系中，具有一——多对应关系。第五，分析最高关联内容间的关系，使它们整合在一个统一体中。在这种哲学的概念建筑术中，没有超越考察对象本身之外而进行类间比较的地位，因为这违背内在分析原则。内在分析原则的消极规范是，差异不就是本质。①

哲学建构的本质是存在批判即存在物之普遍构成原理的揭示，其终点是世界事物的存在。因此，普遍与特殊之间的关联的间断是推动哲学提问的动力。先验批判按其本质具有问题生产能力，它在不断地对普遍

---

① 对亚里士多德"种加属差"本质确认模式的批评，请参阅崔平《有限意识批判》，吉林教育出版社2002年版，第73—78页。

规定性的致知中推进自己，这种普遍规定本然地要求对经验存在的干涉，因而形成在它与经验存在之间的"空白地带"。随着先验批判环节的推进即每一概念的成功给出，先验批判自身都产生新的提问基础，形成新的具体的问题结构，在其中，新的概念作为提问的设置概念而针对特定内容发问。先验批判正是在不断推进哲学提问中展开的。先验批判因而带有方法功能，具有内在自律形式，是自决的。

先验批判所求先验概念和原理的逻辑普遍性，也向先验批判思维过程和方向提出严格的要求。对于文明理性来说，一个观念的逻辑普遍性不能靠自身内容的特定规定性来证明，而只能取自这观念的产生过程。也就是说，只有在具有普遍必然性思维形式中得出的观念，才能是逻辑普遍的。观念生产过程的逻辑普遍性形式赋予在其中诞生的观念以逻辑普遍地位。因此，先验批判内在地要求完成任务的特定思维方式或思想形式本身具有逻辑的普遍有效性。

先验批判是对事物构成的分析，因此要求以完备性来保证自己对事物解释的有效性。所谓完备性也就是先验规定的完全无遗。按照先验的经验致成或者说普遍的特殊致成功能，普遍规定性的任何一点缺失都将造成存在的不可能，从而使其他普遍规定性整体地失去对存在的解释效力。而完备性要以每一论断的根据充分性作为认识保证。对于先验知识序列而言，根据的充分性就是占据每一环节的先验知识都必须由处于其上位的所有观念来构造其论证。按照普遍性的等级序列，这就是说在推出每一先验观念前，位列其上的所有更高级的普遍观念必须先行给出。因此，先验批判必须由具有最高普遍性的起点开始，连续递次下降。为完成先验批判任务即获得对一种事物构成的有效知识，就必须深入普遍性领域而展开一系列先验考察，广泛地牵连出其他普遍原理。

从哲学文本的叙事结构角度，可以把对先验批判的方法意义的阐述转换为先验批判的表述逻辑。一种先验批判的具体展开，其内容的出现序列必须满足先验批判的正当方法的要求。要言之，先验批判的表述逻辑是：贯彻彻底的批判原则而在普遍性形式下寻找批判对象的存在及其规定性，然后逻辑地推演关于该对象存在的有先验效能的诸普遍规定性。所谓有先验效能，是指具有对对象经验材料的有效组织能力，能够针对给定材料实现对象存在的构造。只有完备而有机的先验规定性才能拥有先验效能。也就是说，先验批判必须把存在构成分析推进到经验界面上，获得规定一个对象存在的所有普遍形式并在分析过程中显露出它们之间的联系。因此，先验批判是在普遍性领域内并在普遍规定性间的内在逻辑关系制导下，不断把先验规定具体化的过程。

先验批判按照其给定问题内容所对应的哲学提问层次而有层次差别。最基础的也是最高级的先验批判是理智批判，因为一切存在的确认都必须采取认识形式，所以认识本身的存在形式和规律是首要的批判任务，它不仅建立起对存在认识的内在理解，而且设定进行存在认识的逻辑规范，使得认识活动自觉遵守自身的性质并能进行有效性的自我辨识。

八 先验批判的先天自律暨原创的观念纪律

在先验批判的结构和方法中，包含对先验批判构成内容的逻辑约束，因为它来自思维的自我设计和管理，所以可以称之为内在的内容自律。

首先，彻底的前提批判反对一切独断，从而根除逻辑上的可怀疑性，避免围绕特殊性所常有的不同主张间的不可裁判的对抗。明确的彻底批判意识严格限定了先验批判，把它置于严格的逻辑条件下，使它必须审慎地遵从逻辑必然性的指导。对象的存在是唯一的，普遍规定性对这对象的关联也是必然确定的。因此，按照普遍性的指导进行的对批判对象之存在的寻找和确定也必然是客观的。这就是说，彻底批判使得先验批判的起点超越主观偶然性而成为普遍有效的。并且，一个具有相对高级普遍性的内容，是致成其下级诸内容的条件，因而具有某种先验属性。根据这种先验性与普遍性的可等效转换关系，绝对的普遍性直接赋予这起点内容以先验性。而且，从对象的存在之外进行的普遍思维所首先发现的对象存在的普遍存在属性，因其位列关于该对象的普遍思维之首，必然具有最高普遍性位格。按照对先验批判任务的描述，这保证了先验批判起点的完善性即具有发展出全部先验规定的潜力。

在接续进行的先验批判中，被普遍规定性间的必然逻辑联系所决定，先验批判必然能够有序递次展开，使诸普遍规定性按照其间的自然逻辑秩序不断显露。在这一过程中，每一上位先验观念为相对下位的先验观念的涌现提供根据，而且，提供充分必要根据。只要坚持严格的逻辑原则，就能保证每一观念出现上的必然性和先验合法性。因为，每一普遍规定性都有其意义的有限构成要素，也就是说具有含义分化可能性，而其中的每一构成要素当然分有与之同样的普遍性。比如，黑格尔的作为自身规定的"有"这一概念包含质、量、尺度三种规定性，这三者即享有与"有"同级的存在普遍性，而作为分支的"质"的构成要素（自在、定有、自为之有）则享有专属于"质"的方面的普遍性。普遍规定内容本质上具有普遍作用效力。因此，不同普遍规定内容间必然无条件地发生普遍的相互作用。这一点具有向普遍地思考它们之间的存在关联的行为的授权意义，它说明，基于普遍规定内容的普遍本性而自由设置它们之间的关联是合乎逻辑的。而普遍规定内容间相互作用的实质是向对方提出满足自己的存在要求，对其作出存在样式的规定。在这种规定中即有新的规定产生，且其结果必然享有普遍性，尽管这种普遍性是被决定的和次级的。比如，斯宾诺莎《伦理学》第一部分的第十命题（"实体的每一个属性必然是通过自身而被认识的"），就是由相对高级的界说四（"属性，我理解为由知性看来是构成实体的本质的东西"）和界说三（"实体，我理解为在自身之内并通过自身而被认识的东西"）推出的。由此可知，先验批判思维既具有合法的主动权利，又具有封闭形式即其自由活动被自然而然地限定在有限的已获得内容之内。因而先验批判必然使可能的逻辑联系连续地显露。反之，在存在逻辑间断即缺少必要的作用内容的参与或者存在序位非相邻的内容间，必然不能建立有效推出关系。这表明，先验批判是严格自我约束的，能够保持自己纯粹的先验品质。检查先验批判的逻辑形式的完善性即可判定其有效性。在先验批判规范下运行的先验批判，一定是完备的即其内容实现自我提现且

第六章 哲学研究的条件和规范

可在先验批判自身内作出自我判定。要言之，依据先验性取决于逻辑普遍性，而逻辑普遍性被逻辑思维形式所赋予这条线索，先验批判成为自我立法和自主判定的，其标准即为保证观念普遍性的观念推出过程的逻辑形式。

按照先验批判的目标即解释经验的统一性，先验认识必然要进展到某种规律的存在经验之上，同时这标志着先验认识在某一路线上的终点。而后，先验认识必须自然转向，即选择另外合理的先验批判展开方向。在先验认识对经验界面的不断接触和退转中，先验批判保持住它的先验性，通向关于事物存在普遍规律的完备表述。

与内在的内容自律相对，先验批判还无形地受到来自认识对象的存在对其构成形式的必然限制，因为这种作用紧随思维内容而自发产生，所以可以称之为内在的形式自律。

存在是先验批判的对象，构造存在或者说理解和解释存在这一普遍思维形态，继续延伸到先验批判中。因此，存在本身的普遍法则将无形地发挥支配作用。

但是，在认识与对象这一话语框架内，对象的存在以其特殊性而区别于认识这一特殊主观存在。这种存在上的疏离使得认识关系出现逻辑困难，即存在本身的普遍法则无意识，而意识着的思维不在先占有存在，所以思维要利用存在的普遍规律却须先认识存在的普遍规律，而认识存在的普遍规律又须利用存在的普遍规律。这一循环性矛盾的实质为条件与结果的自我纠缠，即由条件产生结果，但条件本身又依赖结果才能成就。克服这一认识关系矛盾的出路在于，超越存在的特殊形相而追问存在的普遍意义。

认识的现实形态指点着解决问题的方向。

由于思维的直接现实是意识，对存在的把握以及存在对思维的作用都须通过意识这一中介进行，所以，如果意识的存在能够分享一般所谓存在的规定性，那么存在就以其在认识及其对象中的同一性而废除其对思维发挥作用所需的在先思维其本身这个条件。

存在的确认是一个思想事件。因此，无论是常识的存在意义还是哲学的超越性存在概念，都不能逃逸于思想之外，必然在思想中有其根源。即使是外在的实在观念也是思想的一个设定，有其思想起源。我们所谈论的存在，必然在思想中有其规定，思想不可能触及自身不能容有的东西。

思想在自身之内独立地拥有存在概念表明，它本身就具有这存在概念所指示的规定性。因为，其他一切观念均待存在概念确定存在性，而存在概念本身亦为一个观念，所以，存在概念只能来自普遍的纯粹思想本身。思想本身也必然拥有这种存在，因为具有封闭性的思想不可能提供其自身所没有的东西。思想只能把其自身的现实构成提升为存在概念。思想的自我意识结构为此奠基。思想的自身确认表明，它已经把存在概念运用于自身。既然纯粹存在属于意识，而意识作为一种存在也同时被这纯粹存在所断定而确立自己的存在身份，那么意识的存在本身就同一于这纯粹存在（概念）。意识正是意识到自身的这种存在形式而将之作为存在概念的。换言之，意识的存在与所谓事物的存在具有同一的存在概念所表达的普遍存在规定性。

就意识被存在概念所确认，意识因分享存在概念而有自己的现实存在而言，存在是意识的先验条件。进而言之，普遍的存在规定性必然在以意识为形式的思维中自行发挥作用。

因此，存在通过意识形式直接实现对思维的制约，意识之普遍存在形式即为可接受的存在之标准。先验批判必须——当然也将自然地——遵守意识的从而也是事物的普遍存在形式的原理。

常识的存在概念以及与常识一致的传统的哲学存在概念——在思想之外而客观伫立——的重大失误在于，它作为存在概念却在其定义结构中决定性地带有片面化疏漏，即在断言存在时逻辑地把断言存在的观念这种存在排除于存在之外。因此，常识的存在概念使得存在残缺不全。

对于思维，意识的普遍存在形式也就表现为关于存在的可能性的规范即纯粹逻辑，与普遍存在相适应的绝对抽象性决定它是纯粹形式原理。

在实质上，先验批判内在的内容自律和内在的形式自律，体现了哲学认识的认识论的和逻辑的规范，构成与哲学认识本质相匹配的有效论证形式。对于要求合理根据的文明理性来说，它们即为有效原创的必要条件，违反或缺少它们，一种原创就不能主张自己的正题性哲学理论权利，否则也是在形式上逻辑无效的。

第四节 在传承技艺与原创法度之间

在最抽象、最根本的认识条件意义上，学术中有两种不同的思维处境，即传承与原创。传承的任务在于通过解释和发掘沟通历史的或者心智的距离，消除理解障碍，从而把前人的思想传与今人或后人。其典型思维处境为，学术对象即为给定的思想，疏解而非创造是思维的全部目的。原创则面对事物的特定现象而无思想前辙可循，需要超越历史的思想边界而为之立法，构造其本质规律。前者是文本研究，后者是事物研究。按照各自不同的思维处境，二者生发出不同的学术范式。

学术传承是思想的历史积累的手段，也是教育和教化的途径，其社会功能和效用是不容置疑的，因而得到普遍倡导。作为对文本的疏解，它必须尊重原有思想的面貌，因而整个工作都被限制在文本之内，亦即研究者的理解必须以文本为根据，出于文本而归于文本。因此，引证原始文本成为其首要规则。同时，被研究文本作为既定思想的载体，其根源按照思想的规律必然与历史存在发生关联。这进一步限定文本疏解的方向，要求对文本的形成做历史考察。而历史材料具有天然的给定性，不容发挥和推设，也必须以引证的方式用作根据。总之，疏解的根据都具有事实性，必须以引证的方式保持其客观性，使之具有可信的根据形式。在引证技术上，顺应这种根据的本性和设置目的，也必须采取保证其历史明晰性的方法，以便于核对引证材料的真实性并提供进一步扩大材料背景的线索。按照不同材料的形式和性质，会有不同的引证注释规则，如出处、年代等。注释方法的设计是材料形式与注释技巧综合考虑

的结果。可以说，引注是传承研究的重要学术规范。这一规范在考虑其社会关系意义时就被赋予道德意义，表现为对前人成果的尊重。在学术传承中，文本承担思想责任，研究者不对文本思想的正确性负责，而只对文本思想的"是什么"负有提供证据材料责任。

原创是要开拓知识的新天地，发现新的存在原理，因而在其新思想的可能区域内并不与思想史发生交叠，研究者必须独立承担思想证明责任。原创并不是简单地做了一项新的工作，而是对世界的实质断言，不包括那些局限在文本世界之中而对历史角落的首次探寻学术活动。原创必须是事物研究。即使是奠基于前人思想之上的原创思想，也必须针对和最终依据特定事物进行，不能采取仅仅以给定思想为全部根据的纯粹推理形式。显然，就原创思想本身而言，绝不存在引证的可能性和必要性。原创思想的有效性判据只能依据认识论的观念和逻辑的观念来制定，换言之，认识论的规范原理和逻辑的规范原理将直接成为原创学术范式。它们是研究者所必须遵循的唯一规范。原创学术范式的内容不是对世界存在原理的某种实质断言，而是关于理论有效性的纯粹形式条件的规定，比如必须符合经验，必须符合逻辑形式原理，必须逻辑统一等。

第五节　知识积累的终点并非原创的自然起点

在知识论上，原创只能是关于特定事物的普遍存在原理的认识，其中必然包括关于认识对象的最高普遍原理的创造性发现，因为"原创"的原始创新含义折射到知识的逻辑结构中即为在知识的逻辑秩序中占据第一位置的最高原理具有首创性。相反，如果第一原理是历史给定的，新论断只是在此基础上的逻辑发展，那么这种新论断就不能被严格地称为原创，因为其知识可能性已经蕴含在原有认识中。虽然有时人们也在它首次现实显现的历史意义上宽泛地称这种继发性认识为原创，但在严格的逻辑意义上却并不是真实的原创。原创知识的这种逻辑性质映射性地决定了它与认识历史的关系，即依据相同原理而只是把对一个知识体系内容之间的判断模式推广到当前认识内容与历史知识内容之间，就可以容易地断定，原创相对历史知识必须具有非蕴含性，即不能是以历史知识为根据而逻辑地展开的认识。

原创作为一种认识，必然是对特定问题的回答，这被认识的发生逻辑所决定。有不同的问题才有不同的认识，反过来，一切判断都在与其相应的特定问题背景下才取得可理解的意义。因此，原创的认识新异性决定，必须首先拥有一个并未解决的问题或者发现一个新问题（赋予一个老问题以新意义已经是制造了一个新问题）。而问题本身具有非论断性，作为知识空白而显现，因此不可能蕴含在既有的认识中，相反，只能由理智能动地去设置，显现为认识主体的自由兴趣和智慧洞察。从原创的历史持续要求上说，原创必然有其对应的问题的不断爆发序列。

构造对存在的理论解释，这是原创的宗旨。而原创意味着认识的荒漠处境，必然要求理智的独立思维能力。面对认识对象和所设定的问题，原创要求认识主体具有积极的思维技能，如能够自主设计认识方案、发现认识的恰当起点、探索和支配认识内容、驾驭认识的逻辑发展等。在跨越既有知识边线而失去预设的认识路标之后，原创认识主体的理论思维意志和素养就成为原创思想能否诞生的决定因素。没有独立思维能力，理智面对原创处境就会陷入无可作为的思想瘫痪状态，丧失一切洞悉知识可能性的眼光。

对原创概念的分析界定已经表明，原创行动奠基于对一个绝不蕴含在已有知识宝库中的普遍原理的超越性构造，这种构造在逻辑上不是任何知识的机械叠加操作所能实现的，而必须由创造性的智慧来承担。直言之，即使占有了全部思想史，也不能自然过渡到原创境界。因此，可以借用心理学语言表述说，原创需要灵感，是天才才能从事的崇高事业。有人担心说破这一点会打击人们对原创的信心和热情，造成原创的社会性冷漠和萧条，因而建议保守"秘密"。其实，大量的无谓失败比原创敬畏感具有对原创的社会积极性的更大杀伤力。还是客观地晓以真情，以便引导人们正确地自我定位并合理选择自己的学术方向。

第六节　原创理性：超越经验引力和思想史引力

在认识论范畴内，理性通常被理解为把握事物本质和普遍存在规律的一种主观认识能力。过去，对这种一般理性的不同运用产生了许多特殊的理性概念，如价值理性、工具理性、理论理性、实践理性、科学理性等。现在，针对认识活动中的原创现象，非常有必要设立"原创理性"概念，并展开关于它的存在条件和活动规律的深入分析。把原创理性设立为研究对象，就是要阐明一般理性面对原创任务时特殊的适应性调节和行为表现，即一般理性如何设计自己的运用形式而从中赋予自己以原创的逻辑可能性，由此发育出原创机能。

一　经验对思维的平面化强迫与原创退隐

经验是诱发原创问题的要素，但二者之间存在逻辑距离，即在特殊经验与最高普遍原理之间需要认识提升。相继而至的问题是，在穿越这段距离的过程中，经验可能发挥怎样的认识作用，扮演什么角色。由于经验凭借它对问题的具体确认的参与已经直接卷入原创之中，从而可能影响到原创认识的展开，所以必须认真分析它在原创中的认识前途。

经验，在其最广泛的意义上就是对主观存在事件的经历，或者反过来说，认识主体所经历的主观存在。从这个意义上说，不仅那些狭义的经验即被动性的关于外部对象的感性认识属于经验，就是那些自主的内在精神活动在其成为过去事件的条件下也转变为一种经验，只不过其中的内容已经僵固，不再作为有待发展而富有思维力量的内容来显现，而是连同它们之间所形成的联系作为被给予的特定历史事实而存在，并成为精神观照和接受的对象。在更狭窄的意义上，经验指被确认为有效的主观存在，比如实践知识或技能。对于原创认识具有完整意义的是广义的经验中那些被确认为有效的内容，因为原创认识的对象是存在，而存在的完整领域包括外部对象存在和内在主观存在，并且根据上面的分析，原创认识以具有存在性的内容为起点。也就是说,如果把整个主观意识的历史内容施以真假判断而区分为经验和教训,那么卷入原创认识之中的主观意识内容就是除遭到否定的"教训"之外的经验。与作为主观意识内容的经验相联系,经验同时意味着一种认知方式,即对给定事物的直接性的和被动式的接受。无论是对外部对象的知觉还是对内在主观活动的自我反省式知觉,都共同采取这一认识活动方式来完成。

认识的目标是理解和把握存在。而在直观性质上,经验具有内容具体性,它向认识主体提供存在的面貌。同时,经验具有生成上的被动接受性,这恰好使得它满足对认识与存在的关系所作的逻辑设定,即存在优先于认识,认识应该跟随和依从存在。另外,经验具有以生成上的直接性为根据的强迫感,内在地生成抑制主观任意性的自我辩护力量,从而完整保留存在的客观性于自身之内。经验以其对存在的这些贴近性而被附加优越的认识地位,即在认识效能的反思中,如果缺乏对经验认识过程及其全部结果的批判和知识结构的完备知识,那么经验就会把自己看成直接与认识目标相同一的充分有效的认识,从而主张成为认识的普遍方式的权利。质言之,以存在为中介,经验具有过渡和提升为普遍认识方式的冲动,认识论的经验主义就是其在哲学史中的现实存在形态。经验论正是以经验的认识起源地位和可靠性为根据展开论证,从而片面坚持贯彻经验认识方法的。但是,存在具有更丰富的内涵,被经验论选作自己据点的内容只是存在的表面特征或者说直观属性。在哲学史上,存在概念的反思和进步始终没有跟上意识在自己的活动中所获得的对存在的自然领悟,即作为明确概念的"存在"一直被主客体关系所定义,是认识的一个对立物,而认识活动所构造或者说切身体验的存在却是存在内容本身及其统一关联,在其中必然具有非经验内容的某种出现,因为在经验内容中并不能抽出可以提供这种关联的内容。这其实就是古老而仍未合理解决的存在与思维的同一问题。必须强调指出,像谢林那样迁就某种需要而独断地设定存在与思维同一并不能解决存在的真正内涵问题,相反,只有在足够抽象的高度上寻找作为思维的直接现实的意识存在本身的存在规律并由之确定存在概念，才能达到二者之间的真实同一原理。姑且放过这个复杂而艰巨的研究任务不谈，即便上述内容也已经表明，认识所直接体验到的存在的构成方式高于或者说优越于在主客分离框架下所得到的外在性的存在观念。因而可以断言，经验论是有待批判和修正的。

一旦经验超出自己的具体范围而扩展出思维方式属性，就会产生经验思维。在经验思维中，被经验与存在的同一性关系拟制所决定，它必然把经验内容设定为唯一具有认识价值的对象；同时，也会把经验作为与存在的唯一联系途径而排斥其他认识方法。因此，经验思维必然把认识内容封闭在经验内容之内，在其中展开形式化的认识操作，试图产生一般认识范畴所要求的特定认识结果，比如普遍概念、普遍原理等，也就是在不创造经验内容之外的内容这一条件下解释一切现象。在经验的个别特殊性支配下，经验思维必然把一切超越经验形态的内容或属性还原为对经验的某种认识添加，从而将它们排除于存在之外，贬低为主观编造。经验论作家对认识的论证策略以及当代分析哲学的极端反形而上学立场印证着经验思维的这种逻辑。比如洛克就把思维活动理解为对经验内容的机械加减，而休谟甚至把思维本身还原为一种内在感觉过程。而关于概念的性质的唯名论所否定的就是作为超越经验的普遍概念的实在性。

那么，在经验内容范围内，人们能追求怎样的认识目标？本来，经验不会推动直接产生普遍知识观念并由此追求超越经验的逻辑属性的普遍知识。[①] 因为，按照经验存在的个别性，其内容的意义只能局限在自身存在之内，而由之发展出的认识论上的经验主义又排除了通过认识活动为之主观添加有效内容的可能性。但是，经验可以凭借其直接存在意义而在存在范围内获得有条件的另类普遍性。在经验层面上，一切存在都被设定为客观的不容移易的实在内容，同时也都必然是特定存在即表现为具体特殊内容。存在的不容变易性使特殊的经验存在固定化，把特

---

① 关于这一点罗素已经注意到，而他是用"科学推理的公设"名义来挽救经验认识的。[英] 罗素：《人类的知识》，张金言译，商务印书馆1983年版，第502—606页。

定存在强化为具有内在构成必然性的存在，亦即认定对于某一存在而言那些特定内容的连带出现及其关联方式具有必然性，一个特定存在就证明某些特殊内容间的必然的存在相关性和对应性，从而赋予它们的存在构成以唯一性。申言之，特定的特殊内容间处于必然的相互选择状态并以固定的方式相互结合。用一种抽象的语言对此加以描述就是：只要这些特殊内容出现，就必然以这样的形式构成它们的存在。这就造成对特定存在的同一性拟设。由此，存在获得它的第一个规定即同一性。这种同一性对一个经验中出现的所有特殊内容而有效，即实现在它们之间。而在一个经验存在内，由于各种特殊内容共同出现组成一个整体，所以必然处于某种相互关联的特定关系结构框架中，在其中，各个特殊内容的关系范围必然是不均衡的，即所发生关联的内容的数量、内容的性质和关系的样式一定不同，否则就会呈现构成内容的绝对平等，从而消解一切关系所要求的要素不对称性，即一种关系必然以关系构成内容之间的地位差异性为条件。不同的关系意味着不同的特定内容群的共同呈现，其中每一内容都作为其他内容出现或者说存在的条件。因此，构成内容越简单，这种关系的存在的条件就越少，相应地在逻辑上其存在可能性就越大，因为较少的构成条件的齐备要易于较多条件的齐备，换言之，所需条件较少的存在要高于所需条件较多的存在的稳定度。在这种存在条件的差异中，必然显现出存在之同一性的高级与低级分化，构成内容少的存在关系为高级同一性，反之则为低级同一性。就一个经验的存在由诸多相对简单的关系组成而言，高级同一性存在内容必然参与低级同一性存在并作为它的一部分。由于一个经验内的各种相对简单关系并不平等，要求构成一个可以承担整体存在的关系，所以要区分内在的地位差别和关联秩序，因而最终必然产生一个把其他关系直接或间接统一起来的具有最高级同一性的存在关系。一个重要的范畴即普遍性和特殊性就此在经验内部逻辑地诞生，即在自身构成内容的存在现实性程度的对比中，具有相对高级同一性并在经验的整体关系中占据较中心地位的关系是相对普遍内容，反之则为相对特殊性内容（在直接的存在中连带关联它的相对高级同一性内容)。在极端情况即关系内容为最末端因而牵连最广泛内容条件下,所赋予的同一性仅仅是当下个别经验。

普遍性显示同一性的相对牢固程度,同时也标志着存在性的相对独立和自由,即相对普遍的内容对于整个经验存在是必要条件,而其他特殊内容则不是普遍内容的存在条件。而一个经验所内在的这种逻辑意义上的普遍性必然折射为现实经验世界中的存在重演频率。所以,经验思维必然寻求普遍性存在内容以确定决定和支配特定经验存在的关联关系内容,并且必然诉诸一种符合经验认识本质的直观方法即经验归纳加以展开。经验归纳在逻辑上具有两面性。一方面它能帮助显示主观选择的某种经验联系内容具有普遍性,但另一方面这种显示由于其根据的经验有限性而没有绝对证明效力。经验归纳的最简单形式就是类推,即以某种同一认定为基础而把单一经验存在的关联关系直接作为普遍规律向另一经验对象适用。

从纯粹的经验出发说明经验思维的发动逻辑和形式,一来显示出经验的思维规定力量,二来为揭开归纳思维的本质打开了门径,继而可以清除许多归纳问题上的理论困难。由上述分析可以看出,经验在自身之内可以独立提出一种思维方式的主张。而经验思维的形成机制说明,归纳过程确实以对一个关联关系的确认为开端,但这是在直接经验基础上进行的,以一个具体经验为标准,并非以一个理性主义的抽象概念为标准,而且其认识具有试验性质,所获得的结果或认识目标也不是理性主义那样的抽象概念或原理,相反,仅仅是对存在关联内容本身的确认,并没有超出自身之外的对其他异质内容的作用和规定力量。归纳悖论即先有概念再行归纳和有限的归纳主张无限的权利,由此就自然消失。不能用理性主义的认识范畴来解释和规定归纳认识,必须严格区分两种认识方法的目标和意义,把它们限定在各自的合理范围内。经验论与唯理论之间的长久论战历史表明,双方都忽视了认识目标的本质差异,没有意识到各自的权力范围,错误地争夺同一名分,企图以自己代替另一方。比如洛克的《人类理解论》就表明,他在借用唯理论的普遍概念来理解自己的认识论观点,而笛卡尔、莱布尼茨等人也试图让自己的普遍概念包容具体的经验存在内容。其实，经验无须理性主义所设定的认识范畴就能够内在地发展出经验思维及其工具归纳方法。

对经验设立经验思维的分析表明，经验思维或者说归纳方法的认识结果并不像休谟所说的那样，是重复观察相似现象而形成的心理习惯，而是经验的内在逻辑力量的预设，它从单一经验选择判断内容，只是诉诸其他经验来检验和纠正。因此，经验认识自然保持其经验客观性。

经验思维以其直观生动性和直接存在性而具有对思维的强大吸引力，同时，经验思维以经验在认识历程上的原初地位而获得优先发生上的便利，因此它成为思维的原初自然形式。但是，经验思维在认识能力上先天不足。经验思维把认识内容限定在特殊经验之内，而且其操作采取带有被动性和外在性的归纳方法，只对特殊经验内容进行相互间的分析和比较，描述直观给定的不同层次构成内容的存在属性和相互关系，不能超越经验的给定内容范围。因此，经验思维的起点是特殊内容，其过程也局限在特殊性层面上，当然也就逻辑地最终不能摆脱特殊属性。但是，由于缺乏对经验思维的专门反思和批判，经验思维却长期被不当地看成获得普遍知识的手段，用自己的存在普遍性冒充逻辑普遍性。① 其后果

---

① 所谓逻辑普遍性是指一种内容在其他诸多性质不同的特殊内容之上或之外而对它们具有普遍的制约和影响作用，比如概念对诸多特殊存在内容就具有这种逻辑普遍性。所谓存在普遍性是一种单纯时空范畴，是指诸多事物在不同时空存在中的同一性。逻辑普遍性内容是在自身的同一与被作用对象的变异中显现出普遍性，而存在普遍性内容是在时空分布的同一性重现中显现出普遍性。在逻辑普遍性中，普遍内容具有抽象性，作为普遍内容之管辖对象的特殊内容在性质上可以是不定的和变动的，并没有同一要求，比如"实体"这一概念所对应的具体特殊内容是多种多样的；而在存在普遍性中，普遍内容本身就是具体的特殊存在内容，其普遍性以时空存在中的同一为条件，即这种普遍性仅仅是说，只要满足与所规定的特殊存在相同一这一条件，所设立的关系就是成立的。比如，自然科学定律总是具体指示和规定了所适用的存在物，其普遍性表现为适用于不同时空中的所有具有同一规定性的不同事物。也就是说，逻辑普遍性没有存在具体性，而存在普遍性直接包含具体存在内容并作为普遍性之载体，或者说，逻辑普遍性设置在特殊现实之外，而存在普遍性直接设置在具体现实之中。具有逻辑普遍性的内容对其所辖特殊内容的作用在于指出它们之间的存在关联应该满足自己的规定性，因而仅仅具有形式意义，并不能直接给定特殊内容之间的存在关系，因为特殊内容之间的存在关系必然受到它们之间内容特殊性的影响而有待具体确定。而在存在普遍性之中的可能对象，其存在关系却是直接套用定理而必然确定的。总之，逻辑普遍性的作用对象是变动的差异内容，而存在普遍性的作用对象却是具有同一质性的不同个别存在物。

为，自然而然地忽视和丢弃知识结构中的逻辑普遍性内容，使得认识合法地停留于特殊经验内容之中，在根本上偏离原创目标。因为，根据对原创的知识论分析，原创正在于对抽象但却对其他内容具有规定作用的观念的设立，而这种观念的内容并不能通过对经验内容的机械加减获得。

由于经验思维只能关注特殊内容，而在特殊内容层面的限度内只能思考它们之间的直接存在结合问题，所以经验思维的提问必然局限于对特殊存在的构造的兴趣内，实践的而非解释的目的占据认识目的，从而呈现技艺或技术的形态。显然，这种认识特性与原创内容的理论性本质脱节，从根本上就不具有原创眼光。

经验思维针对经验只可能进行两种分析操作，即经验间的外在比较和经验的内在分析。无论是外在比较还是内在分析，都带有相对原创目标的先天缺陷。原创理论的功能在于揭示存在构成的普遍形式，它超越具体的内容而对它们普遍有效。但经验间的外在比较只能触及可见的共同经验内容，且这些共同内容在各自的个别经验存在中并不能显示对其他构成内容的有效作用，因而不可能达到认识的原创高度。相比之下，似乎内在分析一致于上述原创目标，因为经验作为对存在的直接现实性把握，用存在的观点看应该包含一切有效的普遍原理于自身之中，因为在存在构成内容范围内，根据性内容与归属性内容必然直接关联而存在。但是，从认识的观点看，经验的构成分析并不能发现和提取作为经验构成根据和形式的普遍原理。因为，如果要保持分析的纯粹经验性，就必须严格限定在直观给定的构成内容上，而在经验中只能显现构成内容及其共存事实，普遍原理并不能作为一个独立的经验构成内容显现出来。进言之，内在分析的模式只能是对一个经验内容的构成内容的区别和展示，其前途必然走向相互更加分离和远隔的下一层次内容。这就是说，从经验出发的分析只会展开下行认识，而不会走向上行以便确定普遍原理这一道路。即使从经验出发作关于其存在构成条件的分析，也不会发现真正的普遍存在原理。因为从逻辑上看，从特殊推不出普遍。而如果采用分析方法即由特殊到普遍地认识给定对象的根据，则一来在逻辑上陷入片面性，二来也不能获得实在的关于经验构成的普遍条件。前者的原因在于，在存在中每一层次内容的意义都牵连着与之发生关联的一切上位内容的作用，在有关上位内容即可能的根据尚付阙如的情况下，每一认识环节都缺乏自己所当拥有的完备内容，从而无法揭示事物本然具有的全面联系。而后者的原因在于，特殊的经验构成内容间显现的是有待某种普遍原理去综合的差异，而差异意味着虚无，针对它们只能设想功能性的抽象名称，而不能内在地揭示这一名称的正确所指内容。综上所述，经验思维无法走向原创的居所。

此外，在绝对的经验范围展开的认识必然具有历史性，因为被经验所限定的认识只能针对已然发生的观念进行，而且是一种经验内容的抽取。因此，经验思维在根本上总是一种意识事件的重复。这与原创的存在原初性直接背离。

综合经验思维方式的上述自然作用可以断定，经验在诱导和支持一种原创问题的提出之后，便立即显现抑制原创思维的副作用，产生对原创行动的抵制力量即经验引力。质言之，在经验思维的认识兴趣和思维机制的共同作用下，思维停滞、滑动在经验现象层面上，做无深度的平面认识，即不能自主发现问题而只是等待给予问题，不能连续提问而只作一种经验综合努力，从而消解原创的可能性。因此，原创思维必须适时地完成对经验的认识功能批判并自觉地摆脱经验对自己的引力。

二 思想史与原创的逻辑断裂：原创认识与非原创认识的判断异质性

思想是对存在的理论解释，包括针对特定存在领域所作的普遍理论论断和依之所作的进一步判断。思想史被原创提问划分为两部分，它们都以不同形式为原创认识作出贡献，即被否定的和被保留的，前者在自我毁灭中诱发和显现问题，而后者作为存在内容与经验一起参与设问对象的确立。至于那些派生的运用性论断，其命运则依照其所属普遍理论的上述具体处理即抛弃或保留而定，与之保持一致性。对于原创来说，问题在于如何对待思想史上的那些普遍理论论断本身,具体说就是如何对待那些在经历内在矛盾的消解之后所保留下来的参与原创提问的普遍理论论断。因为,原创的认识目标正在于占据知识体系中的最高普遍理论论断的位置,从而构成与思想史中的普遍理论论断的逻辑相竞和冲突。因此,必须对思想史的认识功能作出严格的逻辑分析和批判。

思想一般地表现为普遍论断,因而具有内在的解释扩张力量,即以其普遍性主张某种对可能存在对象的管辖和制约权利,倾向于把自己运用于可能出现的特殊存在对象上,亦即形成特定的解释定势。而思想的这种普遍性是抽象的逻辑普遍性,并没有确定的对象界定,开放地面对与之相关的各种可能对象,在被特定的认识具体否定之前,并不能限定其有效作用范围。并且,即使被特定认识活动显现为无效的,那也不能看作绝对判定,因而只能暂时否定它的有效性。因为,具体认识活动是特殊的,一次对普遍概念和原理的运用失败并不能充分证明普遍概念和原理的绝对无效,即不能排除可能存在其他特殊认识道路的成功可能性。可以断定,思想,如果不施以特殊限制措施,那么它就自然地释放其普遍概念和原理的规定能力,试图充当对新认识对象的先定立场,决定思维方式。在思想的这种力量作用下,思维必然选择以给定知识为起点的认识道路,表现为有限制条件因而被局限在特定框架内的思维。被普遍概念和原理的逻辑作用方向——针对相对特殊的内容形成判断——所决定,这种认识只能构造出相对特殊的论断,其展开必然显现判断的逻辑普遍性递次衰减形势。质言之,思想的自然作用必然滑向特殊存在。与此相关,思想史研究由于以既定思想为前提,所以也必定具有相同的认识发展形式,其认识功能只能是拓展解释范围,或者通过发现既有概念和原理间的蕴含和限定关系清理既有思想间的关联关系。要言之,思想史研究只能使已有思想对存在的表达更加细密化,并不能增添新原理。

思想史所造成的上述认识方向表明,它在本质上与原创认识相背而行,不可能达到原创认识的目的。其原因在于,原创所拟追求的知识的逻辑地位恰恰应该高于给定思想史,处于思想史内容之上而不是之下。

所以，思想史的作用愈加发展，认识所处的位置就愈加远离成功原创的本然居所。由此显示，在思想史统治下的思维绝无向原创发展的潜能，思想史并不蕴含有待原创的概念或原理。这种认识目标上的反向性可以通过两种认识的思维机制及其判断性质的差异进一步清晰刻画。

思维的直接现实是判断构造活动。从认识发生上看，判断必须以相关内容的关联阙失意识为前提，而对于尚未存在的事物的阙失意识必然依关于存在的某种理想为根据，正是在后者的映照下才能拟制一个"应然"而"未然"的存在状态。由于这种存在理想在认识上先于特定存在内容，不可能依赖一种"未然"存在内容而存在，所以必然不沾染特殊性而表现为纯粹普遍性，落实到观念界就是普遍概念或原理。只有通过某种普遍概念或原理，才能确定一种判断任务。也就是说，引导判断活动的问题意识以某种先在的普遍概念或原理为前提。可以称这种普遍概念为判断形成概念。

而从判断的内在逻辑关系看，判断的形成也必须以判断形成概念为前提。判断是一种综合，按其形式只能由有限内容构成。判断是主词所表达的事物和谓词所表达的普遍属性之间的关联，意味着二者之间的同一。但对于综合判断来说，主词和谓词所表达的内容具有差异性，因而从其自身出发并不能造成一个判断，因而二者之间的同一关系必须被某种具有普遍性的概念来成就。同时，何种存在内容应该成为判断的作用对象也必须由某种普遍概念来确定，否则，对于有限理智来说就无法合理地从事判断认识努力。即便是分析判断也是一种综合，只不过是对主词内容的自我确认，而它在确定判断相关内容即提取何种内容充任谓词问题上，仍然必须依赖某种判断之外的普遍概念的指导，否则就流于任意而失去理性合理性。但是分析判断由于其谓词在认识上仅仅是对主词的重复而不能成为原创认识。黑格尔在《逻辑学》的"概念论"中按照精神的发展秩序已经发现概念对判断的先行地位，指出判断是概念的展开和发展。但是，他的分析是在思维与存在的神秘同一设定下而先验论地把判断理解为是概念走向存在的进一步自我规定，而不是概念对判断的指引。如此,概念与判断之间的内容差别和分离关系并没有得到澄清。其实,判断是普遍概念在某种特殊内容中的一种实现,普遍对特殊的逻辑限定关系是其根据,二者之间并不存在逻辑性的蕴含关系。

把以思想史为前提的认识和原创认识放在判断形成的内在框架中,可以发现二者之间的重大构造差别。

在思想史语境中,被思想史的自然认识力量所决定的下行认识采取从普遍到特殊的认识展开序列,作为给定前提的是思想史中的某种普遍概念或原理,它们当然占据作为判断形成基础的概念的地位。因此,一切被思想史所支配的下行认识都预设了一个思想中的普遍概念或原理作为判断形成的基础概念。这些概念具有特定内容,指出判断的相关因素和关联方式,赋予判断活动以特殊线索。不论判断如何发展,只要不超出思想史范围而接受思想史的普遍认识效力,判断就必然以思想史中的实质概念即相关特定存在内容的概念为判断形成概念。而其认识方向必然是康德所说的规定的判断力的活动,与原创所要求的反思的判断力的活动恰好相反。

而在上行式的原创认识中,给定的认识环境是经验和思想史,虽然其中也包含某种概念或原理,但相对于拟议中的判断却处于下位地位,在逻辑上不能充当判断的形成概念。相反,在原创认识中,由于在认识对象之外已经没有任何概念或普遍原理,所以原创判断不可能获得一个现成的实质概念作为判断形成的指导。但是,按照判断形成的一般结构,原创判断也必然以某种概念为基础。在没有任何实质内容可以被采用的条件下,能够作为原创判断的形成概念的就只有不关乎特殊存在对象的纯粹形式性概念。对于可以成为原创判断的综合判断来说,这种纯粹形式性的概念也就是那些一般综合范畴,它们表征认识的先天要求。

由于在形式与内容之间存在认识跳跃,即不能从形式中揭示内容线索,而只能抽象地确定认识的目标。因此,两相比较,在思想史约束下的认识与原创认识在判断性质上存在不可逾越的鸿沟,即前者以思想史所提供的实质概念为判断形成概念,后者以一个纯粹概念为判断形成概念。而任凭以实质概念为形成概念的判断无限发展，也绝不能导向以纯粹形式概念为形成概念的判断。质言之，以思想史为前提的认识绝不会通向原创认识。因此，原创认识必须钳制思想史的自然的认识作用，积极谋划自己的认识道路。

三　争夺理性的竞赛：经验和思想史之间的合谋与思维的原创化改造

通过原创的最高级知识论地位可以看出，原创认识处于抽象王国并且超越一切已有知识，必须是没有前提制约的自由思维，因而要求逻辑理性和智慧的介入以便获得相应的超越性主观构造力量。但是，上面的分析表明，经验和思想史的认识功能与原创的这种要求之间存在逻辑差距，构成消解原创的经验引力和思想史引力。不仅如此，二者之间具有相互支持而协同抑制原创的关系。经验思维的立足点或根据被限定在直接现实的经验内容范围内，同时，其认识主题也正是与其根据具有同一存在性质的经验对象，因而具有绝对的经验封闭结构，缠住逻辑思辨这一理性的翅膀。所以经验思维具有逻辑上的绝对经验性，而其结论必然呈现个别性和零散性，缺乏逻辑关系意识和体系冲动，满足于一个思维构成环节的简单认识。由此，经验思维必然成为社会雷同和历史雷同的，即每一个可能的认识主体面对相同的认识对象，都必然重新站到相同的出发点即直接的对象经验上，并根据经验思维法则而获得一个重叠视野，进而也只能得出基本相同的结论，使认识活动降低为重复认识。这必然造成认识的不断"回零"现象，使后人无法超越和摆脱传统思想，因而心甘情愿、理直气壮地固守传统思想、重申传统思想。其消极后果为，在客观上粉饰思想史，使它们获得绝对真理和不可逾越的假象，从而滋生思想史的作用合理性表象，按照知识社会学规律维护和加强传统思想对原创认识的思想史引力。因此，在经验思维作祟的地方必然有思想史崇拜盛行。于是，思维的经验趣味与思想史构成天然同盟，经验引力与思想史引力合谋共同抑制原创，而原创的希望恰恰在于克服经验和思想

史所设置的消极引力，还创造智慧以自由。

要实现原创就必须直接面向现实存在做问题研究，把一切经验和思想史压制为思考的对象而非思维的手段和根据，也就是只能让它们充当被处理的对象而不能充当处理工具。这是原创的知识论地位所教导的箴言。认识的对象是提问过程的起点，但却不是解决问题的起点。一个问题在理论上的解决就是获得关于特定事物的存在方式和根据的理解。显然，这种根据绝不能同一于作为其限定对象的存在内容。对于原创，虽然认识的过程要始终针对存在对象，从而特定存在内容要参与思维过程，但特定存在内容在其中只能以自身的特殊性来限制思维对根据性知识的构造或采用，而不能直接提供决定思维方向和环节的前提性概念或原理。因此，必须严格区分认识的对象起点与论断展开的逻辑起点，从而准确地把握经验和思想史的合理认识界限。作为逻辑起点的前提性概念或原理决定对象起点所包含的存在内容在思维过程中的分布和出现秩序。在消除对象起点和逻辑起点之间的模糊观念条件下继而实施限定经验和思想史的认识意义的技术性操作，是原创认识摆脱经验引力和思想史引力，从而获得原创思维必要条件的关键步骤。因为，经验和思想史产生对原创的消极引力正是在它们超出自己的个别的直接存在性而谋求充当思维的普遍根据的时候。

经验是向主观精神开放客观存在的第一形式。关闭经验势必使原创失去重要的对象来源。但对于经验，原创要防范它借助与存在的联系的强势地位而主张自己的绝对认识形式地位并向唯一的思维方法发展。为达到这一目的，就必须进行经验批判，从中明确它的真实认识功能。这是一项纯粹的反思任务。在西方，虽然一直有经验论存在，但通过哲学中自古希腊以来就不断涌现的认识论的本质主义、反现象主义和各种怀疑主义，不同深度地揭露了经验认识的不足甚至不可靠性，从而不同程度地防止了经验神话的扩散。此外，还有理性主义长期与经验论对抗，也有效地抵制了经验主义的霸权倾向，实现了认识论中的某种平衡。这种认识论思想中的冲突结构阻止了思维领域中经验统治的发生，保护了原创所要求的最低认识环境。人类认识的地方史证明，一旦缺乏这种对经验的反省和理论反击，经验对原创的引力就会显现，造成原创的疲软。就逻辑与经验的对立和补救功能而言，逻辑精神，尤其是对矛盾的敏感性，是消解经验引力的重要文化心理基础。

思想史是增加观照存在的一扇窗口，轻视思想史就是关闭加深把握存在的渠道。对于原创来说，通过思想史可以扩大问题视野。然而，鉴于思想史的自发作用必然不能达到原创目标，原创认识必须首先根据原创目标严肃而合乎逻辑地处置思想史。认识一旦作出原创处境判断即确认应该放弃用既有知识完成认识的统一而转向寻求新的最高概念和原理，就必须彻底清除那些被确认为无效的概念和原理，选择直接面向存在并独立创造新的概念和原理的认识方针。在这种原创立场的过滤下，即便仍然保留下来的概念和原理的存在性质也发生剧烈变化。思想在其自然状态下以具有普遍性的形态而存在，在逻辑上含有管辖和制约其他相关对象的能力，呈现一种"理论蓄势"状态。然而，原创态度已经不再承认有任何具有逻辑有效性的普遍概念和原理，否则，承认一个已有概念或原理的普遍性，就是接受它的规定作用，因而随之设置了一个认识前提，让它僭越地占有可能的原创知识的逻辑地位。相反，原创按其认识目标的逻辑属性就必须否定一切保留下来的概念和原理的逻辑功能，不再把它们看作具有普遍性的概念和原理，而仅仅看成对存在属性的直接描述。其效应为，原来的概念和原理被去理论化，失去扩展适用于其他存在内容的能力，也就是去掉自己与未来可能对象的逻辑距离而同样作为一种直接的具体存在内容，可以把这称为概念或原理的"理论去势"。被做去势处置的原有概念和原理不再主张认识的逻辑前提地位。因此，对待思想史可以采取两种认可方式，即不去势地承认它们的理论有效性和去势地仅仅承认它们的存在确认有效性。原创认识对思想史必须采取后一种认可方式。在这种认可方式下，就自然放弃原有概念或原理作为普遍概念或原理的逻辑管辖权利，不再用它们去做解释和规定所面对存在对象的努力，相反，而是把它们充作待解释和规定的具体存在本身。

每一个思想归根结底都是原创的结果，或者本身就直接作为历史上的某一认识阶段的最高原理或概念，或者在原创概念或原理的作用下导出，从而分有认识的原创性。因此，真正的思想史应该就是一部原创史。在精神的历程中，思想史就是针对特定原创认识情境——认识对象和认识条件——所做的成功原创认识，是一个个原创范例。虽然它们在特定的认识活动中所给出的原创内容本身具有普遍性，但并不具有超出自身之外的认识普遍性，即不能推广于其他原创认识。面对新的原创认识任务，不仅一个原创认识的内容失去普遍限定能力，而且它的特定过程，包括思想环节和思维方法，也都没有适用有效性。因为，原创的认识逻辑并不蕴含在一般认识情境中，相反，被认识的特殊内容所决定，原创思维具有绝对的创造特殊性，不可能存在一种具有普遍意义的原创方法。也就是说，对于原创，思想史只能训导不应该怎样，而不能确定应该怎样。但是，这并不意味着思想史毫无原创认识功能。相反，正是由于原创无方法，所以才特别需要在以往的原创事例中学习原创技能。而在排除了对直接致成原创的积极认识步骤的简单模仿之后，思想史的原创学习价值就在于消极地体验原创的认识偶然性和原创思维对思想史的批判态度，从中把握原创的否定性条件。假如正确地以原创态度对待思想史，那么它就教导一种认识开放态度，把思维推送至原创所应居处的思想史之外。

发现真理是一切民族的热望，然而在如何更有效地探索存在本质和规律这一问题上的反思水平却不尽一致。西方的启蒙传统虽然没有直接达到对思想史的原创处置水平，但是毕竟以其对传统的怀疑精神缓解了思想史对原创的压制力量。所谓启蒙，并不是某种确定的认识水平，而是对已有思想观念的绝对有效性的怀疑和对新认识的开放态度。培根对于所谓"四假象"的警惕、启蒙运动对于先见的反对、胡塞尔对思想史的悬搁要求，都以歪曲的形式逼近对思想史的原创性处置目标。他们的偏差在于，对思想史采取了一种过度否定的简单抛弃做法，没有发现思想史的存在认识意义，把本该从事的对思想史认识效能的逻辑限制误操作成内容切除。其后果为，在否定了思想史的理论有效性之后，堵塞了思想史内容向原创提供认识内容的渠道，从而在认识对象的图谱中漏失本该扩展的原创认识任务，因而难以想象思想史对认识发展的贡献形式，使得原创在逻辑上失去认识的历史连续性和深入发展可能。这种做法使原创与历史的关系无法得到合理理解，从而也就不能解释认识的历史发展事实。可以断定，径直接受思想史为原创的理论前提和彻底否定思想史对原创的任何参与，都是在原创问题上对待思想史的极端过枉态度。思想的历史沉淀可以经过批判程序向认识对象进行内容回流，并通过这种途径刺激原创的认识扩展和逻辑提升。

原创按其知识的逻辑地位和属性意味着绝对的认识开放性，它首先要求进入自由思维的空间。因此，只有超越经验引力和思想史引力从而有效抵制来自天然思维环境的消极束缚，理性才能置身于原创空间，从而调整为原创理性，即拥有原创的必要外在条件并有待内在地运用智慧来进行原创认识的理性。

被经验和思想史统治的认识与原创认识具有不同的展开方向和认识功能，因此，能否成功实施对经验和思想史的合理批判，关乎理性对自我理解和定位的选择，决定理性的角色意识和有无原创冲动。

第七节　与流行原创观念的对话

关于原创流行着各种不同的观点：有人认为凡是在内容上表现出历史新生性的思想都是原创；有人认为身处思想史之中而与之不可分离的我们已经没有原创机会，即只要有前人思想的成分就不是原创；有人认为原创必须建立在继承思想史成果的基础上，不可能完全另起炉灶。原创概念的随意和模糊使学术团体缺乏学术创新的明确实践方向和创新评价规范，进而直接影响学术创新效率。

一　认识之原创地位的健全标准与流俗化的时间尺度

在整体上把一切从内容构成上看直接具有发生崭新性的认识当作原

创,这种做法足够简单和直观,并能够得到一般人的直觉性赞同。显然,就知识的特殊构成内容及其展现形态本身赋予它以首创地位并无问题。但值得商榷的是,在认识发生的微观尺度下,对这种知识的内在逻辑结构和起源的分析能否经得起原创性推敲。作为一种认识,原创的特点显然在于发生时间上的原始性,仅仅指那些具有最新涌现地位的认识成果。然而"原始"概念的这种常识性和语义学上的直观确定性并没有帮助人们形成普遍一致的原创观念,相反,而是从中寄生着深度模糊感并诱发了许多分歧,在什么是原创和原创道路乃至原创是否可能的问题上都莫衷一是。由此暗示,原创的内涵并不简单地定义在认识产生的自然经验序列上,而是已经超出一般词典意义,牵连更复杂的本质要素,有待严格辨析。

认识作为一种精神事件,无疑具有以时间顺序为基础的历史性。显然,原创具有它的历史含义和标准,即所谓原创,必须具有发生时间上的绝对在先性。但是,人类作为一种社会动物,主体间的交往和知识共享是其必然要求,只有那些相对人类整体的已有认识而占有新知地位的个体认识,才具有社会意义,才是有效社会认识。因而社会认识这种集体认识形式才是人类知识的必然存在形式,认识的历史以社会认识的存在和发展为尺度。这就是说,仅仅在个体心理历史上具有原始发生地位而不具有社会认识历史上的原始发生地位的那些认识并不是原创。所以,即使不考虑在信息的一定社会传播条件下是否存在"隐性接触",社会认识绝不接受重复性认识为原创。对于社会认识来说,"重复原创"是一个充满逻辑悖谬的短语。另外,即使不论学习已有知识与创造新知识在认知结构上的巨大差异,个体的学习活动在社会认识历史的尺度下也显然被拒绝于原创范畴之外。

那么,是否一切具有认识的历史在先性的认识都是原创?比如,哥伦布发现新大陆、在深山密林中发现一个新的花卉品种。这涉及原创的知识类型标准问题。原创意味着一种主观认识成果,其中包含主动构造性。因此,思维作为主观活动的形式,它的存在结构及其结果的存在形式，直接决定原创的知识形态及其多寡。

思维的现实存在形式是意识，换言之，意识是思维的活动场域，因而以思维的存在结构为中介，意识内容必然被赋予不同的地位和意义。也就是说，意识的认识功能分类是确认原创的知识类型及其类目的根据。

思维作为一个过程整体在逻辑上必然有其绝对起点和由之展开的主观活动。这把意识区分为两类：给予的和思维的。给予性意识是被动接受的，与存在具有直接对应性，仅仅是对存在内容的直接确认，在自身内直接显示自身和规定自身，显现为个别特殊内容。可以称这种意识为经验。经验按其本质形态就是分离存在的。经验的语言表达是个别性事实陈述。思维必然针对给予性意识内容进行，其存在的必要性和可能功能，逻辑地只能是超越经验而构造关于分离的经验内容之间的存在关联。因为，单质性的内容无以再施内在作为，思维也不能再主观无益地为创生单质内容而创生单质内容。因而思维性意识相对给予性意识具有一多对应关系，是对经验内容的超越性主动规定，赋有普遍性，概念或普遍原理为其存在形式。通过思维性意识，分离的存在内容间接地得到普遍关联，形成具有必然性的知识。知识的逻辑形式是普遍判断，是对关联关系的设定。因此，意识普遍地意味着知或者说知道，但知道不简单地是知识，而是还包含着另类的直接事实确认即经验。根据原创知识的主观构造属性，只有后思维的意识内容即出自思维的结果才可能成为原创，而前思维的意识内容即未被思维加工的意识内容就不会成为原创。简言之，意识有经验和知识两种。显然，原创只能从属于普遍知识领域。

在一般地确认只有普遍知识包含原创所要求的主观构造性质之后，问题就进一步触及原创所设立的针对认识内容的最严格标准，即一个认识成果是否属于纯粹的思想创新。那些包含关于对象的已有知识成分的普遍论断就不属于原创。这不是一个简单的知识的外在表现样式的差异和新旧问题，而是深刻牵连知识的内在构成和存在结构。就知识作为追求普遍关联和统一的认识成果而言，知识必然具有特定的相互关联结构，在形式上表现出一定的逻辑关系，它抽象地表达着一个知识的逻辑地位，由此反映关于该知识的存在的逻辑属性。按照知识的统一形式的内在本质，它必然要求知识间的隶属和递归关系，并最终收敛于一个特定知识。在知识体系的这种逻辑结构中，处于下位的知识受到相对上位的知识的限制，在自己的存在中包含上位知识。按照统一关联结构的内在作用关系，在逻辑上，一个处于相对下位的知识凝聚着所有与之发生直接或间接存在关联的知识。而且，在其中，上位知识发挥认识的基础作用，它们规定面对特定对象的特定认识的形式，即应该关注什么、如何处理和安排相关内容的关系，整个认识的目标就是将特定内容纳入普遍原则的框架之中，所需特殊处理的实质认识任务就是如何主动构造特定内容间的具体适应问题。而如果所涉及"特定内容"为普遍内容，认识的结果仍为普遍原理，那么根据普遍属性之间在逻辑上的绝对关联性——既为普遍属性就必然要在同一存在中发生共存和相互作用关系——就可以断定，"特定内容"之间的相互适应关系也已经被决定，这一认识环节被既有知识所蕴含，只不过是一种必然的逻辑操作，而且推理工具已经给定。比如在给定几何原理下的作图方法的确定。相反，如果所涉及"特定内容"为具体的特殊存在内容，认识的结果是构造特殊现实存在的方法，那么它们之间的特殊的存在适应问题就涉及普遍原则所不能管辖的偶然的存在特殊性，其认识任务也就从抽象思维转向想象和具体试验，所获得的仅仅是偶然有效的个别认识，从而背离作为原创必要条件的普遍知识范畴。综上所述，从严格的原创意义上可以断定，下位知识在逻辑上就不具有原创意义。与此相对照，只有对处于最高逻辑地位的知识的构造才可以主张认识的原创权利，因为它作为知识将一切已有的经验和知识设立为作用对象，产生新的知识系统创立机能，而自身不能被它们所蕴含。

总结关于原创的上述分析可以判定，原创认识具有发生序列上的历史原初性、知识形态上的普遍性和逻辑地位上的绝对超越性。它们一起构成原创的历史标准、知识形态标准和逻辑标准。而一个认识事件只能做三维描述，即出现时间、自身存在样式和关联关系。因此，原创的这三个标准构成关于原创本质的完备刻画。从人们对原创的通俗观点可以看出，其中的知识形态标准，尤其是逻辑标准一直没有被清晰地反思和把握。参照关于原创的完备标准，关于知识的原创地位的简单时间标准显然泛化了原创。

二 原创机遇：在一次与多次之间

与泛原创论相反，有人悲观地设定在一种文化或认识传统的历史上仅能有一次原创，比如所谓的"轴心时代"。这种观点预设了原创知识的构成内容的绝对新生性，并且把任何意义的认识联系都看作非本源性的铁证而成为撤销原创资格的充足理由。它没有注意到有些存在客观联系的知识内容之间的现实知识构造即成功的主观联系需要创造性活动，换言之，所谓的客观联系是事后显现的，并非机械的逻辑演绎所能完成。一个论断，除非是绝对的逻辑蕴含的结果，就都具有认识创造性。而对于符合原创标准的论断来说，肯定不能被某种知识所绝对地逻辑蕴含。特别需要注意，我们谈论一个知识的创新性，必须分清知识的分离性的构成要素与这个知识本身，所谓知识的创造性正体现在知识本身上。判断与判断的各构成要素具有整体和部分的关系，而整体大于部分，具有自己的独立意义，不能从部分直接叠加获得。质言之，判断所表达的"知识本身"超越判断的各构成要素而独立存在。在明确这一原理之后，认识中的夹杂旧知识现象（包括特殊知识内容和认识手段等）就不能成为否定原创的绝对根据，而是要具体考察这种旧知识在认识中所占有的地位即是知识本身还是知识的作用对象或判断的构造元素。

从知识之间的逻辑关系上看，占据上位的知识制约相对下位的知识，后者必须蕴含前者的内容即接受前者的规定。相反，占据下位的知识作为有待归整和联系的对象，不能规定和推出上位知识。因此，从下位知识要素作出上位知识构造的认识必然包含创造性，而在这一认识方向上的关于最高普遍原理的构造就是原创。

因此，认识历史上是否只有一次还是多次原创机会的问题，也就取决于人类的认识按照其展开结构是否可能不断敞开重新创造最高普遍原理的认识缺口。

结合原创知识的逻辑地位和知识的一般存在原理，可以确定原创的必要性和可能性及发生形式。知识的功能在于对认识对象的解释和把握，只要已有知识体系仍然保持对认识对象的充分解释和把握能力，就不能设立原创任务。质言之，原创是被知识的认识能力衰竭所造成的解释危机而呼之欲出的。因此，充分理解知识存在的逻辑机制和可能发展前途是确认一个原创努力的必要性和合理性的基础。

知识的存在结构为"经验—理论"，其真理性的逻辑标志是二者之间的解释适应关系。从原创所占据的知识体系的逻辑位置上看，原创的目的在于补足知识的统一性和解释的完备性，增大存在内容之间的关联性。因此，面对一定的认识对象，如果存在有效的已有概念或原理并具有充分的解决问题能力，那么就不能去制造与之平行的一种原创。否则，只能适得其反，人为地平添某种认识的对立和分裂。因此，原创的必要性是有条件的，过度的原创冲动甚至为原创而原创是盲目的和非理性的。

原创机会的当下显现的情形是，现有理论的解释力不足即不能充分包容全部经验，或者现有知识群存在有待统一的关于同一对象域或不同对象域的分离甚至对立的知识系统。质言之，对存在的统一把握的任何欠缺都预设了原创机会。

世界向认识主体敞开自己的存在内容是一个历史过程。而理论体系作为特定内容间的关联有其特定的局限性，并不能无条件地包容一切可能的作用对象，因为，特殊内容间的关联有其相互间的特定要求，从而特殊内容的特定关联方向具有自己潜在的可发展内容范围。随着经验和认识的不断发展，可能涌现出原有理论无法包容的经验内容和新的特殊判断，形成对原有理论有效性的挑战和考验，于是便出现进行原创的可能性。也就是说，经验内容的扩展或理论解释的衍生，都是造就原创机会的根源。

既然不能断言人类的认识已经达到绝对的圆满，同时在逻辑上认识的历史运动可以废弃造成原有知识体系的最高普遍原理，显现对新的最高普遍原理的需求，那么原创的机会就是历史开放的，原创的机会可以不断再次降临。

三　原创：接着说还是对着说

在承认有思想创新甚至理论原创的人中间，存在关于原创的道路选择上的一种说法，即原创只能采取"接着说"的方式，在继承前人学术成果的基础上才能进行创新，否则就是轻率的，或者陷入无意义之中，或者导向不可能结局。这里，"继承"一词的广泛语境和缺乏使用上的专业化限定，造成了这种说法之真理性的巨大不确定性。完整意义的认识活动由具有相应认识资质的认识主体、认识问题、认识方法、认识材料和认识论断组成。其中，任一构成成分都可以单独形成"继承"的语境，从而生成"接着说"的一种特定含义。在合格认识主体的意义上，学习思想史以作为某种文化教育就构成"继承"，其结果是造就一个具有相应知识修养和思维训练的学者。继承的这一意义当然是可以接受的，但这种继承并不意味着必然产生相应的特定论断。而且，由于主体的个体差异导致难以确定文化继承过程与主体能力生成之间的清晰尺度。在认识问题的意义上，"继承"就是要接过前人有价值的问题，或者确立一个根据原有认识水平被认定为有价值的问题。在认识方法的意义上，"继承"就只有套用已有的认识方法，因为方法是一种刚性的认识操作技术。在认识材料的意义上，"继承"就是要接受前人所发现和论断的东西，把它们作为认识活动所给定的关于认识对象的存在内容和存在属性，而不是把它们当作理论论断的上位性前提。在认识论断的意义上，与认识材料意义上的"继承"相反，"继承"表现为接受前人的论断作为自己论断的上位性根据，也就是从前人的论断开始而继续作出引申性的判断。由于认识问题、认识方法和认识材料都是可以自由设置或变更的，不能因为它们与历史的联系的断裂就否定一个认识，所以这三种意义的"继承"就没有必然真理性。而认识论断意义上的"继承"的合理性要依赖一个认识论命题的证明,即人类知识的发展是线性累积的。但人类的认识史不支持这样一个论断,同时基于知识结构的关于认识发展可能形式的逻辑分析也不支持这样一个论断。所以认识论断意义上的"继承"也没有必然真理性。相反,对于原创认识来说,根据它的最高逻辑地位就直接否定这种"继承"。从继承的认识效果看,按照是否必然决定认识论断的构建内容这一标准,除认识论断意义的"继承"必然决定认识论断的构建内容因而是紧密形态的继承外,其他"继承"都不必然决定认识论断的构建内容,因而是松散形态的继承,即只是在各种不同的表现形式上受到了原有知识的影响。可以把前者称为强继承,后者称为弱继承。只要确认了一个新判断相对产生它的各种认识基础的形式独立性,即不能从认识基础中必然地机械造就,那么各种弱"继承"就都不能简单地成为排除本真意义上的原创的充分根据。而问题的焦点在于,在"接着说"观点中,人们似乎赋予了"继承"以强的意义。既然一时难以提供证实或证伪普遍的知识发展的线性累积命题,那么从分析原创的可能思维形式入手就不失为另一个可行的选择。

思维并不是心智的纯粹主观游戏,相反是显现思维内容之间的存在关联的意识活动,被相关内容的内在联系所支配。因此,原创认识的残缺性语境条件可能使它丧失在一般条件下思维所可能享有的某些活动形式。按照康德的说法,产生新思想的思维活动有反思的判断力和规定的判断力两种表现形式,也就是从给定特殊内容到普遍原理和由普遍原理到特殊内容两个逻辑方向。依据原创的特征可以进一步分析和确定原创思维的开展形式。原创是关于最高普遍原理的创造,因此它不可能接受一个给定的知识为最高普遍原理,然后展开下行式的认识活动,从而表现为规定的判断力的活动。相反,它必然采取反思的判断力形式,借助原创知识的最高逻辑地位而采取原创态度,中止一切概念或普遍原理的有效性即撤销其逻辑地位,从而在实际认识中删除或者说隐匿它们的逻辑身份。这就是说,原创不可能是强继承意义上的"接着说"。而在弱继承的范围内,其非必然真理性说明,"接着说"并非原创的必然法则。

总之，在理论论断的内容角度上，原创按其本质就与"接着说"不相容，原创必然直接表现为"对着说"，即提出不同以往的最高普遍原理并由此出发构造关于存在的解释体系。

四 经验和思想史：意识环境与内在构造之辨

即使强的"接着说"被基于原创本质的分析所排除，但对于一般人来说它仍然具有某种吸引力，即就原创必然发生在一定的思想环境中而言，各种弱的"接着说"不唯在其所描述的认识情形范围内具有存在可能性，而且在认识的展开角度上也具有直观合理性，亦即笼统地认为原创认识是从经验和思想史中发生的，构成知识的自然生长过程，是经验和思想孕育并连续推出了原创认识。在人们谈论原创时，往往视经验和思想史为原创的充要条件，忽视思维主体的智力特点而把原创的希望寄托在那些富有经验和思想史修养的学院派人物身上。但人类认识史上涌现的众多"小人物"反例不断嘲弄着经验和思想史的这一神话，比如康德就被他的哥廷根大学的精通哲学史的学院派同辈称为"半吊子"哲学作家。因此分析经验和思想史在原创中的积极作用并刻画其限度，揭示和评价经验和思想史对原创的真实联系，这是认识原创机制的重要环节，同时也会进一步帮助确定"接着说"的合理与否。

就原创认识的可直观描述的状态看，原创被经验和思想史所包裹，因而具有一个从中自然生长的外观。但是，在这种外观下实际发生的原创的内在认识机制才是决定原创认识性质的真正根据。其根本问题在于，原创论断能否被作为其环境的经验和思想史所蕴含，或者逻辑式蕴含或者存在式蕴含。所谓逻辑式蕴含是指在原有观念中包含能够必然发展出原创论断的力量，如此则认识的道路在某种原始起点中就被预定了。在无法揭示或者没有揭示这种蕴含的现实机制条件下，这种说法无疑带有极大的神秘性，在其中，观念成了可以没有主体支配的观念自动机器。而人类认识的历史说明，原创认识并不是轻松的游戏，而是需要付出艰苦的努力才能偶尔收获的宝贵成果。所谓存在式蕴含是指在原有观念中直接包含后来原创论断的内容，原创性活动只不过是将某种未显现内容加以分析和显示的过程。这样的解释虽然避免了逻辑式蕴含所面临的事实性困难，但却有一个逻辑性困难紧逼其后，即意识存在具有绝对的自识结构，每一个意识存在应该对自己的构成内容当下拥有清晰完备的把握，否则就会陷入一个意识对自己没有意识从而撤销自己的存在的矛盾。从知识之间的可能逻辑联系及其延展方向上看，知识间的关联方向为高级知识限定低级知识，给出低级知识的存在线索，反向的联系是不存在的。因此，原创认识不可能从经验和思想史中必然推出，因为原创所追求的是最高普遍原理，必然高于一切给定的经验和思想史内容。

　　排除经验和思想史对于原创的直接制造功能后，就把考察它们与原创的关系的方向逼到某种辅助的和外部的作用方向上。必须基于原创的本质规定分析确定它与经验和思想史的联系。

　　由于原创指向并立志设立占有知识体系结构顶点的普遍知识，而在逻辑上它将直接或间接判定其他知识的有效性，所以在原创完成之前，必然要在认识上悬搁所有理论知识的绝对有效性。因此，对原创认识的拟制直接预设关于存在认识的普遍怀疑，原创反思的目标只能抽象地确定为一切可能的存在内容和属性。可以断言，原创必须抱有直接面向现实存在的认识态度。而对于原创这种认识活动来说，存在不能是一个抽象空洞的形而上学超验概念，相反，必须是具体地对认识显现着的特定存在内容。换言之，在原创中，面向存在只能通过对存在的观念确认加以实现。显然，认识的一定历史阶段所提供的意识内容决定原创的认识对象，因为对存在的观念确认作为一种主观认识只能存在于现实的意识总体中。如果运用认识论的一般认识形态范畴对之进行划分和描述，那么这种意识总体就是经验和思想史。其中，经验代表直接的和被动性的感性认识，而思想史则是在存在的经验内容基础上对某种事物的存在性的理论解释，构成对存在的一种确认，是经验存在的延伸。可以说，思想史以主观能动的方式丰富了存在的内容。在原创思维中，由于普遍理论的有效性遭到怀疑，所以经验的强制给予性成为存在的优先标志，理论不再具有指责和修正经验的权利。

存在确认对经验和思想史的依赖说明，在认识的可能性上，只能由经验和思想史把作为原创认识对象的抽象的"存在"具体化。而原创作为反思的认识，必然内在地以有待综合统一的认识内容为起点。但是，由于一切经验和思想的意义和有效性都在一个知识系统中生成和存在，而原创认识情境撤销了支持原有知识系统的最高普遍原理，所以原来作为存在表征的经验和思想史内容在原创这一认识情境中便失去了表征存在的可靠性，是否重新获得有效的存在意义只能取决于它们能否在具有协同发生性的原创认识活动中显现该当思维性，即是否与所确定的原创问题相关联，以及在逻辑上能否被可能出现的最高普遍原理所包容。换言之，只有参与了原创问题产生的经验和思想史内容才能重新找回自己的存在意义。通过对原创问题的参与，某些经验和思想史内容便抵制住原创反思所引起的对它们的怀疑而把自己设定为有待综合的存在内容。因此，在原创语境的初始阶段，存在与问题相随，正是问题相对地确立起认识上的有效存在内容。其直接认识效应为，原创问题的发生这一条件具体地决定经验和思想史对原创认识对象的确认，或者说原创提问所设置的关于认识活动的逻辑许可标准——抽象地在形式上被认为可以纳入考虑范围的存在内容——在经验和思想史范围内划出反思的认识的合理基线。

从原创问题的上述发生条件和形式可以看出，正是经验和思想史孕育原创问题，它们的丰富程度和发展层次直接决定问题的视野和高度，而它们的特定的构成内容规定原创问题的特殊性。

作为对存在的最高普遍原理的寻求和构造，原创显然扎根于经验和思想史之中，因为正是后者诱发原创问题，而进行原创的"反思的认识"仅仅直接决定抽象的认识理想，却不能内在地确定原创思维的起点并提供原创认识内容。第一，假如没有经验和思想史，进行反思的认识的原创就失去落脚点而无物可思。只有经验和思想史才能为原创划定反思的存在界限，决定思什么。第二，原创的认识目标是提供关于特定存在的普遍原理，造就不同存在内容间的综合统一关系。换言之，被意识到的存在内容之间的联系断裂是激发原创思维的问题，而根据前面对原创机会发生方式的阐述，它们正表现在经验和思想史之中。因此，经验和思想史激发或提供原创问题。经验和思想史的内容丰富程度以及所达到的对存在的表征层次，直接决定原创问题的有无及广度和深度。第三，原创之历史性的现实表现即被人类的认识发展进程和水平所支配而变化着的原创思维的具体面貌，包括特定提问、认识方法、认识材料等，都直接决定于经验的广度和思想史的发展，经验的广度与原创理论的普遍性高度相对应，而思想史的积累姑且不论其对于原创在认识内容上的有益作用即扩展对存在的把握，也作为认识道路的借鉴会规范原创，使之规避某种已然显现的不当思维方式而锐意尝试新思维。

在排除规定的认识于原创认识之外以后，原创理性就只能是绝对的反思的认识与作为存在的观念表征的经验和思想史的结合。由于反思的认识的思维方向是从特殊存在内容到普遍概念或原理，所以原创思维必须在经验和思想史中选择恰当的切入内容，因而首先面临可接受其存在真实性的经验和思想的遴选任务。就原创针对存在而展开，并且具有认识意义的存在只能是被主观所确认的内容来说，原创的反思起点可以包含原有的概念或原理。因此，为原创奠基的反思的认识起点的选择可以采取两种不同的原则，一是严格地彻底退回到有效经验之上，二是宽容地选择经验和有效的普遍概念或原理。不论采纳何种选择方式，都只能依据关于存在的抽象的形式标准具体进行，而不能深入到实质内容层面上作真理论断，因为后者恰好有待有效的最高原理的出现做根据。按照存在的形式条件即一般逻辑原则，凡具有矛盾性的经验和思想都处于存在真实上的不确定性之中，即对于相互冲突的经验不能直接确认它们的存在有效性，而是必须进行存在条件判别和选择；同时，对于相互冲突的理论也不能直接接受它们的存在意义，而是必须加以一并放弃，因为理论的有效性只能在理论思维中借助更高普遍性的理论来加以定位和判别，但在原创中恰好缺失实施这种判定的依据。在此，被保留下来的理论在原创意图的视野内处于相对低级地位,因而在原创思维中不能逆向地发挥普遍规定作用,相反只能作为存在的一种个别内容显现自身,它们与各种经验一起,构成原创思维的处理对象。对于原创来说,构成其认识起点的内容正是这种经过选择而作为存在单元并互相处于直接分离关系的内容,其中有些经验内容或理论内容的存在属性被一个理论原理所表征而参与原创反思。

第八节 解放原创:对学术研究中语境依附教条的逻辑批判

关于思想创新一直活跃着一个广为流传的潜规则,即创新只能采取在梳理、继承前人思想基础上而有所发展这种渐进形式,要求一切可能的创新思想都必须与历史思想对接,理论构造必须"拿来"和"挂靠"历史陈说,认识开拓不能割断与作为认识活动自然发生环境的知识传统的天然延续关系,由此断然否定那种全盘重构式的原创的可能性。这无疑制造了一种语境依附教条。之所以称之为教条,是因为它并无可靠的认识论根据,而是一种盲目且僵硬的信念。语境依附教条驯化出一种扭曲的经典意识——权威,禁锢思想的翅膀,封闭学术的自由发展。

一 原创的崇高知识论地位

学术话语类型的自然体系及其序列为"照着说"—"接着说"—"对着说",它们共同构成学术存在的有机生态,问题只是我们应该分别给予它们科学的学术定位和价值负载,同时在它们之间进行不同类型智力资源的社会调配。不论限制或封杀其中哪一类型文本的生产,都是一种学术意识蒙昧。学术话语类型的体制性构成格局是社会学术意识健全性的量度,而主导性学术话语类型的设定则标志社会学术意识的开化深度。就思想所内在的探索本性而言,作为最高思想活动形式的学术,必然反对蒙昧而要求通体占有学术话语类型。不幸的是,外在社会暴力对学术的禁锢，曾经把"照着说"提升为唯一合法话语。历史进步还学术以内在思想自由，从而创新意识觉醒并成为普遍要求。然而，语境依附教条又在学术内部自我形成一种纯粹的观念枷锁，阻碍学术意识的彻底觉醒，即仅仅承认"接着说"而拒斥"对着说"。这实质是把理论创新的某种方式片面地普遍化和绝对化。其要害为，试图为学术创新这一本来无法预见的思想事件强加先验模式，封闭思想发展的某一可能维度。这种否定原创的说法之所以长期顽固存在，是因为似是而非的认识论错误观念在作祟。因此，必须把关于理论创新方式的反思进行到底，提高中国学术意识的觉醒水平。

对于原创可以有不同的理解，或者按照知识的社会历史秩序把一切新生思想都称为原创，而不管它们的内在构成成分是否包含前人的思想以及这些旧思想在理论体系中的地位，正是在这种意义上人们有时把"接着讲"也称为原创；或者按照知识的逻辑结构而仅仅把那些独自奠定了理论基础并加以展开的思想创新称为原创。从知识论上看，真正的原创应为后者。而被语境依附教条勾销的却正是真正的原创。

那么，原创有无可能？这是一个在认识论中有无其逻辑位置的问题，只能通过严格的知识论分析来断定。在思想创生活动的焦点上，历史与当代互相勾连，鲜活的思想必然呼吸着历史。但创造意味着变异。在逻辑上，理论变异只有两种可能形式：问题不变或问题转换；历史思想参与新思想体系并作为基础或历史思想被拒斥在新思想体系之外。进一步，这两类变异所属亚种之间亦可交叉组合，形成四种具体的思想发展可能形态：在解决旧问题时历史思想参与新的思想体系并作为基础；在解决旧问题时历史思想被拒斥在新思想体系之外；在解决新问题时历史思想参与新思想体系并作为基础；在解决新问题时历史思想被拒斥在新思想体系之外。

不论问题新旧，如果在思想建构中发生"历史思想被拒斥在新思想体系之外"这种现象，那么理论叙事就会呈现纯粹原创状态，即所有直接的理论建构环节都无继承内容，整个理论体系展现出独立创始面貌，其构成内容割断了与相关历史话语内容的逻辑接洽义务，独自主张对事物的解释力和真理地位。在语境依附教条看来，这是绝对不能成立的天真的思想闹剧。

从理论的存在结构看，认识起于经验。经验给予我们以有限的对象，包括作为实体的对象和它在特定条件下显现的现象。认识的任务正在于针对给定的对象域构造关于它的理性解释，其形式为以普遍判断连接诸多特殊存在内容，努力形成给定对象域内的综合统一。而作为要求实现判断关联的一个特殊存在内容，逻辑上有多种向其他特殊内容发展关联关系的可能。因为，作为特殊内容间的关联，没有哪种特定关联在有限理智中可以先验证明自己具有相对的优越性和排他性，诸特殊关联方式在逻辑上具有平等地位。因此，以严格的逻辑眼光看，一个特殊内容的判断走向是多维的，进而知识的构造方案是多元的。一定历史阶段上的现实知识形态具有偶然选择性，而非唯一必然的理论构建道路。也就是说，解释的方案可以是多样的，同时也可以是互不相容的。比如关于同一天体现象人们前后接受过托勒密体系和哥白尼体系。因此理论具有某种选择偶然性。

然而，同是偶然选择的不同知识道路，在其理论发展能力上并不是平等的。因为，特殊内容间的关联有其相互间的特定要求，从而特殊内容关联方向具有自己潜在的可发展内容范围，不同关联方向间具有关联延展能力的自然差别。直言之，特殊内容间的不同关联方向所能形成的知识链的长短有别，进而相应的理论体系的发展容量的大小不同。相对于一个给定的对象域，不同关联延展方向具有不同的解释力，其中，有的关联方向可能无法达到对对象域的完全把握。在科学发展中所发生的范式转换就证明了这一点。所以，不同理论具有自己特定的解释功能和范围，在认识活动中，明智的做法是在逻辑上为全新的知识重构留下空间。

在特定理论构造方向选择的有限解释力基础上，如果再考虑对象域扩大问题，则使认识面临更大的危机可能。原有知识链条可能无法延及新增存在内容，从而要求创造新的可能的知识道路，其中就当然包括创造全新的关联系统这种可能情况。

不但原创具有逻辑可能性，而且，在人类思想史上不乏成功的实践。笛卡尔的普遍怀疑方法和胡塞尔的现象学悬搁要求，甚至把断绝与思想史的联系自觉提升为哲学建构方法论。显然，语境依附教条的要害在于片面坚持"历史思想参与新思想体系并作为基础"这种思想发展类型，把历史思想传统看成绝对的思想坐标系，要求一切理论建构都必须有其内容上的连续的历史继承，要求思想结果必须一致于其历史源头，并把这种要求强化和提升为学术范式而作为学术批评的形式标准，简单僵硬地否定一切继承形式欠缺者，从而把古人思想神化为自己话语的绝对起点和理论图式的边框，以为出此边框或无此边框则必为非法而虚妄。语境依附教条在实质上以知识的线性累积假想为基础，而这一点既不能得到知识论的支持，也不能一致于认识发展史。其危害在于，降低一个民族理论创新的抱负，轻率地嘲笑原创的努力，蛮横地否定突变式理论洞见，扼杀最灿烂的智慧。

原创造就认识的飞跃发展，骤然改写世界的图景，是人类的最高智慧，具有崇高的认识地位。

二 消解语境依附教条

语境依附教条被思想史的时间性表面结构和个体思想发展的自然心理传记所迷惑，缺乏对创造力的热情关切，没有对创造形式即思想发展的道路作出充分分析和预想，简单地把思想者的历史教化、思想积累、思维训练基础等，笼统地混同于独立思想的内在结构，同时也缺乏对理论建构内在格式的明析反思，混同正题和背景，把思想酝酿过程也看成理论叙事的必要组成部分。其实，所谓原创就是对存在的普遍概念和原理体系的构造本身，一切针对特定对象和特定问题而作出的创造性理论设计本身都属于原创，其内容不同于它的思想背景，其原创本性无关于其触发性思想联系和背景。

也许语境依附教条论者会说，学术研究的问题必然受到历史的制约，提出一个什么问题取决于历史文化语境，甚至在悠久的历史中已经提出了各种问题，以致我们很难提出新的值得研究的问题。确实，不必说具有重史传统的中国学术，就是西方哲学史中也存在一个突出现象即人们时而重返古希腊哲学的源头。但是，由哲学发展的这种情形得出如此消极悲观的结论却是一个错觉。从性质上看，问题是历史地在存在中显现的，我们不能独断问题的穷尽而放弃原创的希望。退一步，即使承认问题已经完全枯竭，我们只能面对前人已经讨论过的旧问题，那也不意味着没有原创的可能了。因为，对于一个问题的理解和解决会随着认识的历史发展而有不同的面貌，而在新的解决中当然包含原创可能性。比如，不断回溯到希腊哲学源头的西方哲学史就正是一部原创史。

语境依附教条论者还会问，原创能够完全不掺杂过去的思想材料吗？可能掺杂。但即使一个理论创造活动利用了思想史中的思想"碎片"，那也不能由此否定其原创性。因为，从思想存在上看，整体大于部分之和。原创思想正是那种飘浮在所有部分之上的异质而无形的思想。一个常常碰到的思想经验可以启示原创思想的这种存在情形，即我们认识一本书的每一个文字却把握不到其中的思想。而从认识过程上看，关于知识构造的逻辑分析已经确认，原创不必非得与思想史对接。反过来，思想史也并不必然能够生成原创，即思想史继承在根本性质上并不是理论创新的充分必要条件。面对一个认识对象，人类理智在逻辑上具有依据众多现象独立创造其存在原理的可能性，否则就无法设想人类的第一个理论。由上述可知，从特殊的思想片段不能必然拼凑或推出一个理论，而是仍然需要创造性地进行普遍原理构造活动。每一个真正的原创都要面对新的存在内容，寻找它们之间的存在综合关系。这种综合关系的创造是无规律的，具有创造偶然性，必须创造性地加以设置，其中必然包含智慧性的理智升华和跳跃。有潜在理论意义的思想史材料也必然遇到伟大的智力才能重新释放光辉。同时，参与原创理论构造的旧思想材料也被思想整体所改造，并不能保持其原始意义。因此，思想史与原创在

认识上的积极相关不是必然的，即其间关联关系的实现受到存在内容的自在限制，也有不可主观控制的智慧涌现的条件，并没有必然过渡和生成关系。这种情形使思想史与原创在认识论上呈现逻辑断裂，它否定思想史相对原创的不可或缺地位。

思想的生成和表达必然借用特定文化工具，有时这也是语境依附教条反对原创的理由。当然，不容否认，原创具有给定的工具性的历史文化环境和基础，比如语言、认识方法和认识规范。在思想的外在表现上，原创具有给定的历史文化环境和基础，比如语言、某些思想材料、方法和规范，但这些环境和基础不构成所谓原创思想的充分必要条件，不能必然而自动地产生原创思想。从作为语言的碎片大全的词典，不能必然地引申合成出原创思想；参与建构原创思想的方法和规范并不内在地提供原创思想的内容，而只是外在地辅助原创思维，并不损害原创思想的独立性。比如爱因斯坦的相对论虽然援用了微积分乃至初等代数等数学工具，但由它们所表达的相对论理论却是自成体系、独立而原创的。如果不区分原创思想本身与原创思想的运思工具和表达手段，就会借原创的历史语境之故而错误地否定原创的可能性。原创性的获得并不以从造字开始为条件。

语境依附教条没有严格区分思想探索历程的心理结构与文本书写的逻辑结构之间的差异，因而要求把带有思想史语境作为文本批评的标准。这是一个近乎荒谬的主张。就语境具有无限性而言，如果要求携带完整"语境"，那么必然胀破原创文本。要看到，一切类型文本的书写都必须以思想为中心，根据思想结构设置表达环节，最终形成可理解的语言刻画。因此，文本的书写内容完全决定于思想构成的逻辑结构。一个圆满铺叙了所要表达思想的文本，就是一切具有相应理智水平的人可以理解的文本。因此，原创理论的内在结构和意义在逻辑上是独立、自洽和自足的，其叙事结构应该超越思想史而自由地设计。原创必然以最高概念和原理的闪现为契机，超越思想史而经历了一次思想翻转。原创文本的叙事要等待能够进行整体综合的最高概念或原理出现才能开始。因此，原创文本的叙事起点不是思想史的终点,而是新生概念或原理。对于原创,有意义的书写内容仅限于表达其创造性思想本身。就此而言,那些仅仅代表认识心理过程而相对最终原创理论没有逻辑构成意义的教育历程、探索道路等,就仅具有心理传记意义而不能进入原创理论文本。没有逻辑必要性地夹杂思想史内容,不但无助于对原创文本的理解,而且还会搅乱、掩盖、埋没原创思想的内在逻辑联系。

三 原创时机与原创操作

在语境依附教条的影响下,人们片面强调思想史修养在原创中的作用,失去客观看待原创形成结构的中正态度,忽视天才性的创造智慧对原创的影响和为原创注入的偶然性,从而把原创的希望寄托在思想史修养的机械积累上,消极地认为应该"耐心"等待拥有足够积累的那一时刻再来进行原创。

不错,提问的能力、思维的能力、理论构建的能力等这些相关于原创的思想品质,都可以在思想史中得到磨练。不可能有天造地设而只有零教育的原创人物。上述关于原创可能性和原创文本结构的论述绝不意味着否定思想史知识的学习和积累。但是,显见的事实和诸多历史经验证明,原创是在个体精神内发生的智力活动,受到思维品质的个性特征的重要影响,在思想史积累的哪一点上完成原创能力的塑造必然因人而异,并没有普遍标准。同时,极限地看,即使走到思想史的终点,也并不必然迎来照亮原创境域的光芒。历史上就有一些没有多少思想史积累而一举成名的伟大思想家,也有很多学富五车的人一无建树。因此,对于原创,思想史积累的终点无法先验判定。在康德哲学横空出世之前,并没有哪个"先知"作出思想史积累已经完成的预言。不错,有人可以举例说伽达默尔执教哲学讲台几十年才创立哲学解释学,但我也可以搬出对哲学史较少了解的胡塞尔、维特根斯坦。这里,实际上又附带向人们提出了一个值得反思的问题:原创所要求的积累是否就是"老先生"式积累?

这种难分高下的对立说明，讨论原创问题不能诉诸简单的个例归纳，而必须从深刻反思原创理论的构成结构出发。简单会酿成粗暴。无疑，学术积累的量化指标并不能自动转化为原创资格。我们要充分考虑到原创对积累和智慧的双重依赖性以及原创积累的特殊性，不能计划性地消极等待原创，而只能衷心盼望、热情鼓励和翘首迎候原创。其实，就原创的本性来说，原创的问题、方法和内容都是绝对不可能由不具有原创智慧的他人去代为设定的。对于原创思维，问题、方法、目标和内容四者之间存在认识张力，要求互相适应和满足。可以断言，在特定历史认识水平上，原创时机只能降生于具有特定知识积累水平的伟大智者发现问题并闪现解决思路的那一时刻。

原创把思维放置到一种独特的处境中，它斩断与历史思想在特殊内容上的直接牵连和纠缠，只剩下对世界的解释和改造这个普遍目标本身。对于原创思维，能够完成这一普遍目标的行为就是恰当的、合理的行为，所能做而且应当做的就是完全面向世界而把思维任务的特定要求现实地转化为思想手段，相应地处置对象域所提供的材料。这一特殊的认识任务有其相应的思维方式要求，此即原创思维的权力生成。

首先，"原创"决定，思维已脱去历史的滞碍。原创思维可以充分享受思想的自由和独立，仅仅面向世界而无须后顾前贤的脚印，免去在世界与文本之间穿梭奔波之役而自主地行使世界立法权。在原创认识中，传统语境的影响当然无形地自在存在，但它绝不能向原创思维提出刻意地去低身迎合它的非分要求。即使作为一种话语间的互相关切而过问历史思想，原创思维也不是在思想的根系处纠缠迁就历史旧说，而是在自身的构建过程中凭借自身的更高视野对之加以分辨限定。

问题来源于对关联形式的普遍把握，原创中发生的视域提升和翻转包含推出新问题的可能性。原创思维可以根据自己的崭新发现而设定新型问题。而且，新型问题再添全新解决，这是原创思维中的至大至高者。在原创条件下，思维不再需要顾虑自己的问题与历史上的问题的关联或同一。提问的断然转型可以为看穿世界带来方便和巧妙的观察角度。

对于有限理智，理论构建活动必然要有一个起点。而原创的本质决定，至少是那些最高级的原创，其思维起点不在历史思想中即不会以一个历史思想的起点为自己的起点。它有权而且必须重新设立理论的起点。

思维在原创下获得了相对思想史的解放，被授权自由地解释给定的对象域。这种解释也就是构造关于对象域的存在的统一理论。因此，原创思维有权独立建构自洽的思想体系，做思想王国中的开创者，为人间盗得最令人惊喜的知识火炬。

统一的思想体系必然由一个最高原理作为内核加以统率，只有在某一特定最高原理的光照下，给定对象域的复杂存在现象才能趋于有序，其间的关联才能澄明。因此，原创思维拥有超越地创立新概念的权力。如果剥夺新概念的制作权，那么原创思维就必然由于概念的贫困而使自己失去恰切的表达式，甚至因此而枯萎凋零。

方法具有自身的逻辑效应即给从中产出的思想赋予一定的认识品质，如普遍性与特殊性、必然性与偶然性等。同时，方法也具有支配思想展开的功能，它缔造思想秩序。按照理论的不同趣味（逻辑有效的与经验有效的、演绎的与归纳的、实践的与理论的）和内在结构，实现理论构造的方法相应有别。所以，原创思维有权独立选择甚至创造自己的思想方法，确定理论的独特叙事逻辑。

四　原创的思想约束

那么，在摆脱了外在的思想史牵制之后，原创认识是否会陷入恶性的主观任意状态？

与一切思维一样，原创思维的任务是认识某种对象域的存在，区别仅仅在于它超越特殊历史眼光的视域，抛弃了特殊关联关系的先见。换言之，存在仍然是原创思维的对象，构造存在或者说理解和解释存在这一原来的普遍思维形态，继续延伸到原创思维中。因此，存在本身的普遍法则仍将保持自身的同一而无形地发挥支配作用。

但是，在认识与对象这一话语框架内，对象的存在以其特殊性而区别于认识这一特殊主观存在。这种存在上的疏离使得认识关系出现逻辑困难,即存在本身的普遍法则无意识,而意识着的思维不在先占有存在,所以思维要利用存在的普遍规律却须先认识存在的普遍规律,而认识存在的普遍规律又须利用存在的普遍规律。这一循环性矛盾的实质为条件与结果的自我纠缠,即由条件产生结果,但条件本身又依赖结果才能成就。克服这一认识关系矛盾的出路在于,超越存在的特殊形相而追问存在的普遍意义。

认识的现实形态指点着解决问题的方向。

由于思维的直接现实是意识,对存在的把握以及存在对思维的作用都须通过意识这一中介进行,所以,如果意识的存在能够分享一般所谓存在的规定性,那么存在就以其在认识及其对象中的同一性而废除其对思维发挥作用所需的在先思维其本身这个条件。

存在的确认是一个思想事件。因此,无论是常识的存在意义还是哲学的超越性存在概念,都不能逃逸于思想之外,必然在思想中有其根源。即使是外在的实在观念也是思想的一个设定,有其思想起源。我们所谈论的存在,必然在思想中有其规定,思想不可能触及自身不能容有的东西。

思想在自身之内独立地拥有存在概念表明,它本身就具有着存在概念所指示的规定性。因为,其他一切观念均待存在概念确定存在性,而存在概念本身亦为一个观念,所以,存在概念只能来自普遍的纯粹思想本身。思想本身也必然拥有这种存在,因为具有封闭性的思想不可能提供其自身所没有的东西。思想只能把其自身的现实构成提升为存在概念。思想的自我意识结构为此奠基。思想的自身确认表明,它已经把存在概念运用于自身。既然纯粹存在属于意识,而意识作为一种存在也同时被这纯粹存在所断定而确立自己的存在身份,那么意识的存在本身就同一于这纯粹存在(概念)。意识正是意识到自身的这种存在形式而将之作为存在概念的。换言之,意识的存在与所谓事物的存在具有同一的存在概念所表达的普遍存在规定性。常识的存在概念以及与常识一致的传统的哲学存在概念——在思想之外而客观伫立——的重大失误在于，它作为存在概念却在其定义结构中决定性地带有片面化疏漏，即在断言存在时逻辑地把断言存在的观念这种存在排除于存在之外。因此，常识的存在概念使得存在残缺不全。

就意识被存在概念所确认，意识因分享存在概念而有自己的现实存在而言，存在是意识的先验条件。进而言之，普遍的存在规定性必然在以意识为形式的思维中自行发挥作用。因此，存在通过意识形式直接实现对思维的制约，意识之普遍存在形式即为可接受的存在之标准。原创思维必须同时自然遵守意识的从而也是事物的普遍存在原理。对于思维，意识的普遍存在形式也就表现为关于存在的可能性的规范即纯粹逻辑，与普遍存在相适应的绝对抽象性决定它是纯粹形式原理。显然，原创思维具有自己的更高法度，即认识论的普遍原理和一般逻辑规范。质言之，虽然与历史思想对接在逻辑上不再是原创思维的必然义务，但是它并没有逃脱"存在"对自己的实时的内在限制。

意识作为对存在的认识，指向特殊经验内容，旨在构造统一的存在原理，因此，原创思维必须最终推向经验界，表明它具有对经验的把握能力。

作为对存在的一种解释努力，原创思维必须具有相对其他理论更强的解释力，唯其如此，才有叛逆历史的合理性，否则即蜕变为无益的饶舌。因此，原创思维必须以下列形态存在：新增视域即开拓新的认识领域，扩展视域即具有更大的包含原有视域对象的理论解释力，简明便利即视域虽然与原有视域同一，但原理构造更简单，从而具有更大的社会认识效益。

五　善待原创

原创学术有时遭到那些深受重史传统的人的轻视、讥笑和抵制，被一概斥为肤浅无根，甚至是胡说八道。对于那些相信语境依附教条的人来说，权威性的圣言和祖训是立论的唯一根据，故而与原创话语不可对话，也无法对话，因为它没有文化语境作为沟通基点。其实，对于原创思维规范的分析已经表明，原创是一种具有逻辑自律性的认识活动，它的真理性完全可以内在地加以检验。因此，一切追求真理的人必须疏离权威而回归逻辑，面对原创思想不是急于简单地拒斥，而是耐心倾听它的逻辑诉说，给予它自我辩白的机会，跟随逻辑来决断它的命运。

原创思想在内容上背离了为社会所共享的历史思想语境，在认识的荒野上流浪。但是，原创思维具有内在普遍规范，不容任意妄为，所以它并不能滥用自由而形如脱缰地胡说八道，相反是在悉心倾听和忠实跟随普遍的存在本身，以更真诚的态度刻画着存在的必然性。原创思想的这种必然性灵魂使它具有可重历性，因而可以冲破其发生过程的偶然理智个性而向其他思维主体敞开。也就是说，原创思维的自由在必然性的点化下，没有使话语堕落为毫无客观含量而只说与自己的纯粹语句编造，而是在其中造就了可分享的语言意义，为话语注入普遍可理解性。因此，原创话语虽然相对一定社会历史阶段来说是在"自说自话"，但其话语是公共语言而非私人呓语。由此，在理论上，原创思想是可读的。但是，它的历史断裂性却必然给阅读带来更大困难，要求更高的智力条件和社会心理条件，经历更曲折的理解过程。所以，在遇到原创思想而感觉思想隔阂的时候，我们绝不能轻易斥之为胡言乱语，而是要在怀疑作者的同时也谦逊持己，做到认真倾听和推敲，善意地预留商榷空间。

原创文本由于缺乏历史思想的基本连续性以及思想社会没有对它的合理预期，因而具有横空出世景观。由此，它的降生所迎来的往往不是宠爱而是冷漠，甚至被看成不值问津的零价值的符号串。在历史的瞬间，经典与废品被装进一个纸袋，是时有发生的社会错误。古今中外，有多少伟大的思想家生前与盛名无缘？真理的判定需要一个历史过程。有鉴于此，一个努力追求思想和知识的文明社会，应该理性地有意甚至刻意关注陌生理论文本，保持某种对新思想的敏锐和宽容，积极地设想它们的价值可能性而慎行否定。我们绝不能被语境依附教条所鼓动而吹毛求疵地盯梢原创，相反，应该对它实行最弱的社会生存权标准，即只要没有被存在直接否证就暂时接受其存在合理性。

原创思想是向新异存在境域的跳跃，理解和跟随原创思想，也就是在努力保持认识的前卫地位。因此，一个学术群体对待原创思想的情绪和心态——热情或冷淡、欢迎或拒斥、尊敬或轻慢、追求或敌视——构成其认识进化的基因，预示着她的荣辱兴衰。

语境依附教条在有意识地压制和剥夺思想的原创权利，因为它本身也是一种学术观念，所以恰好构成一种大规模的学术自我虐待。只有破除语境依附教条，建立相对宽松的原创社会条件，基于对原创可能性的逻辑设置而明智地保护原创思维应有的权利，同时原创性思维充分而恰当地行使这些权力，一个民族的原创学术才能走上自然发展的轨道，进而作为具有原创智慧的民族而存在。

原创缔造了思想史的原点，也只有不断地原创才能坚持续写思想史，从而刺激民族的精神成就感和理论豪情。因此，必须消除一切形式的压抑，完整恢复中华民族思想原创的天赋权利，扭转理论消费大国状态而跻身理论生产大国行列，从而平等地加入世界文化交流体系。

第九节 升华学术性与现实性之间张力的哲学操作制度

对于哲学，应否"理论联系实际"已经不成问题。它不但被我们反复重申，而且着实被看成哲学的价值所在和哲学争得自己应有社会地位的根本途径。但是，怎样理论联系实际却成了一个严重问题。由于一直忽视制定实现这一哲学要求的方法和技术，所以使它沦为空洞的口号和美好的愿望。因此，必须深入追问"怎样理论联系实际"，寻找理论联系实际的某种普遍操作规则。

一 哲学的祈使结构及其现实边际

亚里士多德说哲学是赋闲好奇的果实。而哲学中充斥着脱离而非仅仅远离现实的哲学思考，它们热衷于没有存在约束的主观想象和逻辑游戏。哲学史上关于哲学的这种个别说法和某种在消极"哲学观"指导下的哲学做法，形成对哲学的社会形象的双重扭曲，即使得哲学被人们看成脱离现实而无用的象牙塔学问，同时，哲学又似乎具有脱离现实的权利。因此，为恢复哲学的实践形象，必须澄清哲学的本性，并以此为基础证明现实关怀是哲学的内在要求。简单地从对哲学的期望出发，比如哲学要改造世界，只能说明哲学应该切中现实，而不能必然地说明哲学能够切中现实和怎样切中现实，因为这取决于哲学的客观存在方式。

学术性与现实性之间对立的本质就是抽象普遍性与现实特殊性的对立，因而哲学的普遍性是解决理论联系实际难题的有效切入点。然而，人们并没有进一步深究哲学的普遍性。单就普遍性而言，并不具有揭示哲学知识的逻辑特征的能力，因为还有其他知识被标以"普遍性"，比如科学知识、某些人文知识。普遍性是一种复多存在的同一性，同时意味着存在的必然性。在逻辑上，普遍性内容要么对自身之外的特殊内容发生存在约束作用，要么不具有这种作用。因此，有两种类型的普遍性即逻辑普遍性和存在普遍性。所谓逻辑普遍性是指一种内容在其他诸多性质不同的特殊内容之上或之外而对它们具有普遍的制约和影响作用，比如概念对诸多特殊存在内容就具有这种逻辑普遍性。所谓存在普遍性是一种单纯时空范畴，是指诸多事物在不同时空存在中的同一性。逻辑普遍性内容是在自身的同一与被作用对象的变异中显现出普遍性，而存在普遍性内容是在时空分布的同一性重现中显现出普遍性。在逻辑普遍性中，普遍内容具有抽象性，作为普遍内容之管辖对象的特殊内容在性质上可以是不定的和变动的，并没有同一要求，比如"实体"这一概念所对应的具体特殊内容是多种多样的；而在存在普遍性中，普遍性内容本身就是具体的特殊存在内容，其普遍性以时空存在中的同一为条件，即这种普遍性仅仅是说，只要满足与所规定的特殊存在相同一这一条件，所设立的关系就是成立的。比如，自然科学定律总是具体指示和规定了所适用的存在物，其普遍性表现为适用于不同时空中的所有具有同一规定性的不同事物。也就是说，逻辑普遍性没有存在具体性，而存在普遍性直接包含具体存在内容并作为普遍性之载体，或者说，逻辑普遍性设置在特殊现实之外，而存在普遍性直接设置在具体现实之中。具有逻辑普遍性的内容对其所辖特殊内容的作用在于指出它们之间的存在关联应该满足自己的规定性，因而仅仅具有形式意义，并不能直接给定特殊内容之间的存在关系，因为特殊内容之间的存在关系必然受到它们之间内容特殊性的影响而有待具体确定。而在存在普遍性之中的可能对象，其存在关系却是直接套用定理而必然确定的。总之，逻辑普遍性的作用对象是变动的差异内容，而存在普遍性的作用对象却是具有同一质性的不同个别存在物。

在这两种不同的普遍性之中，哲学分有哪种普遍性？就人们对于哲学的期望而言，它只能属于逻辑普遍性。因为，哲学要寻求差异中的统一，要追问超越于特殊差异内容（现象）之上的同一性，要确定事物存在的一般形式或条件。对哲学的这些要求，显然不属于存在普遍性范畴，而只能归属于逻辑普遍性。

逻辑普遍性给哲学的理论结构带来重大影响。首先，由于逻辑普遍性内容正是在相对诸多可能的特殊差异内容条件下而成就自身的，并在指向它们和作用于它们的功能中取得存在意义，没有了现实的特殊内容也就失去了自身的支撑，所以哲学离不开现实存在内容。但是，这种现实存在内容只能处于哲学理论的外缘或者说边缘而不能融入哲学理论之中，因为否则就会失去逻辑普遍性而演变为存在普遍性。这造成哲学理论与现实之间的二相分离和粘连状态，现实存在内容围绕哲学理论构成其边缘。其次，在这种二相一体结构中，哲学理论对现实存在内容采取"超距作用"形式，即按照其逻辑普遍性所具有的对可能差异内容的限制和支配关系，将自身作为抽象的普遍规定性或者说形式加于现实存在内容，从而针对作用对象作出"应然"判断。但是，这仅仅是提出了一个认识任务，而不是完成了一个认识任务，并不能给出具体结论。因为以特定现实存在内容去满足给定形式，必须考虑特殊内容之间的特殊关联要求并创造性地具体设计和完成。而这一任务按其性质已经落入实践智慧或实证科学思维形式，并不属于哲学范围。也就是说，哲学仅仅向现实世界设置一种有待完成的理想或形式，展示进行某种存在关联的可能，通过规定事物之所是而规范事物的发展方向和存在使命。综合言之，哲学面对现实而站在现实之外（上），向现实发出有待继续进行认识和实践的任务。

哲学的现实边际如何构成？逻辑普遍性具有对差异对象的包容结构，它内在地要求扩张自己的对象区域，在极限上即为囊括所有可能的事物。这也正是哲学一向具有某种形而上学大全冲动的原因。但是，任何作为逻辑普遍性具体实现载体的概念都具有特定规定性，同时也相应地具有特定的对象涵括能力。因此，哲学只能作为有限哲学而拥有有限的现实边际。这是一个来自哲学结构的内在限制，因而尽管可以一再扩展，但永远不可能一劳永逸地获得万能哲学——带有包容一切可能对象的开放性现实边际。哲学只能以给定的现实边际为自己的作用对象，并随时准备适应新的现实存在现象的涌现而调整自己。

在逻辑普遍性的内在扩张力量作用下，哲学开放性地和无条件地把一切可能的事物抽象地拟设为自己应该努力说明的对象，因而它的"现实边际"要求包括各种各样的事物和问题。由于普遍内容与其作用对象之间具有存在上的互相制约和选择关系，所以现实边际的变化可能或必然引起哲学的变革要求。而逻辑普遍性不断推动哲学吸收新的对象。因此，哲学理论的有效性是非常脆弱的，经常面临调整或革命的任务。其直接结果是给哲学带来活跃的历史性，即不断发生哲学理论的淘汰和埋藏事件。

哲学要扩展自己的普遍性即扩大自己的现实边际，就必须充分发展概念关联体系，使更多的现实存在内容进入"现实边际"，成为那些直接与现实边际相邻的概念的有效作用对象。哲学按其逻辑本性即被禁止直接处理具体现实内容，从事个别性的思维操作。相反，它注定要以建构具有逻辑普遍性的概念为使命，其理想是达到对所有现实存在内容的抽象规定。每一概念都有自己特定的有效对象范围，因此只有在概念的增置过程中，才能不断地把那些游离于哲学视野之外的现实存在内容纳入哲学掌握之中。另一方面，逻辑普遍性按其一对多形式，不能容许概念之间分离，而必然要求它们之间的统一关联，即把分离的诸概念重新设立为概念关联的对象。因此，哲学的任务就在于建构关于逻辑普遍性内容的统一关系，努力建立相对给定现实边际的完备概念体系。这种思维由于以具有逻辑普遍性的内容为对象，不涉及具体经验内容，所以可以自由而必然地考虑它们之间的关联，并根据普遍性序位而设置它们之间的存在限制。因为，每一种普遍规定性都是自身确定的，而普遍性决定它们之间必然发生某种存在关联关系，因而互相之间必须能够接受对方限制而相容共存。这种制约关系以存在的相容性和可能性为根据，从而在本质上是一种逻辑思维。

　　哲学在本质上是关于存在的学问。但是，由于哲学思维游离于其所指对象之上进行概念创造活动，而在概念与特殊现实内容之间具有相互选择和制约关系，并不能任意建立二者之间的有效存在关联。所以哲学在现实之上的自由构造活动有脱离实际的危险。当所建构的概念没有现实对应物时，这种哲学思维就是无意义的，是纯粹的智力游戏。因此，必须对哲学的理论自由施加现实约束，即检视每一概念是否具有自己的所指对象。凡是那些没有存在现实性内容作为自己对象的概念，都是无意义的思辨。严格地说，停留在历史上曾经存在而当下已经消逝的所谓"现实"之上也是无意义的。在逻辑上，过度的形上思辨会造成哲学脱离实际，不问历史变化而针对已经成为过去的某种历史存在进行哲学思考，也会造成哲学脱离实际。就此而言，那种"接着说"或"照着说"的学术传统最容易陷入脱离实际的陷阱。"接着说"不仅有原创理论所包含的过度形而上学危险，而且更有对着已经逝去的历史现实而痴语的危险。"照着说"不仅根本缺乏理论探索功能，而且具有与"接着说"同样的忽视话语对象现实性的危险。毋庸讳言，在我国的学术传统中，"接着说"乃至"照着说"被奉为法统，因而相对现实的历史变动性，

内在地包含巨大的理论脱离实际的危险。哲学一旦脱离实际，就变成了纯粹的智力游戏，除了残存一些磨练哲学思维或传承思想历史这种教育意义外，哲学的实践意义已荡然无存。哲学的社会遗憾由此而生。

在批评理论脱离实际的同时，也要反对和纠正对哲学实践功能的错误理解。第一，哲学有着与世界现象同样广泛的问题，换言之，需要哲学指导和解决的"现实"是多种多样的，因此那种简单地用物化效果来衡量哲学的实践意义的做法是极端狭隘的。就哲学思维的形态仅仅具有启示某种理想或存在图式而不能直接给定存在结论而言，哲学恰恰不能直接显示自身的物化力量来证明自己的现实意义，而只能通过阐释一种存在可能性来间接发挥影响现实的效力。问题是多样的，有物质性的，有精神性的；有理论的，有实践的；有大问题，有小问题；等等。只要是存在着的问题，就可以支撑哲学的现实意义，就可以予以哲学关注并应该受到尊重和支持。在哲学评论中，我们存在过于实用主义的倾向，缺乏全面的认识兴趣和纯粹的理论兴趣，排斥与日用生活没有直接关系的活动。比如我们嘲笑对"马尾巴的功能"的宣讲，但要换成"马腿的功能"大概就会被接受，因为马腿与人的生活有比马尾巴更密切的关系。第二，哲学按其理论结构具有自己独特的对现实的作用方式，它不能像科学那样直接操作现实存在内容而确定地给出现成的改造和控制世界的结论，但是它却创造性地提出了这样的任务。每一种科学都必然隐含一种哲学前提或背景。因此，那种用科学的实践功能形式衡量和贬低哲学现实意义的做法是一种认识上模糊和实践上短见的结果。第三，哲学的普遍性是有限的，因而不能一讲"普遍"就抬扛式地要求它包揽一切"实际"；哲学的现实性是带有距离的某种指向结构，因而不能一讲"实际"就要求"落到实处"。要求哲学成为大全世界的解释者是超出其能力的不当请求，这虽然符合哲学的努力方向，但会拖垮仅具有有限思维能力的哲学；而要求哲学越过其现实边际直接解决具体的存在内容间的关联关系，却是直接违背哲学本质的错误想法，它虽然表面上在强化哲学对现实存在的作用，但是却使哲学陷入另一种类型的思维而自身非哲学化。哲学必须站在抽象理论的此岸而遥相指点彼岸现实存在的发展方向。第四，哲学是一种概念体系，只有得到充分发展并相对解释对象具有丰富和完备构成环节的哲学，才能最有力地显示出哲学的现实指导力量。因此，不能急躁地要求哲学简单地一步达到和显现其现实作用，而必须保持耐心，容许乃至容忍哲学的理论迂回，绝不能轻率而急躁地宣布一种哲学思考脱离实际。哲学理论有其内在的客观发育过程，急性子不配分享哲学的甘果。从某种意义上说，宽容抽象甚至晦涩是一个民族具有博大理论胸怀和坚强探索意志的象征，也只有这样的民族才能攀登并最终达到哲学理论的高峰。

理论联系实际观念的简单、浮浅和模糊，导致对哲学的种种误解，进而向哲学提出足以扭曲哲学理论品格的要求。由于把"实际"理解为哲学的直接现实效果，所以逼迫哲学从事具体事物研究，哲学的抽象思维遭到贬斥；由于把"实际"庸俗地理解为生活日用，哲学被要求大众化，大众哲学成为哲学思维的楷模，贴近常人思维习惯的那种通俗、平浅成为哲学叙事的标准。这些不当的哲学理解形成对哲学主题和话语方式的双重限制，使哲学丧失研究自由和学术自律，造成哲学不能自主地提出和解决问题，而只能接受外行提出的问题，从而严重制约着哲学的发展。

二 解放哲学：恢复和维护哲学的学术化权利

如果哲学是一个独立的学科，那么它就必然有自己的思维方式，并且只有在实践和维护这种思维方式的过程中才能成就自身和发展自身。人们往往用研究对象来界定一个学科，但如果这种研究对象的性质并不支持特定的研究方法，那么它绝不会生成一个学科。一个学科总是意味着特殊的方法论，具有自己关于材料操作和处理、知识获得程式、认识的真理性标准的普遍理念。其实，对于学科，本质的东西是这种特定的普遍方法，正是它定义出所谓的"研究"。方法论构成为一种研究奠基的"前理解"。方法与对象是一对在某种认识过程中互相生成的范畴，对于对象的普遍存在方式的把握促使形成一种认识方法，而在研究过程中，特定的方法把那些适应自己的事物接受为合法的研究对象。哲学"程式"的基础就是对事物所包含的具有逻辑普遍性内容的预断，即对本质存在方式和本质秩序的预断。就此而言，后现代主义否认"逻各斯"和"本质"，也就最彻底地解构了哲学。不过，他们并没有拿出有必然性的论据来系统地论证自己的观点，因而不构成对哲学的有效真正威胁。正是在对逻辑普遍性的追求中，哲学确定自己的对象，同时也启示出哲学的知识结构及其认识方法的逻辑本性。哲学方法决定了哲学能够研究什么和能够获得什么，从而规定了哲学的范围和目标，使其显现为一个确定的学科。

"科学"的最一般意义在于认识的严格性、有效性和准确性，最终表现于认识目的的实现。它对立于主观任意而模糊无据的认识活动。一种认识是否是科学，并无绝对的衡量标准，而是由这种认识的过程与其所属学科所规定的方法之间的一致性决定的。科学性的认识也就是保证达到认识目的的认识，而认识目的决定认识的方法。其关系为，认识目的的逻辑特性与认识方法的逻辑特性必须同构，后者适应并保证前者的实现。知识的形式和结构决定了认识的方向和过程，后者必须满足前者的要求，保持与前者的逻辑性质的同一。比如要获得普遍概念，就必须使用能够产生和确定普遍性的方法，因为观念的普遍性并不能在自身内容中直接显现和确证，而必须在其产生过程中被赋予。遵从特定方法就能够确保认识相对认识目的而具有严格性、有效性和准确性。因此遵从方法的认识就是具有科学性的认识。方法戒除独断和幻想，使认识主体接受存在对象和认识标准的制约。就此而言，哲学要成为科学，也就是要遵从自己的特定方法。方法不仅决定认识的逻辑有效性，而且决定所得到的知识是否属于所追求的那种类型，因为只有方法才能真正赋予所得知识以所要求的互相关联关系，从而使它们整体显现出某种形式和功能。

遵从预定的方法展开规范性的认识活动，这就是区别于日常认识活动的学术研究。学术的本质就在于其认识过程的特殊方法。学术性意味着在思维方式上超越和区别于生活闲谈的自由放任，按照特定的规则和规范展开迥异于流俗思维方式的认识活动。这不可避免地导致在认识上的自身专业化和与大众的疏离。学术化是每一种研究所必需的，因为只有在学术化即遵守特殊方法中才能达到认识目的，建构起关于认识对象的特定知识。塑造学术的方法不仅成就所追求知识的结构和形式，而且具有积极地逼迫思维接触未知，从而推动知识建构的功能。学术性是任何一种研究所必须具备的，学术性的质量决定研究的质量和前途。学术性是研究效率的保证，高度的学术性直接决定一种研究的知识开发力量。

学术性的代价是失去理解者的广泛性而被限制在专业圈子内。但是这并不构成对学术性研究的否定。因为，研究的目的在于揭示真理，它的意义并不随理解者的多寡而变化。大众可以不理解真理，但仍然可以分享真理所带来的福祉。因此，哲学要关心社会和人生，但不意味着必须放弃学术思维方式而贴近、迁就大众的思维习惯。理论联系实际既不意味着非得关注日常经验，也不意味着一定要被大众所能理解。真理的收获量是衡量学术价值的唯一尺度。指责一种研究过分学术化而脱离大众是毫无道理的。学术化不意味着必然脱离实际，而关注现实也并不意味着反对学术化。另外，思维大众化不等于联系实际，而联系实际也不就是要求大众化。联系实际是理论研究对象的问题，而大众化是一个认识过程的思维方式问题，两者分属不同范畴。学术性是一切研究包括哲学研究的生命，是认识力量的源泉。哲学只能在学术化中获得自己存在的深度、希望甚至可能性。

哲学具有自己独特的认识形式和知识结构，因而要求相应的思维方法。离开专业化的方法，哲学就不能获得真正的哲学认识，即使可以偶然提出一个真正的哲学所能提出的概念和原理，但也因缺乏哲学知识所要求的逻辑品性而表现为某种独断，缺乏哲学的确定性、科学性和形式有效性，从而并非哲学。是否哲学并不仅仅取决于是否制造了哲学模样的论断，而更在于是否合乎哲学方法地去思维。因此，方法是哲学存在和发展的关键要素。就特定方法意味着思想形式的学术化而言，哲学必须坚持自己的学术性，缺乏学术性也就毫无哲学可言，更遑论哲学思维的深刻和效率。那种违背或无视哲学的学术化要求而要求哲学大众化的做法，势必葬送哲学。压抑学术化也就是禁锢甚至取消哲学思维。当然，大众哲学或许是某种哲学问题的适当研究形式，但绝不能不加分析地把它们普遍化，使它成为哲学的唯一合法模式。可以断言，哲学大众化口号所造成的泛大众化倾向，已经对过去哲学的发展造成某种损害，而且由于它得到了中国哲学传统的经验性和大众性这种学术经验的支持，还在无形地束缚着中国哲学的正常发展。因此，恢复哲学的学术化权利是中国哲学研究的当务之急。只有强劲的学术性意识和能力才能解放中国人的哲学智慧。

三 哲学思维的制度性环节：现实问题的哲学还原、分析式前提批判、综合式前提批判

通过对哲学逻辑结构的分析，我们把概念和经验在思维中分离开来，使得哲学思维的领域被定义在概念区域，即哲学的任务是建构概念关联系统，它对经验世界的有效性表现为特殊经验内容对它的归属，从而显示出自己相对特殊经验内容之存在关联的普遍条件地位，在现实功能上则仅仅一般地向特殊经验内容提出特定形式的存在关联任务，而把具体的存在关联关系的构造留给另一种有待完成的具体的特殊性思维。因此，哲学不必也不能直接以现实存在内容为材料，只要在自己的概念思维中不丢失可能的作用对象，它就具有现实性。哲学按其本质只能把自己的经验效用限制在这一水平或形态上。在存在形式上，哲学是携带特殊现实边际的概念体系，这一概念体系具有逻辑统一性，最终归属于一个最高概念，其作用方向为从最高概念推向特定现实。哲学理论成功的标志就是生成对它所预先指向的特定现实内容的逻辑切中能力。

哲学夹持在经验与概念之间。假如哲学理论的存在结构不能合理安置现实存在与抽象概念从而使它们相容共存，那么在直观上哲学的存在

可能性就将被经验特殊性和概念的抽象普遍性之间的逻辑矛盾所瓦解，因为就任何直接的思维现实而言，都无法同时满足或兼顾这两种要求。

由于作为哲学理论的概念和作为现实存在的经验内容都有自己的特定关联要求，并不是可以在任意概念与经验内容之间建立起有效作用关系，所以哲学理论与现实之间要求某种协同性的契合和适应。但是，这种关系不能依据任何一方而必然获得。一方面，哲学理论的逻辑普遍性排斥直接从现实内容出发的任何理论建构，因为从特殊内容出发的思维不可能褪掉其特殊性，而被经常采用的归纳方法本身在逻辑上根本不能达到逻辑上的普遍必然性。保证哲学逻辑普遍性的唯一方法，是从普遍概念出发去切中预定的现实。因此，哲学思维必须暂时离开现实而相向于现实。然而在失去与现实的直接联系方法之后，盲目地独断一个概念绝不能提供最终切中现实的保证。但是，从哲学的逻辑普遍性考虑，哲学建构的合理方式只能是从普遍概念出发的逐次概念推演。因而问题的焦点是如何确定作为出发点的概念以确保其理论发展的现实有效性。对于人类理性来说，只有在与现实的某种方式的联系中寻找和确定这一普遍概念，才是保证选择合理性和有效性的唯一方法。

一切认识活动都起于问题，正是现实存在现象和问题引起哲学思考和追问。但是，特殊的现实存在问题在形式上就不符合哲学的逻辑本性，因而哲学不能直接接受一个现实问题作为自己的问题。按其思维方式和功能，哲学无力解决一个个别存在的构成问题，否则便闯入非哲学领地。面对个别的现实问题，哲学必须按照自己的存在形式提炼或设置其中的普遍性问题，追问现实问题的逻辑构成条件，比如在太阳晒石头而变热这一问题中，不是要直接实测其中的因果关联，而是要追问这种关联的认识可能性即因果观念。经过哲学加工而从现实存在中升华出的普遍性问题才是哲学问题。这构成对现实问题的哲学还原。

在得到一个哲学问题之后，问题就转变为寻找能够切中这一哲学问题的普遍概念。存在关联为这种认识过程提供必要的线索，即对哲学问题所指涉的事物的自然存在根据的溯求，能够辅助确定包含所寻找普遍概念的那一事物。因为，经验关联作为事物的直接现实关联，是通过事物的实质构成内容实现的，因而是事物内在存在关联的现象和结果。而哲学理论所具有的从普遍概念开始走向现实的概念推演结构，按照普遍性内容相对具体事物的根据地位，在本质上就是在追求事物的内在根据及其序列。所以在哲学建构与经验关联之间具有某种关系，在被经验关联所包含的事物中包含着哲学建构所追求的内在关联内容，并提示着哲学认识的恰当路线。经验关联所显示的存在根据的自然秩序——因果性的和类属性的——指点着哲学建构所追求的内在普遍关联关系的线索。

但在经验关联中，存在物抽象地以整体形态参与对存在关联的表现（共时的与历时的），因此使得经验关联具有粗糙性和外在性，不能具体显示其中何种构成内容真实地参与存在关联。而且，经验关联作为存在关联具有存在方式上的并列性和混杂性。因此，必须对经验关联关系中的事物作出关于其根据地位的确认，才能使之对哲学思维具有积极价值。而适应哲学思维的普遍提升要求，其认识过程应该从给定的问题对象出发，追索其存在根据。以存在论观点看，这就是在经验领域进行一种前提批判，而在认识论眼光中，这是对一事物的存在条件作逻辑批判。

绘制存在关联的谱系草图是逻辑批判的功能。它实质上在进行对经验存在秩序的理性观察，因为这种逻辑思维满足于对存在关联事实的外在确定，仅仅抽象地或者说空洞地断言两个事物间"有"存在依存关系，而不进行内在关联形式的揭示，并不创设关于存在依存关系的具体规定性即"怎有"。质言之，在逻辑批判中所得到的仅仅是在"前提"范畴下的存在根据的外在表现。

按照"根据"的"特殊存在物间的依赖"这一本质，根据追问是无限开放的。因为，特殊存在物的特殊性本身决定它带有关联性——在相互关联中显现和存在，缺乏超越关联追问的逻辑特征，从而所获得的"根据"地位都是暂时的、相对的。但是，逻辑批判的这种逻辑无限性受到了哲学建构目的的外在制约，为其提供可以终止追问的形式条件。哲学建构的普遍性跃升所要达到的高度，是由之开始构造关于给定问题内容的内在存在解释，描述它的全部普遍规定性。因此，按照外在存在关联物对应和包含内在存在关联内容这一原理，一个可以包含或者说发展出给定问题内容全部普遍规定性的存在物，就已经满足哲学建构的要求，可以作为哲学建构的入手对象。而这一存在物在逻辑上就是给定问题内容的充要条件。充要条件的唯一性和对问题内容存在的必然致成性，保证对给定问题内容之全部内在普遍规定性的认识完备性，即可以作为诱发对给定问题内容之全部普遍规定性的认识起点。这要求，逻辑批判不能停留在对作为前提的必要条件形态上，而必须不断推进必要条件的追问直至到达充要条件的把握。因为必要条件对于给定问题内容的存在还不是完备的。另一方面，面对诸多充分条件也必须进一步追踪单一的充分条件，使逻辑批判达到充要条件水平。并列的充分条件必然可以归属于一个更高的作为充要前提的存在物。因为，以作为"一果"的给定问题内容为中介，"多因"在逻辑上发生存在关联，这种关联所见证的存在相容，必然体现为对更高根据的共属。也就是说，充分条件也必须被推进以达到充分必要条件。

由哲学问题所指物到发现求索最高普遍概念的承载物这一过程，是从给定特殊内容溯求其存在根据的过程，因而属于分析性认识（后退式），而其功能为前提批判，故整个认识呈现为分析式前提批判。分析式前提批判帮助实现哲学认识的跳跃，保证理性地而非盲目地确定哲学理论建构的原点对象，把哲学思维推举而放置到适当高度，为抽象的概念思维切中现实打下基础。

从中析取哲学最高概念的对象被确定之后，哲学建构工作才真正开始，即由此开始的思维才构成哲学解决问题的直接内容。按照哲学理论的逻辑普遍性，哲学理论的结构决定了哲学建构的方式。哲学要建构关于研究对象的互相关联的概念体系从而获得关于具体存在的具有逻辑普遍性的认识。而且，这种逻辑普遍性指向现实对象的存在。存在是具体、充实和完整的。因此，作为存在致成条件的普遍概念必须充分和完备，有所欠缺的概念体系就不能显现出对现实的有效性。完备的概念体系必须通过综合方法来建构，即必须从可能的知识体系的最高概念开始，采取综合方法（前进式）展开。因为，只有综合方法才能保证哲学认识的完备性和最终有效性。在综合方法中，可能的根据都在先展露，每一认识环节在逻辑上以完备的根据为推进条件，因而其结论是准确的和确定的。相反，如果采用分析方法即由特殊到普遍地认识给定对象的根据，则在逻辑上陷入片面性，因为可能的根据尚付阙如，每一认识环节都缺乏自己所当拥有的完备根据，即在根据不充分条件下进行断言，必然遗漏必须涉及的内容，无法揭示事物本然具有的全面联系。严格有效的哲学建构必须是综合式的普遍本质的递次揭示。其他方法尽管可以是哲学的即相关于哲学认识目的，但只能是哲学的预备性探索，最终都必须回归到以综合方法进行哲学建构这一正题上来。哲学建构的综合方法是对事物存在前提的有序揭示，构成一种前提批判。从关于对象的最普遍本质开始，然后展开指向现实问题的综合式概念推演，直至达到哲学理论相对现实问题的充分发展。这一过程构成哲学理论建构的正题，是一种综合式前提批判。

分析式前提批判与综合式前提批判绝不是活动在相同认识内容范围中而仅仅方向相反的两种具有"逆运算"关系的思维，而是各自具有不同的思维内容，承担着决然不同的任务。分析式前提批判以事物间的外在存在关联为对象，因果关系是其考察内容，目标是特定存在对象的最高根据物的确定。而综合式前提批判以事物的内在构成结构为对象，逻辑制约和衍生关系是其考察内容，目标是深入描绘事物之完备的普遍构成形式或规律。这是两条完全不同的思维路线。就哲学理论建构来说，现实问题的哲学还原、分析式前提批判都仅仅是展开作为直接承担哲学建构任务的综合式前提批判的辅助工作，不是哲学理论叙事的正题，因而在哲学文本中完全可以节略而仅仅作为"隐文本"存在于哲学家的个体思维中。

现实问题的哲学还原、分析式前提批判和综合式前提批判是保证哲学实现理论联系实际或学术性与现实性相统一的哲学操作制度。其中，现实问题的哲学还原保证问题的哲学合法性，使哲学面对和解决一个哲学性的问题。分析式前提批判则保证哲学分析的入手点能够最终切中现实问题，解决哲学究竟应该离具体现实多远即超越具体现实多少环节的问题。人们常说哲学要超越具体现实，但对怎样超越、超越多少、超越规则这些关键的操作性问题却没有认真分析和把握，因而使这个哲学认识要求变成一句空话。综合式前提批判是哲学理论的正式建构活动，它直接以学术化形式显现哲学思维，并最终切中现实而显示出自己的现实力量。经过这样三个环节而建构的哲学理论，必然能够克服并升华学术性与现实性之间的紧张关系，并使哲学显现为正是被这种紧张关系所激发而产生和存在。就此，学术性与现实性之间的表面矛盾融化于这种哲学研究程式中，因而哲学的理论翅膀可以从中尽情放飞，在醇厚的哲学品位中喷发自己的现实作为力量。可以断言，学术性与现实性的共生级别即学术含量和现实广度，正是评价一种哲学之理论建造质量的尺度。

第十节 有效哲学问题的生成：从生活提问到逻辑提问

一 问题观念的内在逻辑结构

根据破解美诺悖论的结果，问题意识由一个普遍概念或原理和所指向的对象构成。而这种普遍概念构成对所论及的事物的存在的普遍根据的论断。因此，关于事物前提的认识是形成问题的基础，也可以说成功的前提批判是具体问题的致成要素。在问题意识包含前提批判的具体结果并使之内在地处于普遍规定性这一前提地位而与设问对象形成普遍—特殊分化的意义上，问题具有内在批判结构。在其中，可以把具有设立问题功能的普遍概念称为提问概念，而把有待发现其存在关联关系的分离内容称为认识对象或问题内容。如果把这里的"提问概念"理解为一种知识背景和预设前提，那么它在理论上就证明了这一观察性论断："在提出问题的语境中,存在着某种所接受的背景理论和实际信息的集合 K。……正是这一背景决定着问题是否会被提出来。"① 一定的前提批判的水平决定问题视域的层次和广度。在逻辑上,问题的内在批判结构具有向普遍侧和特殊侧开放发展的要求,因而问题必然有其经验基底和最高原理。这并不导致"第一提问"的逻辑困难,因为最高原理在思想领域中也就是意识的综合原理,而意识的综合原理作为意识存在的规律是随意识存在而给定的。

提问是一个认识沿普遍性到(相对)特殊性的下降过程。这一过程的本质是不断根据作为存在前提的普遍概念(命题)设置相对特殊的问题,而其答案又可以作为普遍概念设置相对自己为特殊的问题,如此连续地向直接经验层面推进。在其直接认识效果上,这是在不断地揭示和构造一个经验对象的前提,执行前提批判职能。而在认识形态上则可以说是在进行先验批判——普遍概念构成特殊经验的可能条件。先验建构被连续的提问所具体设置,而提问本身正是在成功的先验认识基础上不断按环节开显的。提问与先验批判合一。提问由此而是有方向的即按先验批判要求的指引来进行,而先验批判是一个过程并且由特定的具体内容加以实现。

由问题意识的构成可以断言,就其中的概念形成相对问题内容的超越而言,提问需要智慧,只有智慧地在先拥有了某种概念,才会在思维中绽放出相关的特定问题。同时,问题也抽象地预示了问题内容间的存在关联的可能性,为继而开展的认识奠定了理性决断基础,因而本身就具有重要的认识启迪功能。许茨的那个以对存在内容的不确定预期为核心的"开放的可能性"②概念,也许就是对这种认识功能的某种有价值的描述。

---

① [美] B. C. 范·弗拉森:《科学的形象》,郑祥福译,上海译文出版社 2002 年版,第 183 页。

② [美] 阿尔弗雷德·许茨:《社会实在问题》,霍桂桓、索昕译,华夏出版社 2001 年版,第 125 页。

按照问题的内在批判结构所具有的普遍与特殊两种关联向度，提问的可能空间被限定在普遍层面和特殊层面上，既可以追问特殊内容的普遍根据，也可以寻求问题内容间的直接特殊存在关系。前者构成对经验事物的理解和解释，是理论的；而后者在创造一种经验存在，是实践的或对策的。在提问的批判结构序列中，最初级的与经验相邻的第一个提问环节即为对策性的提问，它在解答过程中始终只有一个支配提问的普遍前提，即同质提问的重复。经验化思维的要害就在于用同一个概念针对不同经验材料作重复式设问，因而总是滑动在经验层面上。

二 问题的价值判断逻辑：多元与模糊

从问题观念的内在批判结构可以看出，问题的抽象任务就是追求存在关联，按照关联即为存在的本质方式原理，这也就是在追求存在本身。因此，存在是问题的目的。而人及其生活正是存在的一部分，处于与世界的无法摆脱的联系之中，所以在纯粹形式意义上，任何问题都必然与人发生直接或间接、这样或那样的关联，从而触发人们的价值判断。换言之，对于人来说，问题观念必然伴随价值意识。

由于问题具有双重存在意义，既一般地牵连抽象的存在，也特殊地牵连人的具体存在，所以问题的价值构成自然地表现出二元结构，即先验价值和现实价值。在问题的一般存在意义维度上，问题作为对存在的普遍追求具有绝对价值，即无条件地赋有价值。而且，这种价值享有平等的地位，因为对于普遍的存在而言，任何存在都是其构成要素。在形而上学意义上，存在不容残缺，在整体性的存在中，没有存在意义的等级分化。问题的这种绝对价值在逻辑上超越一切问题内容的特殊性而必然地与问题的先天存在意义一同显现，因而可以先验判定，可称之为问题的先验价值。按照问题的先验价值眼光，凡问题均有价值，并且享有同一的价值。

问题还有其内容特殊性的方面，同时，与此相联系，也必然发生与人的特殊存在的特定联系，表现出问题解决的特殊预期效果。由此，必

然形成问题的某种相对价值，即根据问题内容与人的存在的联系地位而产生特殊的价值判断。问题的相对价值带有逻辑上的差异性，不同的问题会享有不同的价值地位，并且只有被放置到现实存在层面上才能加以判定，因此，可以称之为问题的现实价值。现实价值只有在某种具体的解答中才能显现其具体价值，而在此之前，它处于不确定的状态。面对一个问题，就其现实价值所能知的仅仅是根据问题内容与人的存在的相关性而作的抽象价值判断。由于问题的解决会创造新知并最终确定现实价值，所以仅仅根据故知所作的这种抽象价值判断带有主观性，是一种概然估价。

现实价值的不可预断性巩固了问题的先验价值在纯粹的问题形态上所拥有的存在权利，即必须承认一切问题的提起合法性，绝不能轻易消灭一个问题。反过来，问题的先验价值观念推动积极地探索和落实问题的现实价值。

根据问题观念的内在批判结构，问题总是缘生于某种给定情境或境况，但是给定情境并不足以决定问题的本质内容，而是有待"提问概念"的加入才能共同生成一个特定问题。而提问概念具有自由设置性，是一定理智活动主动选择和添加的。因此，针对特定情境具体提出一个什么问题并不是客观唯一的，而是在逻辑上有多种可能性。同时，根据问题的内在批判结构，同一提问概念也可以向不同情境施加作用而产生不同的问题。因为每一种问题都平等地拥有自己的先验价值，所以问题可以向社会要求它的多元存在权利。在问题这一界域内，理性不能独断问题的价值有无和不同问题间的价值优劣。面对诸多问题，理性只能选择自己的解决序列，而不能漠视甚至取消某一问题。

问题还有其现实价值，而这种现实价值决定于问题的已知内容显现的与人的存在的相关性。由于人的存在内容是复杂和多元的，所以同一问题会显现出不同的现实价值。反过来，以人的存在为基准，也会有不同的具有现实价值的问题。总之，问题在其现实价值维度上显现多元性。而那些多元的价值表现只有在问题的解答中才能具体显现，并不能先验地判定其大小。问题的现实价值的这种模糊性与问题的先验价值的先天抽象性一起，共同决定问题价值的模糊性。问题价值的模糊性也同样禁止盲目地取消一个问题。

必须区别提问的正确性和问题的价值这两个不同的概念。问题的价值是问题所显现的对存在的贡献。而提问的正确性是指问题的内在结构的合理性。按照问题观念的内在批判结构，问题的本质具有二元决定性，即由提问概念和诸多给定内容构成。在逻辑上，提问概念的规定性与给定内容的特殊性之间应该具有存在相关性和相容性，否则就不能发生提问关系。使用一个不能与给定内容相容或不具有对给定内容规定权利的概念来提出问题，就是一个错误的问题。反之，则是一个正确的问题。问题的价值是多元模糊而不能依之作取舍断定的，但问题的正确性却是可确定地分析论断的。

提问按其本质就是一种精神探险活动，因为紧随提问而展开的认识活动并没有在提问本身中获得价值实现的保证，能否获得解答以及获得怎样的解答都不可断定。因此，提问的自由健康存在和发展需要某种文化倾向上的支持。中国文化具有浓厚的实用偏向而缺乏形而上学关怀，表现在问题观念上就是，没有问题的先验价值意识，仅仅看重问题的现实价值。换言之，仅仅依据现实需要提出有现实价值的问题，而漠视那些当下看仅仅具有纯粹知识意义的问题，缺乏为知识而知识的纯粹理论创造精神。对问题之先验价值的意识决定一个社会提问兴趣的广博性和问题意识的活跃水平，同时也决定一个社会对待那些自由而离奇问题的态度——宽容还是歧视、鼓励还是封杀、寄望还是嘲笑。在中国历史上，正是由于关于问题先验价值意识的蒙昧而鲜有社会对想象力的容忍，更难得大胆而持久的探索。而世界文明史说明，正是那些超越利害的自由学术精神，造就了人类的大多数具有决定文明面貌意义的重大认识成果。

三 问题质量

根据对问题的内在批判结构的描述，问题不是无知，而是被已知推到了求知的边缘。在问题意识中，内在地包含着对求知领域的某种抽象把握或预断，从而开创了一个新的视角。问题的爆发或闪现是提问概念的选择和向特定情境适用的结果，是二者在主观世界的聚合，就这种聚合所必需的二者之间的互相切合与适应这一判定条件而言，问题本身就是一种认识，具有不可否认的认识含量。提问不仅需要对认识对象（情境）的感受，而且需要提供提问概念的认识基础，此外更需要主动地辨识问题存在可能性并把它转化为主观现实的认识活动。作为一种主观认识活动，问题自然具有相对其客观目标——形成知识而揭示存在——的自我评价问题，从而必须接受问题质量这一认识价值尺度。

就问题是一种认识要求而言，重复提问并无认识价值，在认识上是问题质量最低甚至为零的提问。所谓重复提问，或者完全重复一个旧问题，或者提出一个逻辑上等值而仅有不同特殊内容的类似问题，或者被其他问题所蕴含。一个问题必须具有推进认识演化或扩展认识的功能，从而蕴含一次增进新知的机会。由问题的内在批判结构可知，提问所引发的认识任务和前景决定于提问概念，正是提问概念的性质决定了问题的本质。而理论具有普遍性，针对一个特定问题情境所建构的理论知识应该适用于其他同类情境。因此，在给定问题的对象域范围内，问题的认识推进力量就完全取决于提问概念的逻辑高度。只有那些依据与以往提问概念不同的概念提出的问题，才能是有增进新知功能的问题。在逻辑上，这只有通过两种途径来达到，即或者采用一个与其他已知问题的提问概念并列的提问概念，或者超越其他问题的提问概念而引入一个具有更高逻辑地位的提问概念。问题质量的这一维度是可客观判定的，即提问概念在既有知识体系中的位格显现其认识推进潜能。显然，问题的认识推进指标与提问概念的抽象化具有正相关关系，即认识的深化依赖不断地设立具有更高抽象水平的提问概念。因为，提问概念间的超越关系一致于一种逻辑抽象程度的不断提升活动。就此而言，抽象思维不仅仅是一种思维方式的具体样式问题，而是直接决定认识的方向和力量。认识发展的落后并不简单地是一种偶然的社会历史现象，而是有其内在于思维方式的必然性。一个民族的认识命运深藏于它的思维形式之中，似乎是无关紧要的思维的表现样式却恰恰是一个民族理智发育的基因。

如果撇开提问概念对问题质量的影响而设想提问对象的变更，那么针对一种全新的对象域所提出的问题也必然具有认识拓展功能，不论为此而设置的提问概念具有怎样的面貌。总而言之，这是不同于上述那种覆盖旧问题式提问的一种具有认识推进力量的问题，可以称之为简单创立式提问。两种提问都具有问题有效性。

追问存在是问题的本质。从存在论上说，问题是对存在的拓展努力，按照存在的统一性，它必然是在已有存在基础上的存在延展。换言之，问题本身必须具有自己的存在基础和存在性，是存在自身所显现的新的存在可能性。问题的存在性折射到认识上，就是问题的根据，即问题构成内容应该具有自己的可靠知识基础，被已有知识体系所见证，或者说是已经享有真理性的知识体系的组成部分。根据问题观念的内在批判结构，问题的存在性或问题根据不过是提问概念的存在正当性和认识对象内容的存在现实性以及二者之间发生作用关系的必然性。提问概念的存在正当性也就是提问概念与其他真理性知识的联系问题，即它必须被其他真理性知识所支持，从而确认它的存在合理性，这属于理性认识范畴。而认识对象内容的存在现实性归根到底属于感性认识范畴，要求具有经验确凿性。所谓"发生作用关系的必然性"也就是在认识对象内容中包含提问概念所描述的存在性质，具备把提问概念引入自身之中的实在条件。比如在行星运行轨道理论指导下提出的地球公转轨迹问题就是一个有根据的问题。有根据的问题把认识推上成功的道路，而一个没有合理根据的问题就是无谓的主观臆想，毫无认识价值，比如杞人忧天。由于问题的根据来源于知识，所以问题的根据这一当下性判定活动却被知识的发展过程注入历史性，即有无根据是一个历史变化着的问题境况。

在表面上，问题可以按照其抽象形式任意臆造，即参照问题的内在批判结构随意撮合一个概念和一种对象，就可以形成一个问题。但是，问题的宗旨在逻辑上否定这种无纪律约束的提问自由主义。问题所追问的是事物的存在关系和规律,而任何存在关系和规律都只能存在于具有存在统一性的一个对象当中。反映在认识活动中,这种本体论关系就要求认识内容必须具有存在同一性或者说对象相关性。对于具有二元性结构的问题意识来说,就是其提问概念与其认识对象必须在逻辑上具有存在相关性,即二者都同一地归属于一种存在对象。因为,提问概念和认识对象给定了认识展开内容的必然知识连接端点,所获得的存在关系和规律只能共同与二者保持存在关联。而同一内容的存在关系和规律只能指向同一存在,或者反过来说,只能具有同一存在意义,而不能分属两种不同存在。由此,从认识的可能性上看,如果提问概念与认识对象在存在上具有逻辑割裂关系,那么也不可能产生相关知识。可以断言,提问概念与认识对象的对象相关性是问题之逻辑有效性的条件。问题的逻辑有效性条件可以进一步具体化,即把二者抽象的对象相关规定为完全存在相关,也就是提问概念在逻辑上具有对所有给定的认识对象(内容)的存在管辖权利,那种虽然具有对象相关关系但不具有认识对象内容对提问概念的完整归属关系的提问,在逻辑上就不能形成有效的问题,比如给定的认识对象内容部分归属于或不归属于提问概念。

询问是问题的内涵,它确定认识的方向和兴趣,明确的询问直接决定认识活动的效能。因此,问题的意义必须具有清晰性。而根据问题观念的内在结构,问题的意义生成于提问概念和认识对象之间,其中提问概念直接决定问题的性质。可以断言,提问概念的意义明晰性直接关系问题意义的清晰性。而提问概念的意义决定于与之相联系的知识限定,具体说就是提问概念的存在根据及其有限联系因素的完全显现。提问概念的内在规定正生成于这种知识背景之中。与提问概念的清晰性相呼应,认识对象内容也必须在逻辑上具有类确定性,因而可以作为一个内容群归属于一个提问概念下来考虑,保持问题观念的统一性和稳定性。否则,如果提问概念的意义模糊不清,或认识对象范围不能共同一致于提问概念,那么就不可能形成清晰的问题意识。

问题之所问决定于提问概念,而问题观念的内在批判结构显示,认识就是由提问概念出发构造认识对象的存在关联关系的活动。因此，提问概念的水平就是相应认识活动及其成果的认识地位。在认识上，抽象与本质是一对相关和互相转换的概念，认识的抽象程度决定认识的本质化深度。在逻辑上，概念作为抽象认识的产物具有先天的层次，亦即逻辑高度。因此，提问概念以其固有的逻辑高度直接决定了问题的逻辑高度和相应认识的本质化深度。越高级的抽象概念所造成的问题，就具有越深远宏大的理论发展潜力。

亚里士多德早就注意到："并不需要对所有问题和每个论题都加以探究，而只是考察那种可能会使人生疑的，但生疑的人并非该受责罚或是知觉不清，而是需要论证。……证明不要与题目靠得太近，也不要离得太远，因为太近就没有什么困难了，而太远则困难太多或超出了智力训练的范围。"① 解决问题是提问的目的，那种为提问而提问却并不顾及解决可能性的问题是虚假提问。因此，只有可解决的问题才具有认识有效性。所谓问题的可解决性就是具有解决问题的线索并暗示了某种方法，同时基本拥有贯彻认识方法的必要知识基础。提问概念以其内涵在问题的内在批判结构中发挥对认识方法的启示作用。第一，成就问题意识的特定概念在问题意识中占据相对普遍地位，它构成对问题内容可能存在关联的逻辑规定，即必须按照其要求构造问题内容间的必然存在关联。因此，问题意识中的提问概念成为追求问题内容间的必然存在关系的理想或形式。进而，问题意识中的提问概念本身的认识性质即由之规定的有效认识方式，也将一并带入关于问题内容的思维中，成为思维的形式要求。比如，如果一个问题意识中的提问概念要求由归纳获得，那么在相继展开的解决问题过程中也必须引入归纳方法。第二，问题意识显示，概念内容与问题内容有存在上的逻辑距离，并且，按照存在关联的统一要求，必须通过不同的概念式必然关联，连续地构造出填补这一逻辑距离的关联链条，最终实现问题内容间的直接必然存在关联。第三，提问

---

① ［古希腊］亚里士多德：《亚里士多德全集》第一卷，苗力田主编，中国人民大学出版社1997年版，第66页。

概念的不同构成内容各自具有对不同问题内容的特定相对关系，同时，以普遍限定特殊这一形式，问题意识规定了概念构成内容各自对问题内容的特定作用关系。这些作用关系线索成为思维必须完成的历程。第四，以问题内容与概念构成内容的相对存在关系为基础和中介，问题意识设定了问题内容间的相对存在关系及其性质和形式。在思维任务观点下，这正是要最终以特定内容填充而消除的存在距离。第五，问题意识所含概念的不同构成内容间的相互统一规定关系，以其上位规定地位，必然要通过各自对问题内容的必然作用链条投射到整个问题解决过程中，具体说，就是要求上述第三款与第四款相统一，在保持有关概念构成内容各自对问题内容的规定方向的同时，最终实现各个规定链条间的统一并落实在问题解决结果上。这在实质上要求同样是以概念为根据的两种内容间（概念内容与问题内容之间以及问题内容之间）必须契合，以概念内容对问题内容的规定链条间的特定结合形式，实现问题内容间所要求的存在关联形式。总之，提问概念本身的逻辑属性决定一般的思维方法，而提问概念的意义联系则指示了可能的认识展开方向。但是，特定的提问概念与特定的认识对象内容之间能否具有这样的贯通性，既受到二者之间内容特殊性的影响，也受到已有知识能否基本提供贯通中介的影响。

在初步指示出方法的基础上，问题的解决还需要必要的知识基础。问题的逻辑高度越高，完成认识任务的过程就越复杂，所需要的中介内容就越丰富。因此，一个可解决的问题必须是与已有知识基础相适应的问题，也就是其提问概念的逻辑高度或者说提问层次具有合理性的问题。显然，提问应该具有认识的历史性，应该采取循序渐进的道路。

总之，问题的认识推进度、问题的根据、问题的逻辑有效性、问题的清晰性、问题的逻辑高度、问题的认识有效性、问题的知识基础共同参与决定问题质量，构成关于问题的评价体系。

四　提问方法：生活提问与逻辑提问

问题总与困难、麻烦和不满有牵连，意味着有待解决和消除，无论是生活意义上的问题还是认识意义上的问题。至少在汉语中是这样。在问题的这一普遍意义和消极色调之下，有各种各样的问题或者说问题对象，比如现实问题和理论问题、物质问题和精神问题、社会问题和自然问题等。但不论有多少种问题，它们都必然具有相同的问题观念结构，进而具有被问题观念结构所决定的问题生成形式。根据问题观念的内在批判结构，问题由提问概念和认识对象所构成，其中提问概念决定问题的内容，而认识对象的存在形态决定问题的性质。在提问概念和认识对象之间并不存在必然的相互对应和约束关系，即针对一个认识对象可以设置不同的提问概念，而同一提问概念也可以适用于不同的认识对象。因此，问题的设置或发现方法也就取决于提问概念的思维性质与认识对象的显现类型。在逻辑上，一切认识对象内容可以划分为感性的与理性的，即作为现实存在而被经验着的和通过抽象思维而被设立起来的观念。而一切提问概念虽然具有同一的观念形式，但它们却可以依其内容而划分为两类，即关于存在现实的和整合存在内容逻辑关系的，换言之实践的和理论的。现实性的提问概念作为一种存在要求必然表现为主观需求，必须被人所直接感触才能存在，离开人的需求感则无所谓现实提问概念。因为存在本身自在存在，并无合理与否的问题。而逻辑性提问概念则是一种对象性思维，是纯粹理智的理解要求。从问题观念的构成看，逻辑性的提问概念作为一种认识要求可以与各种认识对象相结合，追问其存在构成原理。而现实性提问概念却不能向抽象观念适用，因为其感性特征使得它在逻辑位格上低于抽象观念，后者并不能服务于或者说直接构成某种现实存在，即不能作为现实存在的材料。如此，则问题观念的生成只有两种情况，即现实性提问概念适用于某些现实存在内容，和逻辑性提问概念适用于所有可能的认识对象。前者的认识对象内容具有现实存在性，而提问概念是一种以现实存在为内容的生活关怀，所以可以称之为生活提问。后者的提问概念只有在逻辑思维中才能产生，所关怀的是存在的理论关系，而且无论认识对象内容是抽象观念还是感性经验内容，它所追问的都是它们之间的存在构成的逻辑关系，所以可以称之为逻辑提问。

两种提问类型具有以下不同的性质。

生活提问依赖对存在现实之缺陷的直接感触，具有感性认识特征。而逻辑提问依赖人类的纯粹理智兴趣，必须运用逻辑思维。生活提问需要的是人对自身生存状况的敏感，建立在审美情感和善恶判断基础上，而逻辑提问带有纯粹理性色彩，成就和发达于抽象思维中的逻辑敏锐性。

生活提问所涉及的是与人的生活有关的事物，其宗旨为价值实现，因而是一种以自我为中心的思维。而逻辑提问所关心的是对象的存在原理，因而是为对象而思维。质言之，生活提问是价值性思维，而逻辑提问是理论性思维。

在生活提问中，提问概念所设定的目标是对存在的改造，因而造成存在之所是的对策是提问的核心内容。它并不怀有追求新知识的目的，而仅仅是利用已知知识去支配对存在的控制。相反，在逻辑提问中，提问概念所关心的是事物之所以然，它把构造关于事物的存在理论作为提问的全部目标，在一种价值中立态度中去期待关于事物的新知。

两种提问方法具有不同的活动原则。生活提问以其感性本质而被动地接受现实所给予的问题，现实的存在缺欠是唯一的提问源，其主动性因素仅仅在于某种价值观点为其注入了某种提问概念，从而激活了死板的现实，把它点化为问题。逻辑提问具有高度的自由性，思维可以把一切事物间的关联设立为主题，并根据自己思想水平设置提问概念，逻辑可能性是其唯一限制。因此，逻辑提问是思维的自主而自由的精神活动，它是在主动地创造问题而不是在被动地接受问题。

生活提问是对现实存在中的缺点的搜索，意在按照某种理想去缝补存在。因而它只能有事而发问，是一种生存性的活动，具有应对反应机制。而逻辑提问意在开拓存在，它并不等待现实层面上的消极缺陷的显现，而是无事而问，积极地超越认识主体自身的价值观去发现事物自身的规律，显然是一种纯粹的理论性活动。

与提问的性质相联系，两种不同提问方法的提问能力不同，即具有不同的问题开发力量和效率。生活提问的对象域被限制在直接的存在现实中，而直接显现的存在的现实内容仅仅是存在的一种特殊表现形式，是复杂的事物构成环节中的一环，因此可以说仅仅是存在的一个边角。就此而言，生活提问的对象域相对存在本身来说是非常狭小的。同时，在生活提问中，由于提问概念被提问主体的价值观所限定，所以提问概念也表现出视角的单纯性和有限性。而且，提问概念带有主体需求的经验性。经验具有自身的被动性和有限性，这也使得生活提问的提问概念更加有限和僵化。提问的对象域的经验性和提问概念的经验性共同决定，生活提问是一种经验性提问活动，只能平面式地滑动在经验能力所及的存在层面上。而逻辑提问具有绝对普遍的对象域，无论是现实存在内容还是关于现实存在的观念均在其视野之内。同时，逻辑提问的提问概念可以超越主体的价值感和直接经验，自由地设置提问概念的内容，开放性地提升提问的层次。因此，相比之下，逻辑提问具有较生活提问更大的提问力量，可以提出更多和更深的问题。换言之，逻辑提问享有提问自由，具有由提问对象域和提问概念所围成的更大的提问空间。

以问题质量标准看，两种不同提问方法所生产的问题也具有不同的质量。在问题的认识推进性、问题的根据、问题的逻辑有效性、问题的清晰性、问题的逻辑高度、问题的认识有效性、问题的知识基础这些方面，逻辑提问都拥有形式上的相对优越性，即更有潜在能力提出以问题质量标准来看是好的问题。因为逻辑思维所具有的思维发展可能性恰好能够提供满足问题质量要求的条件，而生活提问的经验性所具有的表面化和混沌模糊特征则恰好形成对问题质量的负面影响。

虽然在提问力量和问题质量的比较中生活提问似乎处于不利地位，但生活提问作为一种问题类型绝非可以取消。相反，生活提问与逻辑提问都不可或缺，二者构成具有互补关系的提问整体。逻辑提问作为一种理论建构提问，其前途是揭示事物的内在普遍原理和规律。一般来说，它并不能直接解决特殊的现实存在问题。现实问题具有自己独特的思维任务，是普遍理论所不能代办的。因为，虽然普遍原理和规律能够为解决具体的问题提供原则和手段，但特殊的现实存在内容如何互相结合去实现普遍原理和规律却不是可机械决定的，而是必须加以创造性地考虑和安排，此即实践智慧。而生活提问不仅在认识功能上弥补了逻辑提问的空缺，而且以其直接关切人的存在的特性具有对人类生存的重要意义。也许正是在这个意义上，人们更亲近生活提问，对之怀有一种内在的自然冲动。正因如此，生活提问无须特别的认识努力和思维品质，为一切民族所通有。

第十一节 哲学的理性化提升：元哲学筹划

在严格的认识行为意义上看，所谓哲学就是针对认识对象进行哲学化的思维并构造关于对象存在本质和规律的认识活动，是一种抽象的存在叙事，目标是置身于存在本身之中，其总体逻辑主词就是给定对象。而所谓元哲学却是在进行这种哲学认识和建构之前，一般地以哲学认识本身为对象，就其恰当对象和方式展开分析，寻求并明确具体的着手方向、提问方式、论证方法、探索路径、可以合理期望的目标、制定认识成果的真理评价工具和标准，等等，一言以蔽之，就是为拟议中的哲学活动进行筹划。

元哲学筹划中可用的主要工具是一般认识论原理、知识论原理、逻辑规则和存在因果关系。在特定认识环境下，利用所掌握的认识原理和知识论原理进行具体认识对象的确定并设计相应问题。然后，按照逻辑规则对问题展开内在构成分析，把握其深层结构，明确其最终指向，实现问题的深化和转向。在这一过程中，存在的因果关联线索具有重要引导功能，通过原因追溯，可以揭示原初认识对象的存在关联环节，把认识切入点引向具有更大本质描述价值的存在之上，同时实现问题层次的提高。在各种分析的组合交错中，完成对哲学认识起点、方法和路径的确定工作。

认识的构成有主观形式和客观内容两个方面，面对特定对象的哲学建构被具体地决定于这种二维认识空间中。因此，元哲学一方面要阐明，

第六章 哲学研究的条件和规范

根据普遍的主观认识原理，一种哲学探索所当采取的思维形式，其内容被复杂的认识特征所决定涉及广泛的问题，比如认识目标、论断有效性的逻辑要求等，它们都需要匹配不同的认识方法，范围远远超出一般的形式逻辑的提示。另一方面，在客观内容上，相关特定存在的存在原理和联系也具有推断可能的认识路线的机能，借助于某种已知的存在原理可以通过逻辑分析限定相关研究对象的认识作用区域。同时，因果联系之中的"因"在逻辑上具有决定"果"的存在构成的某种能力，所以因果分析具有不容忽视的元哲学价值。而因果是一种经验领域发生的认识。总括起来，普遍原理的规定性运用和经验因果追溯是元哲学思维的基本范畴。

在元哲学筹划中，原理规定是下行，因果追溯则是上行。"因"之追问对根据探索有价值，那么元哲学谋划中"果"之追问是否具有认识方法设计价值？在此，所谓因或果都只能是相对认识对象而言的，因为就特定认识来说，其出发点是给定的认识对象，元哲学筹划必须围绕它展开，因果追问只是针对它的存在联系而进行。认识对象的属性与元哲学设计相关，而作为认识对象的原因的事物的属性更具有元哲学价值，但结果的属性则没有这种元哲学价值。因为，原因的属性在逻辑上规定作为其结果的存在，而结果的属性却由于因果链条作用的开放性而不能确定地反映作为其原因的属性，更不能决定原因物的存在规定性。

元哲学关乎哲学认识前途的问题，它触及哲学思维的具体操作。元哲学作为一种认识筹划，是在正式的哲学认识之前，立足已有知识而向未知领域所做的认识可能性展望，是从相关知识（普遍知识和给定的对象属性）出发抽象推断哲学认识的起点、方式、原则和结构。之所以具有抽象性，是因为它在逻辑上就不能占有有待哲学认识才能揭示的存在的具体规定性，从而其结论必然被限定为相对作为内容的哲学认识为纯粹形式的规定性，即描述获得具体哲学认识的思维路线，其判断对于哲学来说是指导性的。可以说元哲学服务于哲学，元哲学可以赋予哲学操作以更加合理的属性，让哲学探索更有成功的希望。元哲学使哲学成为有审慎理性思量和规划的认识活动，提升哲学的认识效率。

　　但是，哲学不一定非得依赖一种元哲学，从认识行为的规定性上说，没有元哲学的直接哲学认识也可以设想，而且在哲学研究中时有这种情形，因为并不能断然排斥某种基于直观而自然发生的哲学认识，只是这样的哲学更多盲目而更少成功罢了。从哲学的认识发生意义上可以说，元哲学是优化哲学之策略和手段，而非做哲学之必要条件。此外，进一步看，由于一定的认识形式的实施和完成，需要能够满足这种认识形式要求即可以填充认识形式所规定的各个认识节点的内容的完备涌现，而这种完备涌现具有认识偶然性；同时也由于作为元哲学认识基础的已有知识相对特定的哲学主题不一定充分，逻辑上不能给出恰当的元哲学，从而影响元哲学指导哲学认识的有效性，所以元哲学对于哲学体系的构造也不是充分条件。元哲学对于哲学只是有限人类理智为减少探索的盲目性而采取的一种理性应对策略，寻求优化的明智而非必然洞察的担保才是元哲学的本性。一种元哲学不一定能最终看到自己憧憬的哲学王国，反过来，一座壮丽的哲学大厦也不一定找到合理说明自己的元哲学。元哲学之于哲学，如果作条件范畴考察，就其效用的实际显现而言，也只能姑且称之为偶然条件，但就哲学探索的认识偶然性而言，又是提升其认识效率和成功概率的宝贵手段。以人类认识的完美自我理解和真理的可靠性追求为标准，只有元哲学和哲学各自充分发展并互相契合，才能让哲学更好地完成一个理性成长年轮。因此，哲学创造性认识的明智程序仍然是从元哲学迈向哲学。① 在正题地展开哲学研究之前设置对研究本身的元哲学反思环节是必要和有益的。有了元哲学筹划的指导，哲学本身便告别认识的自发冲动式而被赋予更多的理性管理属性。

----

　　① 元哲学筹划与认识论哲学的区别：作为哲学的认识论直接或间接地与元哲学认识筹划共同具有认识操作规则属性，但认识论是抽象地探讨认识的一般本质和规则，不针对特定对象，在普遍的存在观念条件下分析认识的主观构成和形式，构造认识的普遍原理和抽象规范。而元哲学是针对特定认识对象，运用已有知识——其中就包含认识论原理——到具体认识对象之上，从普遍到特殊地制定认识操作方案，确定认识策略。比较之下，两者的认识展开方向不同，认识论为从特殊存在上升到普遍原理，相反，元哲学是从普遍知识下降到具体认识手段。

第十二节　对形而上学构建方法的历史
批判和逻辑再造

自从自然科学取得辉煌成就而成为知识的典范以来，哲学就满怀科学化冲动而不断试图消除自己面对自然科学时的羞涩。康德所掀起的理性批判运动正是这种思潮中的最伟大壮举，他相信他的先验逻辑能够让哲学步入稳定的知识建构和发展轨道。但哲学的不良的后康德历史现实以及对他的理论的批判性分析表明①，康德远未实现对形而上学的成功改造。并且，哲学的自我改造的失败加剧了哲学舞台的混乱，引起哲学的弱化，甚至出现极端的哲学取消论。因此，哲学亟待重新展开关于自身科学化的可能性的反思。问题的关键是，要澄清哲学知识的特殊本质并追问其认识有效性标准和完备的实现方法。

一　哲学的知识论定位

所谓知识就是对分离内容的综合，在主观中建立起它们之间的存在统一性。因此，知识是对给定内容的反思的产物。不同地位内容间的归属关系和平等地位内容间的共存关系是知识所可能有的两种形式。因为，作为分离内容间的综合，就必然包含个别内容之间平等的直接关联，同时也必须有不同内容之间的归属性关联，并使这种归属向着收敛方向发展，这是被综合所决定的。综合的最终理想是走向单一从而消除分离，它必须通过归属这种关系类型来实现。但如果仅仅具有归属关系，则不具有归属关系的分离内容之间就缺乏综合关系，从而使综合必然出现阙漏。在归属关系中，占有归属地位的同一内容享有众多所属内容，而且在逻辑上具有开放性，即拥有不定数目的可能所属内容，因此赋有逻辑普遍性。而在共存关系中，关联内容具体确定，特定的关联关系必须在

---

① 崔平：《重构先验批判：反击后现代怀疑主义的一种元哲学筹划》，《江海学刊》2006年第1期。

特殊的同一内容所指条件下才能成立，既包含关联内容的存在环境的同一，也包含参与关联的特殊内容的严格同一，因此是存在同一性或者说存在普遍性。在知识的这种结构图谱中，一类是经验知识，即直接经验内容之间的共存关系，它们构成知识的外围，一类是概念知识即概念本身以及概念之间的共存关系和归属关系。在此，概念是指那些具有逻辑普遍性的对差异对象内容的统一把握，给出关于可能的不同存在内容间的统一存在的方式。概念的诞生是这两类知识转换的边界。在与可能的差异存在内容的联系中，概念以其对不同存在个例（变动的不同存在内容群）的统摄能力显现出抽象性和普遍性。一方面，在逻辑上，概念的这种普遍性具有永恒的对象开放性即相对给定个例概念管辖范围的不断延展性，因此不可能从特殊经验存在内容中确定地观察或必然地推出。其原理相似于康德关于理念的超验性的论证。而当强制限定一个概念的外延时，该概念就失去了对可能存在对象的统摄，从而也就失去了逻辑普遍性。另一方面，经验内容既然是分离的，就不可能在其中包含可经验观察的统一内容，亦即不能从中直接经验到概念。这意味着概念的形成相对其统摄对象具有逻辑跳跃性，不论对多少个例的归纳所形成的存在普遍性都不能达到概念的普遍性，二者之间在认识上必然是不对称的。① 也就是说，概念具有超验性，它指向经验，但其设立却是非经验的纯粹抽象思维的主观存在事件，包含相对经验的超越性和创造性。"超验"带来存在关联确认的非逻辑必然性。康德的图型说则主张具体概念是可经验的，从而把概念的形成理解为某种机械的必然过程，但"形象的综合"的创造性迫使他引入"想象力"有力地见证了其破产命运。

概念的超验性由认识上的逻辑断裂构成，即不能由经验认识所直接形成而必须介入相对经验的异质思维来完成，而并非专指概念内容与经

---

① 这种证明是否定性论证，具有强于康德对先验逻辑的设定的力量，因为它不必像康德那样预设一个认识论前提，即经验认识带有偶然性，因而必然性来自主体。它似乎类同于康德对先天知识的存在的证明，但这是一种混淆，因为这里并不是在设定概念的存在，而是在说明概念产生的认识方式，它的证明基于否定逻辑，因而是一种强论证。

验内容的不相干或凭空杜撰。这种逻辑超验是一种弱超验概念，而后者是一种强超验概念即附加了更高内容特征要求，可以称之为存在超验。存在超验一定是逻辑超验，而反之则不然。在逻辑超验概念下，经验有效的概念仍然是超验的。

概念是走向收敛性综合的第一步和基本形式。概念因其对象特殊性而必然带有特定规定内容，因而可以产生差异的诸多概念。同时，针对不同的概念，知识的综合必然要求展开更高级的以给定概念为基础的概念抽象认识和概念间关联的认识，形成超验的概念思维。

从上述知识结构可以断言，知识以概念为界限被分成两种类型，一类为概念知识，一类为关于特殊存在内容的经验知识。概念知识由概念的普遍性所决定，只能采取必然性形式，因为概念内容的普遍性使其在存在上具有单一性、确定性，它们之间的关系由之而具有绝对的现实性，没有发生或不发生上的偶然性。同时，经验知识以同一的存在内容为成立条件，其效应体现为存在的重演，因而具有适用上的特殊性。根据对知识形态的逻辑分析结果，概念知识即为哲学，经验知识即为科学。因为一旦进入概念思维，认识就处于超验领域而成为一般的形而上学，所以哲学也就是形而上学。康德过度缩小了哲学或形而上学的范围，他仅仅把关于理念的思维或以理念为根据的思维确认为哲学，而遗漏了所可能有的其他概念思维。从以上所述可以引出如下论断：哲学是知识结构中必不可少的，承担终极知识形式的造就功能。但是，哲学论断的抽象性使其失去存在直接性，无条件限制性使其失去认识上的具体针对性并增大认识困难。这一切都使得享有更高逻辑品质的哲学认识却缺乏科学那样的有效性。科学正是在其严格的对象限定和关于认识效力的具有自我限制意义的界定中，表现出断言与现实的高度符合即理论的现实兑现能力。在科学的映衬下，仅仅从认识的有效性上看，哲学似乎流于浮夸，很少严格兑现其承诺的力量。于是，在巨大的认识效力表现的反差中，科学成为知识的标准或理想，而哲学失去了应有的知识尊严，时而遭到拒斥和嘲笑。

不考虑一种知识的内在规定和特殊认识目标，外在地强迫它与另一种知识的效力样式相比较，这种做法有失简单和盲目。在哲学史上，一直缺乏关于哲学本质的有效反思，因而助长或者至少没有克制对于科学概念的片面理解倾向。合理的做法是，在确定哲学知识的本质功能基础上制订关于哲学的科学意义和标准，而哲学认识的功能取决于哲学这一认识形式所能包含的内容及其在现实存在中的地位。在哲学知识的形式中能够包容什么的问题，可以依据判断的宗旨来确定，即对不同内容间的关系的肯定或否定。而对于哲学的这种内容可以依据哲学知识所对应的存在意义进一步加以限定。哲学知识表现出概念统摄中的统一性，它虽然指向现实中的诸多分离存在的经验对象，但在逻辑上却拟设它们为单一的（普遍）存在物，并不关注它们的特殊的分离存在事实。因此，哲学知识总是作为对单一对象的内在存在构成的论断而存在，因而不容把不同存在内容作存在上可分离考虑的事物来看待。换言之，分离的存在及其相互关系绝不在哲学认识的范围之内。其必然认识效应为，自然因果关系被排除在哲学认识之外，只有交互作用关系才是哲学的论断内容。另外，由于哲学是概念知识，它作为普遍存在本质相对现实存在只占据必要条件地位，所以尽管在哲学中判断以对存在条件的肯定形式出现，但实质上只能发挥对可能的现实存在的否定作用，即不满足者必然不能如是存在，而满足者并不必然现实存在。也就是说，哲学知识本身表现出肯定这一逻辑形式，但其间接的存在意义却是否定，享有否定的充分有效性。与哲学命题的这种内容特点相对应，衡量哲学有效性的标准就不在于对现实的具体符合和直接支配上，即不是对现实存在的预见而是对存在可能性领域的界限的描划，才是哲学真理性的考察对象。可以进一步论断的是，由于哲学以不可量化考虑的普遍概念为认识对象，所以数量关系不能成为哲学知识的内容，相反，只有存在内容之间的逻辑制约才是哲学知识的可能内容。

　　哲学通过概念对经验内容的普遍存在地位和存在制约权利取得对存在的认识效力。哲学设定存在的普遍的"是（什么）"和具体存在的

"目的"或"形式",在存在内部建立起存在的价值追求结构。这种关系集中表现为哲学与科学的某种关联。哲学关注的是具有逻辑普遍性的事物属性(本质)之间的逻辑关系,科学致力于实存事物间的存在关系。而从根本上说,二者之间是相通的,即哲学中的逻辑关系必然指向和落实为存在关系,反过来,科学中的存在关系也必然要追求知识的统一而遵循逻辑关系,违反逻辑的存在关系对于人类理智来说是不可理解和不可接受的。就此透露一个信息:哲学与实在、科学与逻辑都是相容的,在认识目标的推动下,哲学与科学必然努力趋向交会。但是,知识形态的异质性不会容许它们实现连续性的合一,而只能发生带有间距的作用。

哲学性知识具有概念普遍性,在逻辑上享有对特殊实存的规定权能,也就是对科学性知识具有限制能力。但这种限制规定并不能直接生成关于存在的知识或命题,而只能预设科学问题。首先,由于逻辑普遍性内容正是在相对诸多可能的特殊差异内容条件下而成就自身的,并在指向它们和作用于它们的功能中取得存在意义,没有了现实的特殊内容也就失去了自身的支撑,所以哲学离不开现实存在内容。但是,这种现实存在内容只能处于哲学理论的外缘或者说边缘而不能融入哲学理论之中,因为否则就会失去逻辑普遍性而演变为存在普遍性,即诸多存在内容在不同时空存在中由它们的同一性重现所显现出的普遍性。这造成哲学理论与现实之间的二相分离和粘连状态,现实存在内容围绕哲学理论构成其边缘。其次,在这种二相一体结构中,哲学理论对现实存在内容采取"超距作用"形式,即按照其逻辑普遍性所具有的对可能差异内容的限制和支配关系,将自身作为抽象的普遍规定性或者说形式加于现实存在内容,从而针对作用对象作出"应然"判断,即断定应该呈现何种构成形式。这仅仅是提出了一个认识任务,而不是完成了一个认识任务,并不能给出具体结论。因为以特定现实存在内容去满足给定形式,必须考虑特殊内容之间的特殊关联要求并创造性地具体设计和完成。而这一任务按其性质已经落入实证科学思维形式,并不属于哲学范围。也就是说,哲学仅仅向现实世界设置一种有待完成的理想或形式,展示进行某种存在关联的可能,通过规定事物之所是而规范事物的发展方向和存在使命。显然,哲学面对现实而站在现实之外(上),向现实发出有待继续进行认识和实践的任务。总之,哲学牵连着科学,并可作用于科学,但其逻辑形式为"应当",所构成的是关于科学的"祈使"语句。

当然,哲学对科学的这种祈使关系,并不是无条件普遍发生的,而是以两者具有对象关联为条件,即或者对象同一或者对象有相属关系。因为在逻辑上,逻辑普遍性的效力被限制在特定对象范围内,一个对象的概念只能作用于它所直接或间接管辖的对象的特殊内容。

另一方面,科学知识作为哲学知识的连带边际,也并不是消极跟随和适应哲学知识状况,而是可以通过哲学的内在知识品质向哲学提出改造请求。其原理为,哲学的逻辑普遍性具有对差异对象的包容结构,它内在地要求扩张自己的对象区域,在极限上即为囊括所有可能的事物。这也正是哲学一向具有某种形而上学大全冲动的原因。但是,任何作为逻辑普遍性具体实现载体的概念都具有特定规定性,同时也相应地具有特定的对象涵括能力。因此,哲学只能作为有限哲学而拥有有限的现实边际。这是一个来自哲学结构的内在限制,因而尽管可以一再扩展,但永远不可能一劳永逸地获得万能哲学——带有包容一切可能对象的开放性现实边际。哲学只能以给定的现实边际为自己的作用对象,并随时准备适应新的现实存在现象的涌现而调整自己。在逻辑普遍性的内在扩张力量作用下,哲学开放性地和无条件地把一切可能的事物抽象地拟设为自己应该努力说明的对象,因而它的"现实边际"要求包括各种各样的事物和问题。由于普遍内容与其作用对象之间具有存在上的互相制约和选择关系,所以现实边际的变化可能或必然引起哲学的变革要求。而逻辑普遍性不断推动哲学吸收新的对象。因此,哲学理论的有效性是非常脆弱的,经常面临调整或革命的任务。其直接结果是给哲学带来活跃的历史性,即不断发生哲学理论的淘汰和埋藏事件。

不过,科学向哲学提出的这种"请求"在认识功能上弱于哲学对科学的"祈使",因为在逻辑上特殊并不能限定普遍,"请求"并不能把科学知识本身的内容直接转化为哲学知识的规定性，而仅仅是无具体规定性的纯粹形式化的统一要求。换言之，出现一个怎样的相应哲学知识并不能由科学知识进行任何描划，而只能由哲学认识去自由设置。因此，从科学中不能"总结"出哲学。相反，哲学对科学的"祈使"却由于其间的相对逻辑地位而带有必然性和内容确定性，是一种强规定性。总之，哲学与科学之间的交互作用在本质上是"祈使"关系，而且，它们之间的作用关系并不对称，哲学的"祈使"强于科学的"请求"。

知识的完备有效性由逻辑有效性和解释有效性构成。上面所述为哲学知识的解释有效性，即对可能作用对象的适用正确性。解释有效性对于哲学而言就体现在它能够向不断涌现的经验现象提出具体的存在建构问题。但是，由于概念与经验现象之间存在认识上的逻辑断裂，不具有连续的和必然的过渡关系，不能建立概念的适用对象的确定规则和识别标准，所以哲学的解释有效性不可先验判定，其有效范围只能在给定经验的存在问题的解决中加以有限肯定。哲学只能在与经验的遭遇中激发问题而不能期望预言存在。

而哲学的逻辑有效性则由知识内容本身的内部关系即一致而不矛盾和论断上的必然性所决定。前者为纯粹的形式标准，有内在矛盾的哲学就必然是不可接受的，后者为知识内容的逻辑属性问题，本质上属于方法论范畴而不是认识的历史范畴，因为知识内容的逻辑品质只能当下在获得它的方法中来确定，而不能推迟到知识的历史表现中加以事后检验。本来，认识对象的历史变动引起知识的变化就是一种正常现象，知识的有效性的断定并不以适用对象的无限包容为条件，而只论究认识过程及其结论的必然与否。对于哲学而言，对象的变动包含着知识有效性发生变化的可能性。哲学构成内容的普遍性要求在其所指对象范围内的知识构成上的体系性和唯一性，但概念生成的创造性却内在主观性和偶然性，因此在缺乏对概念生成的必然约束手段条件下，必然造成哲学体系的可变动性和可选择性。其直接认识效应为，表现为以必然命题所构成的哲学知识却在整体上显现出偶然性。对于哲学知识来说，由于作为其认识对象的概念具有普遍性和确定性，并且过程为逻辑思维，所以逻辑有效性具有直接的可判定性。要言之，拥有对存在可能性的设想力量并具有逻辑有效性的哲学知识就是确定和可靠的，因而属于科学范畴。

二 分析的形而上学与综合的形而上学

根据哲学思维的纯粹概念性以及概念的超验性，哲学知识必然表现出形而上学特质。但是，如何获得哲学知识却具有方法论的选择偶然性。收敛性层级结构是哲学知识体系的逻辑形式，在其中，形成相对的规定和被规定、普遍和特殊、形式和内容的关系。这种结构使得哲学知识具有确定的两个逻辑端点，即最高概念或原理与最低概念或原理。因此，虽然哲学知识的体系性使哲学知识内部具有必然的相邻关系，不容随意变动它们之间的相对关联或增删某些内容，但从认识的展开秩序看，哲学思维却有两种可能的方向，即或者从最普遍概念和原理推向相对高级和最低级的普遍概念和原理；或者相反，从最低级的普遍概念和原理到相对高级的和最高级的普遍概念和原理。前者采取知识内容的放射扩展形式，后者则呈现知识内容的收敛和归约。按照一般方法论观念，前者属于综合方法，后者则是分析方法。相应地，就有分析的形而上学与综合的形而上学。除此之外，传统方法论观念下的其他方法都不能作为哲学的认识方法，概念的超验性使具有彻头彻尾经验性的归纳方法不能用于哲学认识之中，而哲学认识的知识扩展或者说对存在的规定具体化则排除传统三段论式的演绎方法，因为在其中只是把普遍的规定逻辑地机械添加在相对特殊的事物上，一来没有实质增加认识内容，二来也必然表现为概念或原理的外延性使用，突破存在的内在规定而触及不同存在对象，从而超越哲学思维的本然范围即概念间关系而转变为概念的经验使用。

关于分析与综合的一个流行观点认为，二者是互逆的，即分析与综合必然经历相同的认识内容，只是方向不同而已，质言之，它们具有等价的认识能力。从存在的角度看，对分析与综合的这种理解是可接受的，

第六章　哲学研究的条件和规范

也正因如此，它得以躲过理性的严格反思和审查。因为，根据关于知识结构和认识目标的预设，分析与综合指向相同的认识内容，而从知识的自然观点上看，它们表征了同一认识对象的存在构成内容。被存在的同一性和统一性所决定，存在的构成内容之间具有必然关联关系，从其中的任一内容入手都可以沿一定方向按照其间的关联秩序获得特定关联段的知识。另外，从存在构成的观点看，分析的起点是存在之果即诸多普遍条件参与的产物，也可以说必然包含它们于自身之中；而综合的起点作为根据也必然牵连其下位内容才能显现自己的根据品质。这导致一种认识，即所谓分析与综合的区别只不过是由果到因与由因到果的不同。因此，人们相信，无论分析还是综合，都能达到认识特定存在的目标并且能够获得相同的知识，换言之，分析与综合在认识功能上具有对称性。

然而，从认识的观点上看，分析与综合却绝不是对称的，即它们所能切中的存在内容并不同一，从而具有根本不同的认识能力。虽然粗略地从存在秩序的角度看，分析与综合处理的都是特定对象的因果关系，但是它们所涉及的因果却有自然因果与逻辑因果之分，因而并不行走在同一内容路线上。特殊性的存在内容是分析方法的认识起点——即使对于哲学的建构来说也必然如此，因而对于追寻普遍知识的理智来说就必然要上溯其原理或根据。而针对特殊存在内容只能在特殊内容范畴内思考它们的根据，因为人类理智只能设想同质事物间的作用关系。显然，分析所能设立的是在存在上具有分离形态的特定存在之间的因果关系。这一认识限制得到从特殊不能推出普遍这一认识规律的加强，也就是说从特殊存在内容出发根本不能设想得到普遍概念或原理的逻辑制约关系，而只能获得自然形态的因果关系。自然因果只能基于外部观察和现象关联分析而不能采用逻辑分析加以证实。同时，在存在统一设定下，由分析方法所能设立的"原因"物也必然是某种抽象的"功能"的名词化符号，因为作为分析起点的特殊存在内容本身显现的是存在的分离，而思维的任务就在于为这些分离性找到统一的根源，发挥"拯救"存在的功能。但分离在本性上属于空无范畴，并不能提供认识的根据，因而只能

· 199 ·

抽象地相应以实体的名义为之拟制统一功能。相反，综合方法以普遍概念或原理为起点，因而，同理，理智必然以同质的抽象普遍内容作为设想存在内容之间关系的对象，在逻辑作用中展开普遍内容间的关联关系。同时，像由特殊不能推出普遍一样，从普遍也不能推定特殊的具体内容，因而沿综合方法只能获得存在的普遍内在构成形式，亦即考虑已经获得的普遍概念的逻辑意义来揭示它们之间相互作用的结果，而这正是存在的内在构成形式。就综合方法所阐明的是存在的决定关系而言，它涉及因果范畴，但这已经不是分析方法中的诸多存在之间的自然因果，而是关于同一存在的内在构成的普遍属性间的逻辑结构的因果关系，显现为逻辑因果。

从以上阐述和比较可知，分析和综合这两种认识方法具有完全不同的认识功能，分析方法穿越的是存在物间的外在关联和根据，而综合方法走过的是一个存在的普遍存在形式的内在逻辑历程。同时，两种认识方法所具有的逻辑效力也大不相同。因此，在逻辑上，它们之间的认识内容绝不仅仅是相向展开而可逆的，相反，它们指向不同的内容领域，不可能产生等效性的认识交叠，因此具有认识非对称性。

在严格澄清了分析方法与综合方法的认识功能差别后，需要进一步比较两种形而上学。从认识发生的角度看，分析的形而上学与综合的形而上学是两种可能的哲学表现形式，即都能够满足哲学知识的结构要求。但是，二者的内在逻辑关联结构和性质不同，具有不同的效力。从认识的逻辑结构和秩序看，两种方法具有完全不同的认识有效性。在综合方法中，可能的根据都在先展露，每一认识环节在逻辑上以完备的根据为推进条件，因而其结论是准确的和确定的。相反，如果采用分析方法即由低级概念到相对高级的概念来揭示给定认识对象的存在原理或构成根据，则在逻辑上陷入片面性，因为可能的诸多根据尚付阙如，每一认识环节都缺乏自己所当拥有的合格根据，即在根据不充分条件下进行断言，无法必然揭示事物本然具有的全面联系。其实质为，按照分析方法的认识展开的逻辑方向，它的论断根本不具有逻辑根据而只有认识发生上的对象限定意义下的根据。因为，在认识上占有逻辑根据地位的是相对高级或普遍的内容，它们直接限定处于下位内容，但在分析方法的每一认识推进环节中，这种根据内容恰恰都是待论断的。相反，分析方法始终都在把已经给定的内容设立为进一步追寻根据和加以统一的对象，作为对象，它们以自己特定的内容在认识上限定可能的论断内容，要求它们必须适应对象的解释需要。从存在论观点看，对象与关于对象的普遍概念或原理的论断是结果与原因的关系，它们不能折射为认识活动的原因和结果而造就一种必然推理，因为不仅其间存在因果方向的差异和冲突，对象作为结果在逻辑上不具有对有待作出的论断内容的直接决定作用，而且概念形成的"超验性"也使得分析方法的每一认识提升环节不能成为由给定对象内容出发的必然推理。因此，分析方法不能真正遵循理性的严格根据概念展开认识，在其中给定的不是认识根据而是认识对象即有待理论解释和统一的认识内容，认识的推进也只是使新的认识对象不断涌现。所以，分析方法始终是在抽象的统一目标的牵引下对统一环节的设计，因而绝无对于论断内容的规定根据。由于缺乏理性根据，分析方法所确定的关联只能是抽象的和外在的，不能具体揭示关联的内在内容和结构，也不能保证关联环节的充分连续性，因而就不能在逻辑上保证满足哲学知识的存在形式和认识要求。而综合方法则活动于同质的概念之间，同时具有由认识过程中根据的完备性所决定的具体和内在地揭示存在关系的能力。

另外，分析方法是一种没有论断的逻辑根据而只有功能目标的认识，属于目的论推理的认识活动。在分析方法的每一个对作为根据的概念或原理的回溯性设置环节中，都仅仅宽泛地满足使待解释对象的统一把握成为可能的要求，而对那种作为根据出现的概念或原理的内容与被解释的概念或原理之间的逻辑匹配的严格性不能加以断定，即两者之间是否客观地紧邻，或者作为根据的概念或原理的内容是否可以删减，换言之它相对被解释概念或原理是否在逻辑上具有冗余性，都不能获得判定。因此，分析方法所确立的更高级概念相对下级概念为充分条件而非必要条件，因为在它们之间存在认识上的"超验"障碍，不能形成必然推理，而只能以设定一个能够使下位概念的存在成为可能的概念，并不能进一步确定这个概念是否宽泛。用康德的逻辑术语说就是，分析方法所展开的认识活动不是理性推理而是判断力推理。在分析方法中，思维不是在具有充分约束根据的条件下普遍概念或原理之间的相互作用和生成，而是这种必然推理之外的主观想象的设定，在其中被设定的概念或原理包含满足给定认识对象的统一要求的能力。可以断定，使用分析方法所做的每一步追溯性推理在逻辑上都具有论断的不确定性，可以有不同的论断选择，从而相应地导致思想体系的多元性。相反，综合方法则由于其根据的充分给定而享有认识必然性和确定性。

综上所述，只有综合方法才能赋予哲学知识以必然性和确定性，从而帮助哲学获得认识的稳定性。

三 推动哲学进入有效状态的合格认识起点

在把综合方法确立为哲学的合法方法即可以使哲学在自己的知识构成的内部具有逻辑上的确定性和有效性的方法之后，如何获得第一概念或原理就成为哲学科学化的关键，它构成哲学科学化的外部条件。因为，从逻辑上说，第一概念或原理作为哲学知识的最高构成要素，其获得问题已经必然处于哲学论断之外，是一个哲学外部的问题。第一概念或原理的取得可以有两种方式，或者是理性地分析和论断，或者是逻辑跳跃地独断。而独断的任意性和非必然性使得其后的所有哲学判断都丧失科学性，因此是科学的形而上学不能采用的方式。只有具有逻辑连续性的理性认识才是使综合的形而上学保持内在必然有效性的第一概念或原理的确认方式。从知识的认识发生结构上看，一切知识都从属特定的存在对象，依对象而设立，哲学也不例外。显然，关于对象内容的确立是触发哲学认识的认识起点，所谓第一概念或原理必然从之而出。哲学命题以普遍必然为逻辑形式，而综合的形而上学又要求逻辑上的普遍必然性，不容主观任意地赋予没有普遍必然性逻辑保障的命题以哲学知识身份，所以要求所有自己之内的哲学命题必须以具有逻辑普遍性的内容为判断关联项，承载命题所表达的关系。换言之，参与哲学命题的存在内容必须具有逻辑普遍性。而由概念的超验性所决定，从具有特殊性逻辑特征的经验存在内容不能合乎逻辑地推求普遍内容，只有普遍存在内容才能合乎逻辑地发展出哲学知识所要求的普遍内容，所以综合的形而上学必须直接以普遍存在内容为始点，推导所谓第一概念或原理。

由于普遍存在内容不能从特殊的经验存在内容中寻求，所以它只能是纯粹理性视野内的存在，由纯粹思维所发现和确认，而不能用经验认识手段加以论断。这一致于哲学的纯粹思辨本性，使得从认识对象的主观把握到哲学论断的展开没有思维品质的差异，消除思维形式转换所带来的非逻辑必然性。另外，作为认识起点的存在内容的普遍性决定它们具有存在对象意义上的单一性，即虽然它们可以有诸多可能的分离经验表现或与之对应的经验存在物，但在哲学中它们并不引起思维对象的多数化，相反，只能在单一对象观念下考虑对象的存在构成问题。这种对象单一性效应一致于综合的形而上学的单一对象拟设。也就是说，尽管哲学所拟设的由普遍存在内容所决定的普遍对象在其存在作用关系中指向诸多可能的特殊存在对象，但后者并不涉入哲学思维。反之，如果从经验存在内容出发，则意味着哲学要同时处理多个存在对象，从而陷入与综合的形而上学所内在的单一对象理念的冲突。

综合的形而上学被自己的认识逻辑所决定只能容受一次存在，因为一旦最高概念或原理被确定，那么随后的认识就被限定在最高概念或原理所容许的范围之内，其任务在于不断揭示可能的逻辑关系。同时，它也不接受混合的存在内容即普遍的和特殊的存在内容的共同出现，因为二者内在地要求两种相反的认识方向和认识方法。而如果误把特殊内容作普遍内容使用，那么势必破坏综合的形而上学的普遍必然性和确定性，甚至由于扰乱了本然的普遍存在的构成而使认识陷入不可推进绝境。

关于普遍存在或抽象存在的问题，哲学上一直处于争论和迷雾之中，历史上的唯名论和唯实论就是其经典表现。主导的观念是，人们总是在常识的存在概念下把感觉经验看成确认存在的唯一手段，而否定理性思维具有存在发现的权利。也就是说，存在一定是特殊内容的存在，而没有普遍内容的存在。实际上，存在仅仅是通过对立于主观认识活动的强制性力量而表现自身的，感觉经验也正由其经常伴有的外在强制特性而取得了直观的存在见证力量，使人们相信感觉内容的存在性。但正如经常发现的那样，感觉官能也会产生幻象，并不是绝对可靠的存在确认机能。实际上，这种存在确认的强制性也同样能够表现在理性思维中，那就是逻辑必然性。只要理性思维带有绝对必然性地确认了一个内容，那么它就应该被赋予存在性。可以说，每一种认识官能都提供了一种发现存在的方式，并且是不同类型的存在。没有任何理由在对存在的发现上偏袒感觉而忽视理智。在普遍看重和信任理性认识而贬低感性认识的思想背景下，褫夺理性思维的存在发现权利的做法尤其显得武断和令人感到奇怪。

对普遍存在的认识论歧视和抛弃，必然造成哲学的科学化资源的结构性缺失，使哲学的科学化努力陷入注定失败的外部思想环境。

四　哲学的合法对象及其历史性敞开

那种有希望达到认识的科学性的综合的形而上学，其合理的认识对象不是经验给定的存在内容，而是经由理性自己确认的普遍存在内容。虽然由此发展出来的哲学知识具有对诸多相关特殊经验存在的作用要求和对特殊存在内容的可能的存在关系的限制功能，但在哲学认识中并不涉及它们而仅仅考虑普遍存在内容之间的逻辑关系。由于哲学知识体系表达的是一种确定存在的内在普遍构成要素及其关联关系，从而在逻辑上要求所提供的普遍存在内容具有存在描述上的关于存在对象的表述效能，即能够表达一种对象的存在，否则就不可能使哲学知识科学完备地建立起来，因为在缺少必要存在构成内容的条件下，认识必然会陷入残缺和无能。申言之，对应于综合的形而上学并作为其认识起点的普遍存在内容应该共同构成一个整体化的存在对象。于是，哲学知识便关联着两种存在对象,一种是理性的普遍存在,一种是感性的特殊经验存在。二者具有不同的哲学意义。前者可以称为哲学的认识对象,哲学知识由之发生,后者可以称为哲学的解释对象,是哲学知识的使用对象,被赋予哲学知识所表达的存在统一性,各种不同的特殊存在内容被要求按照哲学知识提出的存在形式组建具体存在。

在把哲学的认识对象限定为理性的普遍存在之后,哲学的认识对象的逻辑性质就呈现单一性和有限性,即哲学必须具体地针对一种普遍存在来展开,其所处理的存在内容也必然是有限数目的,思维任务由此成为内容严格确定的。同时,作为认识对象的普遍存在的构成内容的普遍性由此被确立为内涵普遍性,即由存在内容之获得上的方法或思维形式所赋予和保证的逻辑普遍性,而非参照对诸多差异的经验存在的适用性来判定的外延普遍性。认识对象的单一性、内容有限性和内容的逻辑普遍性,使哲学在保持自己的知识普遍性的同时把思维对象有限化,哲学认识不再由于主张知识的逻辑普遍性而必须面对逻辑上无限的存在对象,从而在逻辑上而非仅仅在认识的实际接触对象的意义上成为关于具体存在的哲学,也就是说合法地在本质上就是有确定存在界限的认识。

哲学具有自己独立的认识对象,即它所接受的普遍存在区别于经验存在,是被理性思维所确认的存在。因此,并非随便哪种对象都可以被接受为哲学的认识对象,只有可普遍地把握其存在的对象才能成为哲学的对象,以之开始的哲学认识才能在逻辑上保证具有科学性。相反,那些以特殊形态的存在作为认识对象的哲学就其主张认识的普遍有效性和确定性即科学性而言,在逻辑上就是非法的。理性发现普遍存在,也就是由理性思维确定一个事物的指称。理性在其思维中所见到的规定性,必然是最普遍存在内容(属性),这是由理性思维的普遍性决定的,它不可能在先见到相对特殊的属性,然后再去发现更普遍的属性。

如果要追求哲学的科学化而使用合法认识对象,那么就必然使哲学的认识对象的展现与认识的历史发展相关,从而对象的呈现表现出某种历史性。因为,普遍存在不是直接地摆放在眼前的存在,而是必须通过纯粹思维才能把握的存在，与直观的经验对象不同，可以说它是一种幽深的理性对象。与具体思维的关联使普遍存在的发现具有条件性和偶然性，思维主体的特定认识能力、思维方法的发展水平、存在内容的知识发展水平、切入普遍存在的恰当入手点的获得等，这些因素都直接决定对普遍存在的发现，而它们的具备都带有偶然性，是在一个历史过程中涌现的。

认识对象本身的超验化和理性化虽然使哲学的科学化成为可能，但却使一般人不再能够方便地触手哲学认识对象，从而把哲学强化为真正的专业性学术活动，由此哲学不再可以漫不经心地谈论。除非放弃哲学的科学严肃性，漫谈式哲学的大众亲切感就不具有可推崇的价值。

五 解析骷髅滚动的恐怖哲学史

哲学史充满分歧，"但假如我们承认，哲学应当是一种真正的科学，而且真的哲学只有一个，于是就发生了这个问题：哪一个哲学是真的哲学？……全部哲学史这样就成了一个战场，堆满着死人的骨骸。……在这里面每一个杀死了另一个，并且埋葬了另一个"①。黑格尔用自己的哲学理念重新理解哲学史，赋予各种哲学以特定的积极历史发展环节的意义，试图调解哲学家之间这种不共戴天的冲突。但是，哲学的内部战争并没有因此解除，现代哲学仍然继续着残酷的杀人游戏，而且，更为讽刺的是，在其身后不久，黑格尔本人就重被骂作"死狗"。黑格尔的遭遇有其必然性，其命运密码就在于，虽然黑格尔以优雅大度的姿态分配给以往哲学以从属的、服务的和相对低级的哲学史地位，从而有限复活了哲学史中的亡灵并向他们显示共处善意，但他本人仍然停留于旧的哲学概念之中，顽固地让自己的哲学扮演终极者，因而自然剥夺了后继哲学的独立思考权利。也就是说，黑格尔的宽容仅仅止于善待死人，是偶然地被他的特殊哲学内容所造成的，并非基于对哲学本质的清晰把握而

---

① ［德］黑格尔：《哲学史讲演录》第一卷，贺麟、王太庆译，商务印书馆1983年版，第21—22页。

接受了哲学的开放。相反，他骨子里仍旧充斥着的哲学的傲慢却必然使他携带冲向战场和成为死尸的历史惯性，或者说把他摆放在累累尸骨的前面悲壮地等待更加勇猛无情的敌人。

发生于哲学中的对于真理地位的你死我活的殊死搏斗是不当哲学概念的内在逻辑表现，是对于认识的绝对普遍性地位的主张与认识方法所注定的认识特殊性之间的根本对立的结果。哲学一直被理解为对世界的总体把握，具有绝对普遍性，而按照一般逻辑，一个对象只有一个真理，所以每一种哲学就必然天然抱有排他态度，否则就无以主张自己的真理性。在此，普遍性不加限制地自由走向逻辑极顶，使得哲学不问其具体内容和认识过程而抽象地产生存在解释上的唯一权利信念。但是，另一方面，哲学的方法却一直带有逻辑偶然性。发源于柏拉图的直悟方法否定感性经验的真理认识价值，强调针对现象世界的直觉认识，主张直接把握终极的普遍概念或原理，并以此展开真理体系。后世不乏其追随者，比如斯宾诺莎就以实体概念为起点几何学式地构筑哲学体系。这种方法虽然在哲学体系内部获得了认识的逻辑必然性形式，但起点却是独断的，带有认识偶然性和任意性，并由其最高根据地位而把这种认识缺点播撒到所有后来的论断之中。既然独断没有自身来源和正确性的论证力量，独断的哲学也就会轻易遭到反对并可由他人提出不同的独断。一种独断体系并不会因为自身内部的一贯的逻辑结构和一定的对象解释力而拥有绝对的自我辩护和对反驳的抗辩力量，相反，其他独断体系不必通过直接从事反驳就可以凭借同样的理论特征而取得平等竞争地位，从而导致哲学的内部战争。

与柏拉图哲学方法的源流相对立，亚里士多德创立了从感性认识范畴的现象出发到理性认识范畴的本质的循序渐进的推理方法，在其中，哲学被认为获得了存在根据和认识确实性，因为感性被看作有效的存在确认方式，而在从特殊到普遍的展开过程中，主观思维受到存在内容的约束，同时又表现出从低到高的秩序。但是，在这种哲学方法的认识连续性外表下却隐藏着本质上的逻辑跳跃，即已经阐述过的从特殊到普遍的概念或原理生成环节中所包含的逻辑断裂或者说超验性。它直接造成整个认识过程的主观任意性和独断性。亚里士多德路线属于分析的形而上学类型，但具有与独断式的综合的形而上学相同的主观任意性缺点，因而不可避免地出现内部纷争。分析的形而上学具有经验论基础，迎合人的自然认识倾向并且易于构建，所以喜闻乐见，貌似真理，因而内部纷争一直并未引起叛逆其思想方法的批判。从广义上说，一切利用历史材料而建构的诠释性哲学都属于分析的形而上学，甚至像康德、黑格尔这样的哲学家都位列其中。不说康德的理性批判本身就是分析方法的，就是他关于形而上学的理想也只能是分析方法的，因为在他的先验逻辑范围内，在拒绝把理性思辨概念作经验解释之后，形而上学只能背向经验（由经验倒退式地一直指向更高规定）而不再指向经验，先天综合判断仍然直接指向经验材料，范畴的经验使用的秩序当然应该是由低到高。在康德之后筹划改造哲学的名单中，又有杜威、阿佩尔、哈贝马斯等，他们都因为各自语调的经验主义而加重了分析的形而上学而非改造了形而上学的分析性弊病。海德格尔批评亚里士多德以来的形而上学错误地走上存在者道路而遗忘了存在本身。但他只是切中了问题的现象，却没有看出问题的本质，即这种遗忘的发生不是主观疏忽的结果，而是认识起点相对认识目标的逻辑断裂所注定发生的认识偏离或脱轨，从特殊存在内容不可能合乎逻辑地通向普遍存在，二者之间具有认识性质上的经验与超验鸿沟。海德格尔不理解这一点，因此把原因归结为哲学主题设置的不当，而自己却在更换了主题之后继续从"此在"的特殊生存内容出发追问普遍的存在意义，结果再次陷入形而上学的无尽追寻泥沼。

在分析的形而上学与独断的综合的形而上学各自的内部纷争之外，还有二者之间的形而上学战争。前者以存在为根据批判后者为独断的和虚幻的，并在把形而上学用作其专名的基础上主张采取抛弃行动。但是，他们在据有经验存在根据之后要作出任何普遍论断，也必然无意中陷入逻辑上的形而上学。于是，独断的综合的形而上学指责他们论据与论断之间的逻辑不对称性，缺乏认识必然性和普遍性这些形而上学的必备品质。在这种互相攻击中，透露了他们各自的弱点，即分析的形而上学失去了逻辑安全，而独断的综合的形而上学缺乏存在的支持。但是，在哲学史上，除了分析的形而上学就是独断的综合的形而上学，而以分析的形而上学居多。因此，哲学被战争所困扰也就是一个合理的现象。根据对哲学的科学化形式的阐述，只有存在与逻辑的完善匹配，即适应哲学知识的本质，回避经验存在而引入普遍存在，抛弃分析方法而使用综合方法，才能使形而上学步入逻辑有效和认识真理性的可判定时代。两相比较，占有更大哲学史份额的分析的形而上学却同时缺乏科学的形而上学的全部形式要素，即合理的起点与合理的方法，而相对弱势的独断的综合的形而上学反倒具备其中的一个要素即合理方法。显然，理性化的普遍存在的始终缺位成为制约形而上学向科学转化的关键因素。哲学家们都被常识的存在概念所蒙蔽而堵塞了正确理解哲学的可能性，既妨碍正确方法的选择，使综合方法无以找到合理的存在依托，又逼迫人们不得不接受存在作为哲学的依靠，从而引诱哲学不断跳入分析方法的圈套。理性对存在的确认权的获得，或者说普遍存在的介入是形而上学科学化的重要元素。

　　康德通过先验逻辑一般地说明了形而上学具有可理解的主体根据，但仅此而已，并未深入筹划怎样实现形而上学的科学化。"范畴不能作超验使用"这一被康德看作拯救形而上学的消极限制原理，虽然直接防止了由把理性概念经验实在化所必然引起的理性矛盾，但一方面它侧面透露了康德在存在问题上想象力的衰弱，另一方面甚至反映出他对理性的普遍存在的拒斥，这种态度便直接注定康德为形而上学科学化所作努力的全面失败命运，因为接踵而至的是，他根本不能改革哲学关于自己对象的观念，使哲学在对象有限的条件下成为一种合理的和有意义的认识。同时，也必然不能合理超越分析的形而上学而为形而上学安排综合方法。分析方法只能具有两种使用前途，或者是有合理性并具有认识安全性的理性使用，即从经验物到自然因果的追溯，或者是带有认识上的逻辑跳跃的独断使用，即从经验物到概念。前者不能达到追问事物内在构成本

质的目的,后者不能保证论断的内容正确性和逻辑唯一性。因此,不论哪种使用都不能满足形而上学的科学要求。康德对分析方法的这种认识不足或无所意识,因而自己也在使用分析方法,更不可能为形而上学逃离分析方法而展开相关的全面反思。在划界之后,形而上学的思维形式甚至难以得到有根据的描述,因此导致了康德之后有关于形而上学是否存在的疑问,而不是如何科学化的筹划。

在明确了哲学不是由盲目的认识野心即终极认识定义的,而是被知识形态定义的之后,哲学的对象的特殊化就是合法的形而上学选择,不同的形而上学就可以拥有自己的领域而不会自然地挑起冲突。把追求终极真理作为形而上学的本质是分析的形而上学被其内在认识逻辑所驱使而制造的一个幻觉。可以有绝对普遍的哲学,但那必须建立在现实的认识基础上即找到了对世界整体的普遍存在的理性描述方式。在这样的形而上学图谱中,各种不同的形而上学便形成依据所认识对象之间的存在关系而可以合理考虑它们互相之间的共存这样的可协调关系,而针对同一对象的不同形而上学变得可以依据认识的健全性和必然性作出理性判定。

对哲学的科学化具体条件的追问导致了哲学概念的革命,它逻辑地显现出以往摇摇晃晃的哲学史的漏洞所在,同时塑造出哲学的科学形象。

第十三节 哲学理论的构造标准

学术具有真理的崇高和异乎闲谈的庄重。一种学术活动总会带有某种理论构造冲动,同时也意味着思维活动的严肃性。作为学术,任何思维都必须以真理为依归,这是一个简单的常识。但是,由于主观性的认识有任意妄为而背离客观存在的可能性,所以学术必须寻求实现或增加自己的严肃性和可靠性的手段,以便避开和远离主观虚妄的陷阱。于是,学术内在地要求某种理论构造标准,随时检验和清除学术思维中的不合法论断。所谓理论构造标准,就是指导和规范理论论断的普遍认识原则,它相对具体认识在先规定合格理论认识的特定过程和形式,包括认识论基本原理、认识的合法内容、正当方法、逻辑规范等。

理论构造标准是人们关于认识的品格和知识的形态的一种哲学式信仰，是对知识品质的某种品鉴态度和认识趣味，它预先决定认识的倾向和学术批评方向，提供知识与非知识、好的认识与坏的认识、有效的认识与无效的认识、精致的知识与粗糙的知识、可疑的知识与可靠的知识、有待改进的认识与至善的认识等问题的判定根据。在具体内容上，理论构造标准具有历史性。人类的认识历史表明，理论构造标准会不断得到发现和提升，比如欧几里得几何学导致认识的几何学典范。认识是人类把握和支配世界的活动，其目标在于克服客观世界相对主观世界的外在性和异己性，把客观世界确定性地转化为主观知识。换言之，认识尤其是学术性认识，是对确定性的寻求。相应地，理论构造标准就是在一定历史阶段人们对认识接近和满足确定性的标志性判断。因此，理论构造标准事关认识的动机、力量和效率。作为学术研究的社会意识，理论构造标准既包含求真意志，也夹带审美情感，反映学术集团的特殊精神气质。比如东方智慧推崇诗性感悟而安于"大概"，容许模糊；但西方理性追求普遍性、逻辑性、必然性、精确性。相比之下，东方思维的理论构造标准松弛，在"标准"之本来意义和应有要求上说，几近于无标准。

在一个理论构造标准中，抽象地描述和预断了某种认识可能成真的基本形式和条件。对于一种认识活动，其真理性是由与普遍条件相符合及具体内容之间的正确联系两者共同决定的，而且前者仅仅为后者设置了关联形式，如何具体地在特定认识内容之间建立起所要求的存在关联形式，还需要通过具体认识来解决，而并不是一个可必然实现而毫无困难的过程。因此，理论构造标准是某种认识的逻辑有效性或者说形式有效性的充分条件而非现实有效性的充分条件。这决定了理论构造标准的规范性，即对认识形成强的消极性约束，彻底否定违背理论构造标准的学术思维的逻辑有效性，而形成对认识的弱的积极推动，仅仅抽象地启示认识的方向而并不能直接决定一个成功的真理认识。要言之，理论构造标准向认识所提供的担保仅仅是逻辑有效性而不是现实有效性，符合理论构造标准的认识仅仅是可能为真的认识,而违反理论构造标准则必然是认识论上无效的认识。

一旦主体接受并深刻形成了理论构造标准意识,抽象的理论构造标准就升华为紧随认识活动的心理环境,实时规范和诱导认识行为,调节认识兴趣和方向。而一旦理论构造标准被普遍接受,升华为社会学术意识,那么学术批评标准就会超越个体主观差异和偶然性而统一于客观的理论构造标准,形成学术平等和认识开放机制。理论构造标准意识暗弱甚至缺位的必然后果,就是权威取代逻辑,外在的社会因素压倒内在的认识真理性。如此,则认识必然失去正确的方向。

明确的理论构造标准意识使人清晰地感觉到自己认识活动的合理性,能够自觉作出对思想的严格检查和自我批判。有了对理论构造标准的自觉,学术思维才可能达到自律水平。这是理论构造标准在已然显现的个体思想上的消极性效果。另外,理论构造标准还有一种积极的效果,即它给思维主体树立起认识的理想形态,自身转化为某种可能认识的目标,从而直接造就一种知识追求激情,大大推动认识的发展。这也就是说,有了对理论构造标准的自觉,学术研究才可能达到自勉水平。比如,正是被数学榜样所设立起来的知识理念所推动,笛卡尔创造性地展开了他的哲学思维,里程碑式地开辟了哲学的一个新时代。也正是被认识的严格、普遍、必然理想所逼迫,康德不苟于零散和偶然列举知性范畴做法,不懈地追求对先验知性范畴的完备论证形式。

综上所述,理论构造标准意识形成实实在在的学术研究的心理环境,是学术创新思维的自动调节器。

第十四节 "民族哲学话语"的形成条件

一 话语"国籍"

有一种观点认为,一个民族必须立足于自己的文化资源,甚至必须以自己的语言才能进行哲学创造,拥有自己民族的哲学。这叫作话语本土化。有更强化民族性的人认为只有是民族的才能是世界的。故土是否就是厚土，这似乎需要理性分析。

大体上，学术话语本土化要求有情绪的和理性的两个根源或者说两种表现。情绪的根源在于一种维护和高扬自己文化传统的冲动，认为一个民族就要讲自己的话语，而不能放弃自己的传统而搬用其他民族文化，以致使民族文化湮灭。理性的根源在于，认为学术思想的根要扎在自己的生活处境中，只有紧紧联系造成这种生活处境的传统文化，保持话语与传统语境的联系，讲本民族话语，才能有所作为。而由于一个民族与其他民族文化存在天然距离，无法完全拥有其他民族文化底蕴，所以就没有能力讲好其他民族文化话语，强而为之则必然"失语"。

这两种不同的表现其实有共同的观念基础，即话语的硬性国籍区别，认为话语国籍具有实在意义，或者是承载民族存在价值的实体，或者是发挥思想功能的实体，并且客观而不可改变地被历史所赋予，构成与我们的存在和发展的捆绑式同一关系，每个人不能选择或改变自己的话语国籍。因此，学者只有按照生活的安排而讲自己的"母语"，才能有所建树。欲言而未言的一个论断是，一个人只能拥有一个"母语"，也必须效忠自己的"母语"，初始话语教育之外的二次话语训练和接受在根本上说是不可能的。因此，生活的特定地域环境带给人们的思想以特殊文化语境，而只有合乎自己所属的文化语境的思考才能取得成功，既可以在思想上抓住有益的问题和闪耀有价值的观点，又能被同一文化语境中的人所理解。可以扼要地概括这种观点为文化语境决定论。

在直接存在形态上，这两种本土化要求有着根本不同的本质。但二者却往往发生密切的联系。讲民族话语意味着依凭传统，体现于话语的传统性之中。而在最强硬的或者说泛化的学术话语本土化思想策划中，又正是把情绪的因素糅进理性的决断之中，从而赋予思想的本土化以理性之外的情感力量，使其包含着某种民族主义的爱国观念。于是，学术应该本土化这一要求带上了不可置辩的激昂色彩，被赋予强烈的伦理意义。这种用民族情感牵制学术理性的做法，缺乏内在逻辑根据，大可怀疑。然而，在许多强调话语本土化的场合，都带有这种混合因素。因此，有必要在具体分析文化语境从而判定文化语境决定论的得失之前，先行解析话语国籍与文化语境的关系。

情感与理性在话语本土化要求中的结合，仅仅是不当混同特定民族之名称的两个不同所指而演义的结果。"民族话语"的民族地域含义下的"民族"概念以种群为对象，其所指效力囊括民族的历史、现在和将来，凡是以民族一员自居的人所进行的思想活动都属于该民族话语，即该民族的人所讲的就是本民族话语，其标志是政治的和语言的。而思想逻辑含义上的"民族"仅仅以民族的历史积淀为规定，着眼点是作为思想发展条件的特定思想传统。前者是一个价值评价，后者是一个理性判定。民族历史与民族实体不容混淆，至少，民族实体相对民族历史具有更丰富的含义。因而，满足两个要求的条件和方式并不相同。显然，民族的历史积淀特征以实体意义上的民族为（自然的和逻辑的）前提条件。因此，即使从造就民族自豪感的角度看，"民族话语"也不应该狭隘化为讲"土话"，而应该开放话语方式和话语资源。一种话语的国籍在于贡献话语者的国别而不在于话语本身的历史亲缘关系。民族所有成员的学术话语都是民族话语。那些一举达到原创认识从而为世界作出实质贡献的话语，不论其文化底蕴为何，都必然被标以话语主体的国籍，代表所属民族而为民族争得光荣。话语的荣耀不会不管话语主体身份的变化而凝固在话语方式原初所属的民族内。西方学术理性精神源于希腊，然而这一理性精神在历史上已经几易其手，古罗马人、日耳曼人等民族都曾接过这把文明火炬，但是却没有人把他们的成就归属于希腊人，拒绝承认这些民族的独立文化地位，顽固地把法国哲学、德国哲学统统叫作希腊哲学。相反，沉痛的现实是，光辉的历史并没有使希腊人免除被遗忘的命运。解除了历史情结的纠缠，使情绪与理性脱钩，"民族话语"会更加多样、更富有希望，一个民族作出伟大思想贡献的道路会更加宽广。

二 文化语境

话语的民族性本身与话语的特定历史背景没有必然关联，但按照语境决定论，一个特定民族的人如果离开民族文化语境，就将思想乏力甚至失语。这种因果关系是否成立，直接决定学术话语本土化要求的合理性。因此，什么是文化语境及其认识功能成为优先课题。

从直观的内容存在形态上看，文化语境就是思想活动与之发生自然联系的给予性的特定文化流传物，后者占据对前者的前提地位，发挥对思想活动的生成和限制作用，把某种思想活动放置在特定的处境上，从而使自身语境化。在这个意义上，文化语境表现为文化存在的历史惯性。

而从这种文化流传物发挥语境作用的内在要素看，文化语境具有复杂的语境内涵。文化语境是思想活动的模板，而它本身就是蕴含思想活动信息的历史成果，并正是通过这些成果而显现某种思想模板。因此，所有使得思想活动得以可能的要素构成文化语境的内涵，它们为思想所需求，同时也为文化语境所拥有，二者互相契合与同一。思想由形式和内容构成，也就是由特定思维方式操作思想材料来形成特定的思想。思维方式又可细分为理论观念、叙事形式、思维框架，而思想材料即思维所运用的特殊内容，又可分为世界事物与思想遗产。理论观念就是关于有效认识的理想，构成认识活动的先验图式，是检验认识成果有效性的标准并同时作为认识价值的尺度。它规定了认识的格准即认识的合法发生、认识的合理方向、认识所当满足的条件。叙事形式是思想的内在结构和秩序所表现出来的纯粹关联形式和节奏，其中定义了设置不同思想环节间关联的公准。思想框架不同于纯粹形式性的叙事形式，是文化语境中的某些普遍概念和原理借助于自己的逻辑制约作用而设立起来的，它表现为对思想活动的普遍内容限制，构成对思想发展的基本约束，规定思想活动的出发点、路线和视野选择。世界事物是客观世界提供的直接认识材料，独立于文化语境之外。而思想遗产作为主观观念为文化语境所具有。概言之，文化语境的内涵包括理论观念、叙事形式、思想框架、思想遗产。就作用的逻辑普遍地位而言，四者依序具有由高到低关系，表现为语境作用的不同层次。与此相应，文化语境的每一层次的内涵都直接发挥特定的思想指导或材料给予的认识功能，具有特定的认识价值。

但是，文化语境对思想活动的有益作用仅仅是辅助的而非普遍必需的。因为，文化语境也是历史创造的，逻辑上有其无语境前提的原初起点，对于理智来说，创造力永远是开放的，不会面对历史而封闭自身。

按照文化语境的内涵具体确定中国文化语境或西方文化语境的特征是一项复杂的工程，也超出当下讨论的直接目的。对于文化语境所当继续确定的是其社会功能和不同文化语境间的相对价值区别。由于认识的心理学特性，对于文化语境，人们具有认识惯性和熟练性，所以那些具有某种文化语境的话语，能够更容易地被处于这种文化语境中的社会所理解和接受，而不具有文化语境或语境不属于作为对话对象的特定社会的话语，就难以被理解和接受，相反可能会遭到排斥。然而这仅仅是心理学的规律而非思想本身的逻辑规律。在此，需要特别注意的是，语境的创始表明，没有语境或不同语境的话语可以得到理解并被接受，而且这正是社会思想飞跃发展的重要形式。

根据文化语境的内涵可以断言，不同文化语境间具有不同的认识开发能力和认识有效性程度。不同思维方式之间是不等价的，在认识深度、认识广度、所能解决的问题、认识效果等方面具有先天差别。中西文化的存在形态及其社会实践效果就典型地例示了这一点。因此，不能以文化语境相对主义观点而把不同文化语境平等化，从而试图将所占有的语境普遍化为一切思想的文化语境或者说可以万用灵验的文化语境。

面对一个文化语境，最先也是最易接受的是它的最外层或者说最低级的语境内涵即作为材料碎片的思想遗产。然而，真正进入一个文化语境，是以全面占有该文化语境的内涵为标志的。只有完成思想框架、叙事形式和理论观念的依序渗透和融会贯通，才能化身于该文化语境之中而产生运用语境的认识能力并开始独立思想。能否运用一个文化语境的内在精神来发现和解决问题，进行原创性理论生产，是掌握一种文化语境的话语的最终标准。语境是由人的理智创造的，因而在逻辑上都是具有相应理智水平的人可以进入的。

三 学术话语的真理本位与语境自由

学术的使命是解决问题和发现真理。而在问题性质与真理的面貌之间具有某种关联关系，即一定的问题要求某种形式的回答。世界对于理智是一个开放的问题域。由于文化语境内在地具有自己的特定提问能力和解决问题的能力，所以面对开放的问题世界出现的每一个问题，必须按照其性质寻找适当的文化语境，甚至在零语境境地下可以另行创造认识道路。只能让语境服从问题，而不能用语境阉割问题世界。对于一个问题，设置不同的解决目标也会影响认识活动的文化语境选择，并不是任何语境都能提供达到某种目标的认识资源。因此，即使在问题的语境交叉即一个问题同时属于两个以上文化语境的情况下，也不能简单地独断语境等价。质言之，学术必须视问题而确定语境归属，而不能先验地划定文化语境，更不能民族主义地优待本土语境。真理无私，所以也要无私地热爱真理，向真理认识开放语境，在语境自由中扩大有限理智的真理发现机会。

文化语境是在原创中积淀形成的。而在语境生成之后，在更多情况下为认识活动提供了基础或方便，因此会增加认识效率。但是，从认识发生的逻辑可能性着眼，为认识的稳妥计，这种情况并不能成为为原创设定语境的根据。原创造就文化语境，也只有在自由的原创中才能辨认和确定有效的文化语境，并充分显现和巩固既有的某种文化语境。因为，只有原创才实际地复活了一种文化语境。就文化语境的无形内涵而言，只有在实际承担一种认识任务时，才能见证对文化语境的真实吸收和拥有。纯粹的阅读理解虽然能够把读者带入一定文化语境，但由于只是对给定内容的辨识性把握，所以还不能直接证明已经消除了语境精神的异己性而真正据为己有，同时也没有在"语境"的生发功能意义上使语境成为新话语的基础。从历史的维度看，只有一种语境在认识的发展过程中不断进入原创之中，才能在人们对有现实意义的原创认识的关注中而得到重温和保存。学术史研究文本由于不承担思想的真理发现责任，而是以发现真理的文本为对象，所以必然相对实在的文化语境发生反思的丢失，即不能完整地再现其中所蕴含的真实的文化语境。

文化语境的进入要靠完整生动的体悟，而真正占有文化语境以成功利用文化语境从事原创为外在标志。语境的存在结构为寄身于流传物之中而呼吸原创空气。只有具有原创推动功能才是活的文化语境。语境在自由的原创中被触碰而复活并开始发展。原创既消费语境同时又生产语境。

一个民族的传统文化语境应该听候原创机遇的呼唤，而不能离开具体问题的需要把自己独断为能够发现和解决一切问题的普遍语境。

四　创造世界话语：用因应存在取代对语境的先验选择

存在是问题的对象。不同存在事物决定相应问题与文化语境的关系。那些与特定民族的社会生活相联系的问题，直接被该民族的文化语境所决定，因而是具有民族特殊性的问题即特殊问题。而有些问题并不来源于那个特定民族的特殊生活，具有认识一般性，比如纯粹认识论、本体论问题，因而具有超民族文化语境的普遍性，并不特别依赖某一文化语境资源才能提出，所以是普遍问题。有关自然世界的问题通常是普遍问题，而有关人类社会的某些问题往往是特殊问题。对于普遍问题，就要按照认识的客观要求自由利用各种语境资源，制作普遍话语。而对于特殊问题，就要放置在适当的文化语境中制作特殊话语。尽管特殊话语与特定文化语境相联系，但还是可以被不同语境中的人所理解，这当然要付出更多努力。因为，任何语境都是依托存在而创造积淀的结果，通过存在处境的直接体察或间接的移情式认识，就能在正常理智中建立起一种文化语境的内在逻辑关联。正是这一原理，保证对跨语境或零语境的普遍话语的理解。也正是这一原理，使得语境具有普遍性。

只要是有存在根底并开拓存在认识的话语，都会引起人们的普遍兴趣，即便是紧紧限定在特定民族生活之内的特殊话语，也会引起其他民族的好奇。因此，崭新的存在底蕴赋予话语以世界性。而具有世界性的话语才能吸引对话。在这个意义上，语境的差异和开拓恰恰是创生对话的要素，而语境雷同甚至完全覆盖，只能产生复读式文本，进而因理智厌倦复习而丧失自己的刺激力量。复习性接触尽管有以熟练为基础的接受便利，但终因其认识价值的空乏而失去对富有认识挑战精神的那些心灵的魅力。而不同层次和不同程度的零语境化，虽然带来解读困难，却会以其认识价值和文明价值成为对话中心，一切具有健康认识心态和天天向上志趣的人或民族，都将聚集其上。真正的对话是为了学习而不是为了印证自己的"正确、光荣和伟大"。不是在其他语境中寻找存在而是寻找自我的影子这种做法，隐藏着欲盖弥彰的民族虚荣心。

原创含量是一个文化语境中的话语参与世界学术对话的资本和限度。随着对一个民族的有效文化的熟知，身处外域的人们就会失去与之继续对话的兴趣。因此，仅仅消费性地把传统文化作为对话话语，对话就必然不能天长地久。坐吃祖宗饭总会有杯盘狼藉那一刻。而且，以这种方式参与对话的真正主体，是死人而不是活人。对话的听众只对参与对话的原创话语感兴趣，而不是对它的自然代理人感兴趣。比如，我们关注的是亚里士多德，而不是中介解释人。因此，以消费方式参与对话，只能传扬历史的光辉，而不能换来对当代的尊重。

要想发出世界强音，就必须走独立思维道路。但是，思维的独立只能在自由原创中造就，而不能仅仅在"本土"中收获。从根本上说，认识是为了丰富和提高自己，而不是做给别人看的，因而话语的价值在于为包括话语主体自己在内的全人类作出贡献，而不能仅仅以得到他人称道为标准。由此论之，话语的本土化不失为一种话语选择，可能在其中会有原创产生，但它不是唯一选择，也不是单单一个"本土化"就能直接带来话语价值的选择。因此，必须为本土化预设问题类型限制条件而使之合理化，防止把它误读为哲学认识的普遍法则。

第十五节　引注哲学：好的与坏的

引述前人思想是话语的一种文明标志，它至少表现出某种博学，并给言谈者添加某一思想种族身份，帮助其获得思想家族成员的某种社会利益。但是，包围引述的思想语境却使它发生激烈的价值分化。如果服务于实践目的，那么引述就是一种策略教诲，直接促成某种行为；如果服务于理论思考，那么引述就是一种认识阶梯，作为思维材料参与认识过程。如果引述的主观动机是宣传，那么对大众思想倾向的期望和社会心理规律将支配引述内容，其中充满机巧，断章取义亦不为过；如果引述的主观动机是穷理，那么真理观念将支配引述形式，即在问题的逻辑相关区域和论证的自然逻辑延伸中让引述涌现，在正心诚意中添加勾画存在的材料。如果对待引述内容的态度是敬之以权威，那么引述就会是简单的孤立搬用，放弃具体的审议性反思，成为压服工具；如果视引述内容的价值仅仅为参考，那么引述就会开放而与历史竞长，同时保留思想自由，坚持具体的审议性反思，因而仅仅作为某种思想可能性的提示。在现实的认识活动中，引述的不同情况可以自由组合，造成众多形态的引述。其中，就包括引注哲学。在此，所谓引注哲学是指，对存在抱有纯粹真诚的哲学理论建构目标，在认识过程中不同程度地穿插前人相关思想，作为推动哲学探索或建构的材料。

一　引注哲学的思想格局

思想引用或者说借用有多种方式，其中最经典的形式是引注，即以明确敞开思想身份和归属的叙事形象让某种思想进入文本，表达理论探索和理论建构的构成环节。这里为方便起见，用引注这种引用的严格形式泛指所有认识过程中的思想引用现象。引注的出现说明关于某种存在的哲学研究身处思想史的包围之中，相关问题前人有所论断和奠基，属于所谓的"接着说"。不管引注内容在原来理论思想秩序中所处的逻辑地位如何，也不管引注内容在当前认识进程中占据何种地位即出现在认识发展的哪一阶段，引注本身在形式上就注定正在进行中的认识活动的非原发性，尽管可能有思想史依赖程度上的区别，但其思想出发点的承袭实质却已经普遍地做实。因为不可能拒绝一个观点的理论认识过程而借用这个理论论断。引注出现在哪里，就意味着在这一认识关节点上横生一种隐性的认识分枝，嫁接一个独立的思想根脉。在逻辑上，引用出现之后的话语就落入"接着说"范畴。

由于任何理论论断都有自己的基础和思想系统，所以引注就意味着接受相关旧理论框架而放弃独立思考和对理论出发点的重新设置。这就是说，引注哲学必然在根本上处于旧思想框架之内，安于已有理论体系的基本原理，因而在认识活动中作出以被引用思想为推进材料的决断。

在逻辑上，引注哲学中发生的与前人思想的交叉不会是两种思想在思想中途的交汇，而必然是在思想根基处的复写，即在认识出发点上采用前人理论成果。因为，如果独立创立一种认识的出发点，那么就不会有与前人思想的重叠，即使有相同或相似的观点，也毋须引用他人，只须逻辑一贯地推衍而出，如此更能显现论断的逻辑根据和系统性。在更深层次的知识构建逻辑上，不同的理论建构出发点之间具有认识发展的绝对差异性，否则二者之间就是间接同一或者互相蕴含的。之所以具有独立存在的价值，就在于二者之间的绝对差异性或对立性。

引注哲学准备探索存在，但这种探索在筹划中被定格在承认前人认识成果的论断有效性这种知识观上。其表现就是省略引证观点的论证而简明地转述前人观点。因而在直观形式上，不能判别这种引述的主观理由，即是基于对引证观点的理性把握和认可，还是在没有充分理解条件下的简单信仰。不论如何，引注都直接说明了对待引注内容的知识有效性的主观态度，作出了相关内容的真理性假设，因而必然给引注哲学外在地增添某种知识论风险，即逻辑异议风险和历史颠覆风险。所谓逻辑异议风险，就是引注观点所依赖的认识过程被指包含思想关联间的逻辑欠缺或错误，具有论断的可怀疑性。就每一引注都包含外在于当前认识构成内容的自身独立的思维过程而言,这种质疑可能性随引注的不断发生而算术式累积。思维过程中内容关联设置的形式性不当(形式逻辑错误)或实质性不当(基于内容理解的不准确或错误)都造成逻辑异议机会。所谓历史颠覆风险,就是一定的理论随着认识的发展显露出某种缺陷,甚至被彻底否定,从而拖累以之为论断基础的特定论断归于可疑或无效。一种知识遭到历史颠覆是一个确凿的现象,但对其本质的解释却仍在迷雾中,有人说是认识对存在反映的错误,也有人归因于理论的解释构造性质,认为一种理论仅仅是对存在的特殊主观解释,同一存在可以有不同的理论描述,作出差异甚至对立的解释框架建构,由此废弃旧的理论。不论原因究竟是什么,其结果都是相同的,即在真理概念的约束下造成对引注真理性的放弃,从而冲击包含引注的理论认识的有效性和可接受性。

由于人的认识的本质和有效性还没有得到普遍认可的揭示,认识的历史也充满错误和纠错,所以一般地说,每一个认识论断,过去的和现在的,在逻辑上都包含被否定的可能性。可以说,多一种思想源流的汇入,就多一分认识被否定的风险。因此,引注对于自身本就具有无效化风险的理论建构来说,是一种风险叠加或者说风险推高行动。引注忽略了这种风险,假设被引内容的正确性,因而属于某种博弈性策略选择,意图在于补益和推动当下认识活动。

引注的上述认识风险在不同认识领域或者说学科中存在差异。由于引注涉及对某种论断的知识有效性假设,而知识有效性与认识的学科发展水平相关,被学科共同体所普遍接受的认识方法和认识范式加强论断的有效性。因为,一来通过限制认识主体的主观性而增强认识的内容真理性程度,同时提高认识的主体间可检验性,从而使知识生产环节能够得到实时的有效性管理。二来也反映相应的认识水平和认识进化阶段,客观地增强论断在逻辑上的稳定性。在各种学科中,有的具有相对明确的学科共同体特征,知识稳定性较强,因而引注一般具有较强的抗风险能力。相反,有的学科则缺乏普遍而行之有效的认识方法和共同认可的基本前提，学术共同体性贫困甚至没有形成学术共同体，因而引注的认识风险加大。对于哲学，这个问题尤为突出。虽然哲学有最悠久的历史，但至今没有形成成熟的学科反思，研究方法处于纷乱任意状态，认识的范式性基本前提没有凝结凸显，显现出学术群体的散漫分离状态。在这种条件下，所有哲学理论都表现为暂时的一家之言，特殊理论之间的对抗成为日常状态，特殊理论本身也难以有效辩护自己的真理性和存在解释的排他性，因而引注遭到反对和拒绝的可能性增大。因此，哲学引注的认识风险不可以用心存侥幸来忽略。哲学史的动荡现实要求必须高度重视哲学引注的认识风险。

以批判眼光看，在哲学的学科不完善条件下，"接着说"这一决断本身表明，认识还局限于某种原有认识框架和认识发展水平之中，还没有能力超越以往理论的束缚。在获得学科认识有效性的绝对辩护之前，引注哲学就意味着在形式上具有认识不完善性。申言之，学科认识的现实状况所获得的有效性辩护等级或强度，直接映射为引注哲学的完善度，即强度越大，完善度越高。

引注哲学通常得到认识的连续发展信念的支持，其实这仅仅是认识历史的一种可能构成方式，人们不应该忘记或者说忽略另一种可能性，即认识链条的断裂和原有理论被归于无效。考虑到后一种情形，引注哲学就显现一种简单的乐观和天真。

二 引注哲学道路的元哲学选择

接受引注是认识的一种主观决断。但从知识论的角度看，知识内容间的关联关系并不是任意自由发生的，而是被各个内容间的内容特殊性所规定的，即特殊内容间具有关联关系发生上的互相选择和匹配要求。更为关键的是，关于特定对象的认识，参与知识构造的观念必须具有对象的同一相关性和逻辑上的关联统一性。然而，由于存在关联带有复杂性，直接的存在相关可以简单而准确地确认，但那些间接的存在相关的正确挖掘和甄别并非易事。另外，由于知识可以具有不同且互相独立的源流，所以即使满足存在相关条件也并不一定满足逻辑统一要求。因此，具有特定认识展开可能性的一种认识活动，能否在逻辑上与思想的某些历史内容发生关联是不确定的，并不是思想史一定能够参与到当前的理论构建中。申言之，面对特定存在的特定问题，应该首先进行认识论审视和筹谋，确定研究处境及其对待思想史的应有态度。这种工作属于元哲学范畴。

认识的原初起点是问题，理论建构只能是对特定问题的反思性探索。针对特定问题是否采取引注哲学形式，在逻辑上取决于作为新知的可能的理论建构与原有思想史知识积累之间的关系。如果二者之间具有相容性和链接性，那么就应该把认识的形式定位为引注哲学。相反，如果二者之间是割裂的或不相关的，那么就应该放弃对思想史的依赖。而对于一场有待展开的认识来说，给定的仅仅是问题，所能把握的仅仅是以问题为线索的对认识发展的抽象的逻辑规定。因此对问题本质的分析和对理论建构特征的要求，规定待定的可能认识与给定的思想史之间的关系。

有意义的问题并非给语句自由添加疑问号的任意主观发问，而是在一定概念或原理的限定下针对特定内容的存在构成原理的追问，在其中，作为设问条件的概念或原理已经规定了认识的方向和活动范围。因此，面对问题，应该进行逻辑构成分析，确定规定问题的概念和原理，并继而分析确定其存在关联，判定其在知识网络中所处的逻辑地位。在逻辑上，一切与问题概念和原理相关且高于问题概念和原理的概念和原理，都有可能干涉未来认识过程，成为对问题作出论断的基础。同时，被这些相关的概念和原理所关联的某些知识，也可能与针对问题的认识活动发生一致性支持和参与关系。由此，可以说，一旦发现问题概念和原理与以往思想中的某些知识相联系，处于逻辑包围之中，那么就可以作出关于引注哲学可能性的断定。相反，如果缺乏这种关系，那么就完全可以否定引注哲学的可能性和合理性，从而断然放弃认识过程中对引注的期待。

问题在思想史中的关联状态和地位，只是展现了解决问题的认识过程与思想史的交融可能性或者说必要条件，而没有完全给出其必然性，即是否应该发生引注还有待其他条件来判定。因为，从知识论看，问题的特定性并没有完全规定认识的性质和认识的路径及其认识环节。问题本身只是抽象地设置起完整的认识对象，包括认识的所指物和被问题概念所规定的认识性质，二者共同具体确定要求作出认识规定的内容，即参与特定认识性质或者说认识方向的存在内容。必须指出，相对特定认识方向，并非被指直观存在的所有可能构成内容都是认识对象内容，而是其中与认识方向逻辑相关的某些内容才可能成为真实的认识内容。比如，如果问题是追问一物的美，那么颜色、空间结构特征就可以成为认识内容。而如果问题是追问一物的普遍本质，那么颜色、空间结构特征就不会是认识内容。随着问题概念的特殊化，这种对直观存在对象的认识对象切割会呈现复杂的具体化效应。可以说，把握真正的认识对象即实际参与认识活动的存在内容，已经不再是一个简单的存在感受活动，而是一种高级的理性判断。

在认识对象确定之后，如何展开认识具有认识上的不确定性，对理论建构目的、认识有效性程度的设定以及与此相应的认识方法的选择，将决定具体的认识实现起点和过程。如果认识的理论建构仅仅是为实践服务的，那么可以不要求认识的严格理性确定性，以"有用"为准则，认识方法可以广谱地包括一切可用的方法，实验的、推理的、归纳的、演绎的、猜想的、论证的等。如果认识的理论建构的目的是纯粹理解，那么就必须选择具有存在分析和描述的连续中介环节的方法，在合乎特定认识逻辑的形式中达到对认识对象的论断。如果对认识有效性提出普遍必然性要求，那么就只能选择综合式演绎方法。反之，如果仅仅要求理念上的概然有效性，那么归纳方法、分析方法等不具有逻辑上的严格必然有效性的方法都是合法方法。而不同的方法意味着不同的认识路径，规定由不同的内容来充实各个可能的认识环节。这就要求在特定方法概念下筹划认识的特定起点和认识展开形式。具体的认识规划结果将进一步显示针对特定认识对象的认识活动相对思想史的所处地位和关系。特

别是认识起点的选择直接在内容上标明它与思想史的确定关联,即或者处于思想史的理论论断之中,或者完全超越和独立于相关对象的思想史。而在形式方面,必须是同质的认识目的和认识有效性的认识之间才具有相容性,或者成为有效的,或者成为可取的。也就是说,在对问题解决的筹划中,会进一步缩小问题本身所显示的思想史的有效范围。

从认识真理性的严肃性考虑,仅仅一般地在形式上和内容上具有特定哲学认识相容性,还不足以支持作出引注哲学的决断,而是必须进一步审核进入引注实施规划的某种思想本身的可接受性。其任务在于反思某种理论的内在构成,按照特定理论本身所宣称的认识方法去检验其中认识环节的合理性,包括起点选择的正确性。只有得到理性赞同的理论才是可引用的思想史资源。

如果说个别性的思想史真理性考察包含主观偏差风险,可能受到个体心智特征的特殊影响,还不足以保证引注哲学的安全无虞,那么更进一步的限制便是所引注理论具有学科稳定性,其认识已经进化到知识的有效积累形态,也就是在特定检验标准下能够得到学术共同体的普遍承认,从而在认识操作上得到关于引注策略的合理性辩护,即引注哲学选择具有现实唯一性和认识经济性,能够大概率地获得更大的认识发展成就。

只有经过上述前引注反思的引注哲学才是好的引注哲学,而缺失这种反思,只是笼统地相信哲学史,一般地根据模糊的谈论对象的相关性就进行引注的引注哲学,便是坏的引注哲学。

三　引注条目间的家族同一性确认

在作出了某种引注内容的理论属性与问题及其解答方案之间的认识相容性判定之后,一种更加直接的理论间相容性判定问题便被提出,即在同时引用多个理论体系之中的观点于一个认识过程情况下,需要对引注所属不同理论体系间的逻辑相容性作出判定。

从认识发展和理论构造的可能性上说,可能出现一种认识与思想史中多种理论相关的情形,从而在同一著作中引用不同理论体系中的某种观点情况是可以接受的。不过，同一认识过程和理论构建中不允许包含直接或间接的矛盾，任何矛盾都必然使相应论断无效。而参与同一认识过程的诸多引注内容作为理论构建内容，一同成为逻辑相关的内容，必须与整个认识过程一起面对和接受不矛盾律。因此，必须对各个引注作内容上的直接互相相容审核。由于引注内容的完整意义来自其所从属的理论体系，只有在其根据的呈现中才能准确把握其赋义，所以对引注间相容性的审查应该间接地扩展到引注的相关认识源流，包括认识目的、认识有效性形态、认识方法、作为根据链条构成内容的认识环节。与问题和引注之间相容性的判定同理，只有认识目的、认识有效性形态、认识方法互相一致或匹配，作为引注内容的各个根据间能够逻辑相容，才能保证认识的逻辑有效性。认识目的不同、认识有效性形态不同、认识方法不同，都直接导致不同引注间的排斥，使认识既不能确定自己明确的自我身份意识，也不能断定自己的认识真理性，让那些严肃理性陷入茫然和犹疑。而不同引注内容背后根据群之间，如果存在个别乃至全部内容发生冲突情况，那么必然使认识过程陷入隐性矛盾，缩小理论构建的发展空间，损害理论的构造健全性。可以把引注内容间的逻辑一致性称为家族同一性。只有保证各种引注间具有家族同一性，才能使引注哲学满足严格理性的论断可靠性要求，作出清晰和根据充分的判断，让引注哲学成为一种发展真理的真正有益的认识形式。

　　承担起引注的家族同一性辩护责任的引注哲学，必然变得繁难。从写作技术上看，它要求精细和绵密，每注必有分析，增生诸多枝节。从思维任务上看，提出了严格的逻辑分析操作要求，考验着引注哲学的逻辑理性水平。从认识视野上看，要求具有整体性系统化眼光，谨慎把握和处理复杂的内容联系，而且这种联系实际上扩展到引注涉及的所有理论系统。由此，引注哲学不再轻松，而是非常沉重。但是，也只有如此，引注哲学才能获得稳健品格，保证对哲学发展具有贡献度，从而配享智慧之名。

　　就哲学而言，其发展还没有成熟到具有统一的方法和检验标准，因而充斥着主观性和争议性，距离认识的主体间普遍性和认识的稳定知识积累阶段还很遥远。可以说，现有的哲学史充满混乱。因此，引注哲学尤其需要进行引注内容间的家族同一性辨认。无视这种理性要求，就会直接造成引注哲学的形式可疑性和可能的潜在认识错误。

在缺乏明确的引注约束意识而放任自然的情况下，会有各种性质的引注涌现。按引注发生的根据，可以有堆砌式引注和有机式引注。仅仅以存在相关即谈论对象相同为线索而把相应的有关内容都拉入引注，并不清楚它们之间在知识构成上的逻辑关系，便是所谓的堆砌式引注。相反，把具有存在相关性的不同理论思想，经过严格的知识构成逻辑位格分析，按照逻辑关联的恰当性判定有选择地加以引入，就是所谓有机式引注。简单地根据谈论对象的同一性，按照自己的喜好或感觉而截取一个概念或原理的构成内容中的某个要素或意义来作为引注内容，这种做法极为常见，但是却包含诸多错误。一个概念或原理在其原有理论体系中的真理性是以自己的存在整体获得的。也就是说，其构成内容在互相间的协同作用中显现真理性，一旦分离而失去应有的限制条件就会丧失真理地位。因此，一个概念或原理是不能被分割而作片面引用的，这使引注的认识风险陡然增加，陷入真理性不可判定状态。此外，与此紧密相关的是，随便怎样割取一个概念或原理，在实际上都把其余内容牵连带入关于对象的认识过程中。对于引注的审核要求来说，其效应为改变审核对象的直观所与而间接地触及与引注内容关联存在的其他内容。所以，对于它们的家族同一性审核，都要追溯到原初的概念或原理，以之作为参与家族同一性确认的对象。

根据对引注内容真理性的接受的主观表现，可以有权威迷信式引注和知识批判式引注。缺乏对引注内容真理性的理性把握，仅仅凭借某种外在标志或状态所进行的引注，比如某种理论的社会化流行、理论家所享有的权威地位等，就是所谓权威迷信式引注。相反，如果引注内容的被采纳是经过严格理性反思和审视，引注内容凭其内在的真理特征而获得信任，就是所谓知识批判式引注。

根据引注的操作程序，可以有审慎性引注和草率性引注。考虑引注的认识有效性各种条件，对不同引注间的逻辑相容性作完备审核，就是所谓审慎性引注。相反，仅仅一般地采取对思想史知识的简单崇信的无差别认识价值态度，不作引注内容的任何知识的和逻辑有效性的审查，忽略或根本无意识于引注内容的逻辑相容问题，就是所谓的草率性引注。

根据引注所追求的目的，可以有炫耀性引注和必要性引注。那些对引注的实际认识价值并不看重甚至并不了解，只是企图通过引注显示自己的"渊博"，以此诱导或者说骗得人们对相关论断的信任，就是所谓炫耀性引注。相反，对引注持郑重态度，只有在引注为特定认识环节所必需，能够切实推动认识过程，是理论构建的必要内容情况下才发生的引注，就是所谓必要性引注。

虽然引注哲学有不同类型的引注，但贯穿它的一条分界限就是是否严肃对待诸多引注条目间的家族同一性确认问题。只有以家族同一性确认为基础的引注，才能保证引注哲学的逻辑恰当性和实质上的论断有效性。否则，引注便使引注哲学陷入思想混乱之中，沉浸于廉价的书写快感却悄然被思想品相的丑陋所反噬。因此，坚持进行引注条目间的家族同一性确认的引注哲学是好的，否则便是坏的。

一种哲学源流的创立内在某种思想发展潜力和特定命运，而哲学认识也需要采取认识共同体方式形成认识协作和继承关系，在互相分享认识成果中共同推动哲学认识。因此，作为"接着说"的引注哲学固有不可否认的哲学史发展价值。而且，从哲学活动的社会存在表现形式看，引注哲学一般占据哲学的主流。但是，坏的引注哲学没有真正的认识贡献度，徒然浪费哲学的可投入研究资源，混淆哲学视听，破坏哲学形象，造成哲学认识的贫乏。所以，越是在哲学显现某种败落和疲软的地方或时刻，越要检讨和警惕坏的引注哲学。

第十六节 无注哲学的被迫登场

由于对哲学探索缺乏深沉的学理反思，导致两种为学误解。朦胧的认识发展社会性表象，让某些人崇信哲学的哲学史传承，相应地设定引注这一直观的哲学叙事形式，排斥无注文本而嘲笑其无根、业余和轻狂。而认识发展创新性的直观历史否定关系，又让某些人热衷自由想象和标新立异，刻意抛弃哲学史而视之为羁绊，怀疑甚至轻蔑引注式叙事的哲学价值。现在的问题是，能否澄清围绕无注哲学的观念混乱，辩护无注哲学的存在权利，同时给定其行使条件。有无引注，不应该是一种任意的主观选择，而应该决定于当下认识与以往认识成果之间的客观逻辑关系，两者相容而可资认识就引用，而且就认识的社会文明而言必须引用。反之，两者无关或相斥则不能发生引注。因此，考察无注哲学，必须全面分析认识的构成和知识存在规范。

一 真实认识任务的复杂确立

认识过程由认识任务的设立开始。粗疏地看，问题的初始提出就是认识任务的设立，因为问题给出了认识对象和所问内容，规定了研究课题。但是，必须辨明，问题本身虽然参与但还不是完整的认识任务，因为问题仅仅设立起认识方向，构成认识任务的内容方面，还没有规定如何解答问题这一认识形式要求。而不同的认识形式具体规定认识道路，构成认识任务的形式方面。也就是说，同一问题面对不同的解决问题的形式要求，会有不同的认识展开面貌，互相间具有认识操作的不可替代和认识品质的不等价性。因此，问题和如何解答问题二者共同完整规定认识任务。

作为认识形式的要求，如何展开认识活动的问题不是凭空产生的，而是必须与认识目的相匹配，适应认识目的，保证认识目的的达成。说到底，认识形式是手段，是实现认识目的的工具。目的与工具之间的一切关系和配合种类，都适用于认识目的和认识形式。同一个问题并不排斥不同的认识目的，换言之，不同的认识目的可以施加在同一个问题上。因此，同一个问题可以有不同的认识形式选择。从认识收益的期望来说，认识目的可以有实践的与理论的之分，即直接服务实践而致用的和追求关于存在的纯粹理解的。

为用而知与为知而知对论断有效性的检验标准完全不同。如果认识目的是纯粹致用，那么它的论断的可接受性或有效性标准就只是应用的实际效果，即收到预期存在成就。除此之外并无对认识形式的特定要求，猜想的、归纳的、演绎的、分析的、综合的等方法都可以接受。简言之，就是只看认识结果不管认识过程。但是，一种实践性认识在其认识过程中的某一阶段，或许采取某种特定的认识形式，从而使得这一阶段的认识环节带有特定认识形式的约束，随机增添认识任务的规定性。因为，在实践性认识过程中可以接受不同认识形式的混合和交替，但方法本身是不可破坏的，即在执行一种方法达到特定认识论断中必须遵循方法本身的操作规范。

如果认识目的是纯粹理论的，追求对特定存在的确切理解，那么就要求论断的认识有效性而不是论断的致用性。因为，它的任务是对存在作出内在本质的构成描述，而作为抽象的存在属性，在逻辑上具有一种可能性，即相对具体的现实存在还存在距离，或者仅仅是存在构成的必要条件，或者还仅仅是通向现实存在的发展过程中的不完全环节，不足以推动和直接致成现实存在。而从存在效应的现实观察角度看，也可能存在某种存在本质和原理的存在显现被观察能力限制而一时不能得到验证这种情况，从而看似无用。另一方面，既然是理解的，就要求不能简单地作出"是什么"的论断，而且要求给出"是什么"的理由"为什么"，也就是陈述论断的根据，在根据中才能显现论断的可信性即有效性。根据是对存在构成和存在关联的有序分析和推断。根据的内容来源和给出形式不同，论断的有效性表现即高低也不同。在根据的内容来源方面，有感性经验和理性观念之分。而所谓根据的给出形式，也就是认识方法，有归纳和演绎、分析和综合等。一般来说，理性观念比感性经验具有更大的论证竞争力。在逻辑上，演绎方法具有认识的必然性，而归纳方法只具有认识的偶然性，综合方法具有认识的根据完备性和论断精确性，而分析方法不能保证认识的根据全面性和论断精确性。因此，

在纯粹理论认识中，追求怎样的论断有效性，就要相应地采取与之匹配的认识方法，最终具体规定认识任务。

在逻辑上，具有较高论断有效性的认识方法可以穿插进入论断有效性要求较低的认识过程，不影响认识目标的实现。但是，反之，具有较低论断有效性的认识方法却不能穿插进入论断有效性较高的认识过程，这会破坏认识目标的实现。按照这一原则，纯粹理论性认识论断可以穿插于纯粹实践目的的认识中，并不有害于实践性认识。反之，纯粹实践性认识论断却不可穿插进入纯粹理论性认识。

由于纯粹理论认识要求明确的有效性，所以不容许混合使用不同等级有效性的方法。否则，不仅造成论断有效性等级的模糊不明，而且直接损害论断的可理解性和可靠性，使人怀疑论断形成过程本身的可接受性，即丧失认识根据的成立品性。因为不同方法牵连不同的认识参与内容的属性，它们之间存在相容与否的问题，同时也存在不同方法认识论断间的有效性差别所造成的根据性断裂，即一种方法下的论断内容不能进入到另一种方法下的认识推进环节，因为这样就使得一个论断被跳跃式地赋予两种不同的论断有效性，这违反了矛盾律。

在哲学史上，哲学认识的操作方法展现出多样性，相应地存在多种哲学形态。就每一种哲学形态都可以发挥一定认识推动作用而言，多元哲学方法的并存本身无可厚非。但是，在同一认识过程中，对不同哲学方法的认识效力不加辨析而任意混合使用，却是必须加以警惕和抑制的，因为这将造成思想内容之间关联的误谬，尽失认识的根据性。保持同一认识过程的认识方法的纯粹性或相容匹配，是认识获得可理解性和可靠性的必要条件。

二　从问答逻辑到思想空间的划界和内在存在格式

在严格、完整的认识任务观念下，问答逻辑是确定的。所谓问答逻辑就是完成认识任务的必然认识路径。作为认识任务的内容，问题规定了相关的存在领域，而作为认识任务的形式，它所确定的认识方法具有对存在内容关联秩序的规定性，同时也对参与认识过程的内容提出了特殊要求，一切可能参与认识过程的存在内容必须依照自己的属性或者说存在身份有序分布而填充认识环节。这种认识必然性并非那种强烈的具体认识道路的唯一性，而是表现为对参与认识内容逻辑身份的限制，在满足限制条件下可能存在具体内容选择的某种自由和可预期性。也就是说只能抽象地确定哪类存在内容可以参与认识过程和必然呈现怎样的认识展开结构。具体到某种特殊的认识方法，享有这种内容选择自由的程度会有所不同。

问题作为观念并不像它的直接表现"无知"那样是一种认识空无，而是在其发生上具有特定的认识基础，是特定概念或原理即"问题概念"向特定对象内容施加规定作用而形成。也就是说，问题不是盲目随意地添加问号，而是不同观念间的关系设置可能性。因此，问题概念直接规定认识领域，规定问之所问即问什么。"问什么"这一限定，也就是设置关于提问对象的存在关联认识属性和认识内容。存在关联具有认识上的双向展开结构，即可以由关联的被制约一方追问制约的另一方，也可以反过来由制约的一方追问被制约的另一方。前者表现为"为什么"的根据之问，后者表现为"是什么"的应用之问。而在问题观念的提问对象一侧，在给定问题概念条件下，可以分析确定可能的存在关联展开方向，即以给定提问对象内容为起点，沿着提问概念抽象地分析其存在关联场，从而划定认识的可能牵连范围。因此，问题观念的内在构成分析以及问题的具体意义的追溯，是明确认识任务的重要基本环节。

问题意识的结构分析所能逻辑确定的仅仅是认识活动的对象范围，并没有规定或提示认识如何展开，只有在进一步考虑思维方法的具体选择因素后，才能最终确定认识的可能合法内容和路径，对认识活动作出完整规划。

不同的认识方法对认识内容的属性有逻辑要求，并非问题所涉及的一切对象内容都可以参与任何方法下的认识活动。归纳方法要求使用特殊经验内容，而演绎方法要求使用普遍概念和原理。相应地，处于问题意识分析所确认的存在对象范围内的特殊经验内容就不能成为归纳方法的认识操作内容。分析方法即所谓倒退法要求从特殊存在内容出发，逐步追溯存在根据而最终上升到普遍概念和原理。相反，综合方法即所谓前进法则要求从具有充分统摄力的特定存在领域的相对最高概念和原理出发，逐步展开存在制约关联而达到对存在的具体规定。相应地，在分析方法的认识展开中，就只能从处于问题意识分析所确认的存在对象范围内，选择存在地位相对低阶的特定存在对象或内容，来启动认识活动。而在综合方法的认识展开中，就只能从处于问题意识分析所确认的存在对象范围内，选择存在地位相对最高的特定存在对象或内容，来启动认识活动。推论方法要求坚持论断过程的蕴含关系，而只有概念才能具有这种蕴含关系，特殊经验内容间并不具有蕴含关系。所以处于问题意识分析所确认的存在对象范围内的特殊经验内容，就不能进入推论过程中，只有其中的普遍性内容才能参与各个推论环节。推论可以按照存在关联向制约方展开，也可以向被制约方展开，所以它与分析方法和综合方法兼容，从而表现出不同的具体推理格局。直觉方法要求面对存在对象进行直接把握，没有认识环节和中介要求，因而必须从处于问题意识分析所确认的存在对象范围内，选择特殊存在内容作为出发点来展开沉思性认识活动，但对存在对象的相对存在地位没有特定要求。

不同的认识方法对参与认识活动的合法存在内容进入认识展开环节的序列具有特殊逻辑要求。在归纳方法中，各种可能参与认识活动的对象内容处于方法论的平行地位，所谓归纳逻辑同时向所有对象内容开放，因此可以随机安排认识内容。而在演绎方法中，由于内在从普遍到特殊的等级制约关系，所以要求可能参与认识过程的合法内容必须优先选择具有相对高级普遍地位的内容进入认识环节，并且保持相邻演绎环节间的内容的逻辑关联连续性，不能破坏这种等级秩序，也不能跳跃性地推进演绎环节而造成根据链条的形式性断裂。演绎方法最终造成判断的开放性辐射关联网络。在分析方法中，一切合法的相关存在对象必须按照由低（相对特殊和被制约）到高（相对普遍和制约）的逻辑秩序推进和分布，直至达到满意的普遍存在根据阶段。这种满意而中止带有某种主观性和独断性，决定于一定的认识水平和认识彻底性要求强度。而在综合方法中，一切合法的相关存在对象内容必须按照归一式统摄关系得到安排，也就是从一个能够作为最高根据的存在对象内容出发，依次层层限制而使诸下级存在内容在上级存在内容的制约下形成统一性存在关联，作出综合判断，最终达到对特定存在的存在原理的具体规定，或者说对特定存在作出推导性解释和说明。综合具有演绎性思维形式，二者的区别在于，演绎不要求单一性认识出发点，以蕴含关系作为认识展开的根据。而综合却要求单一性认识起点，并且作为根据，上位存在内容以下位诸相关存在内容的存在关联条件身份而发挥存在形式指令作用，推动它们实现必然存在关联。演绎是在多元制约条件（根据）下推进对同一存在对象的某种规定，实现抽象规定性的叠加，而不是对存在对象不同属性的存在关联。演绎从根据到结论相对存在对象都不是完备的，而综合的论断根据是完备的，形成的关联也是存在整体化。在推论方法中，要求按照逻辑蕴含关系传递和确认存在性，使特定观念内容通过这种关联中介获得存在有效性。因此，一切可能参与推论认识过程的合法内容必须按照蕴含关联等级线性排列。推论的展开或者是降序的或者是升序的。推论方法支配下的内容排列必然是单线关联分布，不会同时多维进行，但在不同的推论间，可能形成内容重叠而产生推论内容链条间的交叉。因此，推论可以偶然地形成统一性观念关联网格。而在直觉方法中，由于不要求认识的中介过程，所以一切可能参与认识过程的合法存在内容，可以无序随机进入认识过程，相对认识本身而言相互间具有平行地位。

　　思维的形式给认识的合法起点带来特定规定性。按照所选择的认识方法应该能够在参与认识过程的合法内容范围内确定认识的起始对象及其存在内容。

　　以上分析构成对特定哲学认识任务的元哲学，在逻辑上解决完成认识任务的方式和路径的勾画，规定了哲学认识活动的可能思想空间，使依之展开的哲学论断具有相对认识任务的逻辑有效性。

需要警戒的是，在认识论断的有效性严格要求条件下，认识方法的选择不是任意的，各种方法在同一认识任务中不能随意混合或穿插，因为不同方法有其固有的逻辑有效性形态和构成逻辑，如果将互不相容的方法混合使用，就必然造成认识论断的逻辑无效。推论具有澄清存在对象具体存在规定性的作用，它可以与任何其他方法相容，成为它们的辅助性认识展开手段。但归纳方法与演绎方法、分析方法与综合方法之间不相容，直觉方法与其他方法均不相容。归纳方法与分析方法、综合方法均不相容，而演绎方法与分析方法不相容，却与综合方法相容，在其中发挥辅助工具作用。

三 原创处境：思想空间对哲学史的逻辑封闭

在元哲学分析这一保持哲学的理性化手段缺位而使哲学陷入盲目而为的情况下，如果对哲学论断缺乏明确的有效性形态区别意识，那么便容易把研究对象的同一误认为哲学史知识援用的充分条件，从而在自己的哲学研究中粗疏地把一切哲学史尊奉为有益的思想资源，纳入哲学的理论建构之中。这是一种似是而非的流行错误。在作出清晰的问答逻辑分析和选择之后，哲学史就会显现出比较性相容或排斥属性。只有内容处于问答逻辑所确定的合法内容范围之内，论断的获得形式与问答逻辑一致，所属理论体系整体被问答逻辑所勾画的认识展开程序所包容，一个相同认识对象的哲学史论断才能当然地成为哲学理论建构的历史性认识基础。否则，就不仅是对当下哲学建构无用的哲学史死知识，而且一旦不慎沾染便是有害的，必须加以警惕和拒斥。因此，在作出问答逻辑选择后，就应该对比哲学史而判定自身认识与哲学史的关系。

哲学史与问答逻辑可能发生三种排斥，即内容排斥、方法排斥和逻辑排斥。

按照问答逻辑筹划，一种问题的解决被限制在特定存在内容范围内，包括内容的实质边界和内容的逻辑属性。如果一种哲学思想的内容不能包含在问答逻辑的规定范围之内，那么当下的哲学研究就对其封闭而呈现无关状态。此即构成内容排斥而对哲学史封闭。这种情形包括：研究对象不同且没有可认知的有认识关联意义的存在相关关系；或者虽然研究对象相同但问题概念不同；或者问题概念相同但所确认的解决问题的起点高于原有哲学思想的认识起点；或者尽管解决问题的起点可以被原有哲学思想的认识起点所包容，但二者的内容逻辑属性不同。内容的逻辑属性不同导致当下哲学研究对哲学史封闭这种情况，普遍地作用于各种内容关系条件下，即不管在研究内容上有何种实质关系，只要发生内容逻辑属性矛盾就宣告对哲学史封闭。

按照问答逻辑筹划，一种问题的解决被限定使用某种方法。因此，一切哲学史思想，如果其论断所关联的认识方法与选定方法不同并且逻辑上不相容，那么就必须被拒斥在当下哲学建构的合法内容之外，以免败坏哲学论断的逻辑有效性，保持清晰明确的认识目标。此即构成方法排斥而对哲学史逻辑封闭。方法排斥只会发生在纯粹理论认识兴趣中，它要求明确的认识有效性形态（绝对有效或特定概然性）、清晰的论断的内容属性（实在描述的或主观构造的）（描述的或解释的）、认识过程的绝对连续性（确切性），而不会发生在只追求实践（存在）有效性的实用认识兴趣中，因为后者并不提出严格的认识规范要求，向一切可能的认识操作行为开放。方法之间的排斥产生于两种原因。一方面，不同方法赋予其中生成的论断以特定存在性质和主观品性。而另一方面，一种认识方法又要求坚持同一品质的认识内容才能加入。首先，方法作为认识程序具有固定论断品性的功能，其特定操作形式（关联某种心理特征）在逻辑上赋予认识前提或者说给予内容与认识论断之间以特定的联系创立属性，呈现不同的可靠程度。方法规定了认识的同一性过渡条件，在理性评价中，它们具有不同的缔造关联确实性的能力，也就是具有不同的存在现实性前途。方法接受存在概念的评价，因为方法是按照存在联系设想而设计的。不同的方法因而具有不同的存在规定能力或效力，它们转化为论断的某种逻辑属性，或为论断内容的主观—客观性身份，

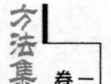

或为论断内容的完备性水平，或为论断在形式上的特定有效性。方法所反映的存在联系相对存在概念的不健全性，造成方法的认识缺陷，折射为认识的不可靠性。其次，由于方法对内容有特定要求，不能在接受异质内容的情况下而保持既定的认识品质，包括论断的存在属性和可靠性，因而在纯粹理论认识中必然拒绝其他方法或其他方法的认识成果的介入。对于严格的理论认识（实践认识除外），虽然自身就或许包含某种真理不确定性，但不降低一种认识自身固有的真理确定性这一要求，使得这种认识排斥一切包含真理不确定性的论断的加入。如此，才能准确描述这种认识过程的有效条件。方法决定论断的真理概然性的质性即发生原因和载体。而不同质性的概然性之间不可叠加，混合的结果是不可理解。就此而言，具有绝对真理确定性的论断，只要与某种认识的问答逻辑相关，便可被援用。而一切包含独断前提的哲学严格上都不能被援引。只有处于问答逻辑范围且自身所处理论系统具有绝对有效性的论断，才能被认识过程所接纳。或者同处一个前提（认识的逻辑起点）之下，且具有同级有效性的论断才能被援引（接着说）。因为在此情况下，不须作出新的认识真理性的有效条件描述。独立的有效条件之间不可简单直接叠加，这将造成理性上的不可理解。"有效条件"因为是设定的，因而其成立根据开放而扑朔迷离，所以在认识逻辑上无法追问和判定不同有效条件的合成结果。

按照问答逻辑的筹划，为满足特定的论断有效性要求，可以采取不同的论证逻辑形式，即采取何种推理条件来推进认识过程。在形式逻辑中，条件有必要条件、充分条件、充要条件之别，相应地产生必要条件推理、充分条件推理、充要条件推理。即使在特定方法中，也可能选择不同的逻辑推理形式，但其论断属性和有效性会有所不同。

必要条件推理断言一种存在的不可或缺因素，但由于因果关联的复杂性，比如外部因素和内部因素之分，它不能进而确定某种必要条件相对这一存在的存在地位，即是否为该存在的内在本质。同时，因为在逻辑上必要条件必然与一种现实存在同在，而不能针对虚无思考所谓必要条件，所以只能试验性地或者说经验观察式地通过否定某种存在构成内容给出，而不能逻辑地给出。可以说，"必要"是相对特定存在而言的，相应于不同存在等级而有不同等级的"必要"。其中，包含一个重要的区分，即对于个别特殊存在的必要条件（它可以包含偶然特殊内容），和对于一般普遍存在的必要条件（它只能由必然本质构成）。正因如此，必要条件的累积在逻辑上不能过渡为充分条件。普遍必然是必要的，但必要的不一定是普遍的。由此可以断言的是，必要条件认识具有逻辑零散性和偶然观察性，在认识上无法必然地作出必要条件已被穷尽的断言，所以必要条件推理不能形成关于存在的完备性认识，陷入论断有效性的概然不定状态。既然如此，必要条件推理之论断就不能成为进一步展开其他非必要条件推理的基础。

充分条件推理断言一种存在的绝对致成内容，但由于因果关系的复杂性，即一因多果和一果多因，在充分条件推理中，作为充分条件的存在内容在逻辑上并不具有排他性，从而并不能根据结果的存在而确定自己的存在真理性。也就是说它不一定是存在的真实参与因素。另外，充分条件是一个存在内容独立作为成就某种存在的条件，而不是诸必要条件的复合。在充分条件与其致成的存在结果之间可能存在认识所未揭示的诸多存在关联环节，因而一个存在的充分条件与其结果之间可能是直接关联关系，也可能是间接关联关系。也就是说，充分条件是否参与其结果的存在构成是不确定的，不具有必然的存在构成之必要条件性质。充分条件认识具有逻辑上的跨越可能性所造成的存在描述模糊性。充分条件因其具有相对作为结果的存在的绝对包容和制约性，故而在逻辑上自身拥有条件内容的绝对整体性。但任何经验性认识都带有有限性，不能断言自己视域的完备性，所以不能承担充分条件的发现任务。即使在观察中发现某种存在内容的出现与特定存在具有齐一性，也不能确认它就是充分条件，因为在这种认识情境中无法断定是否有其他未知存在内容参与其中，并且潜在地发挥协助作用。只有在可以封闭存在作用属性和内容的条件下，才能针对一个存在内容作出赋予其充分条件身份的决断。这只能发生在纯粹思维领域。而充分条件相对其致成结果具有存在蕴含属性，符合逻辑思维规律。所以充分条件的确认必须以逻辑思维的方式作出。

充要条件推理是在确认某些存在内容相对特定认识对象的充分必要条件身份情况下，展开对认识对象的存在规定。这种条件身份不可能通过对特定实际存在内容的经验性认识加以确认，只能通过存在内容的存在关联形式和存在地位特征加以逻辑确认。因为，作为必要条件，由于不可能在存在构成上完成特殊存在内容的可靠穷尽，它也就不可能被断定为完备而充分的。而作为充分条件，又由于任何特定存在内容都不能被有限的存在关联认识确认具有排他性而独占原因地位，甚至不能证明自己的普遍的现实存在构成地位。换言之，充分条件不能通过具体的存在内容来确认自己的必要条件地位。要实现必要条件属性和充分条件属性的结合，只能在作为条件寓存处所的存在相对待认识对象的存在关联地位中加以形式化地逻辑判定，即那些占据统摄地位并完全制约被作用对象的存在之普遍规定性，便同时具有必要条件和充分条件属性。充要条件在逻辑上就不可能分属两个存在物。必须强调指出，所有发现的必要条件与所有发现的充分条件之和，并不构成充要条件。在认识功能上，与必要条件推理和充分条件推理均不能必然地进行存在规定和构造不同，充分条件推理具备对存在进行逻辑构造的能力。因为，事物没有条件之外的存在，在全部可能条件完全把握的情况下，事物的特定存在必然被确定。

从对三种推理的属性分析中可以断定，三种推理之间不可互通和兼容。一种必要条件内容不能成为充分条件或充要条件的内容。一种充分条件内容不能成为必要条件内容或充要条件内容。一种充要条件内容不能被单纯地看成必要条件或充分条件，而仅仅是可能的必要条件和充分条件中的一部分。所以，三者在问答逻辑语境中互相构成逻辑封闭，即在规定采用必要条件推理的认识中排斥充分条件推理和充要条件推理。同理，充分条件推理和充要条件推理亦然。此即推理形式间的逻辑封闭。

因此，即使同一问题，如果提出不同的推理论证形式要求，就会使得采取与之异质的推理形式的哲学史被完全拒斥。具体来说，针对同一问题，如果将思维形式要求从充分条件推理改为必要条件推理，那么原来实现充分条件推理的所有内容都将失去可利用价值，不能进入必要条件推理中。反之亦然。如果将思维形式要求从充分条件推理或必要条件推理改换为充要条件推理，那么原来所有实现充分条件推理或必要条件推理的内容都不能进入充要条件推理中。反之，则虽然实现充要条件推理的内容可以进入必要条件推理或充分条件推理中，但会因为充要条件内容的唯一性而限制必要条件推理或充分条件推理的多元性（思维广阔性），使之具有完全不同的推理形态。具体来说，因为充分条件具有了排他性，必要条件具有了充分性，从而都失去了推理中的多元发展选择空间，在实际上不再允许必要条件推理和充分条件推理的自由想象，彻底封闭各自沿着自己逻辑的发展道路，终结各自的存在。直言之，充要条件论断的介入，不再允许续以单纯的必要条件推理或充分条件推理，因为充要条件推理具有最强的论断有效性，它已然不能接受概然性存在关联而直接否定自己的论断有效性的确定性。

一种元哲学筹划所预定的问答逻辑，一旦遭遇与所有哲学史处于或者内容排斥关系，或者方法排斥关系，或者逻辑排斥关系的状态，便陷入孤立无援处境而不得不独立创造话语体系，被迫接受原创重担。因此，原创选择不是主观意志的任性，绝不可盲目而强行为之，而是一种特定的哲学目标和担当被其哲学史封闭处境所逼迫而迈出的无奈步伐。

四 对两种哲学做派的审视

在哲学中，存在两种对待哲学史的态度，相应地形成两种不同的哲学做派。一种是历史崇拜主义，即迷信哲学史的真理地位和世界解释能力，坚持从哲学史这个窗口中把握可能世界和哲学的可能性，凝练为一句话就是"哲学史就是哲学，哲学就是哲学史"。其实质为把研究哲学和哲学研究看作同一，认为在学习和理解以往的哲学中，不仅能领会哲学是什么，而且能担负起哲学对开放世界的研究的任务。它包含一种认识论假设，即哲学认识具有知识构建上的历史连续性，哲学史的时间展开序列就是哲学认识的基础性逻辑序列，哲学对世界的新认识可以甚至必须从在先哲学基本原理中引申和发展而来，哲学史思想的阐释这种方式可以应对世界向哲学提出的一切可能问题。在不区分认识能力培养的哲学史教育过程和哲学问题解决的理论构建智慧，粗疏混同一般心理能力和具体认识建构这种情况下，这似乎是一个通理。但其似是而非的要害在于，哲学能力的教育材料并不能无条件延展至哲学能力的独立使用领域。因为，一来哲学史中的知识甚至其中的基本原理，不能排除错误的可能性，二来新的哲学认识的使命是遵从真理概念而合乎逻辑地设置和组织存在关联，包含依循存在而完全独立于哲学史进行理论建构的可能性。从知识论上看，绝对不能作出新认识必须包含旧知识这种承诺。当然，新哲学理论建立在以往哲学原理的基础上，是一种哲学发展可能性，但它绝对没有优越于其他可能性的特权。因此，绝不能把这种可能性强化和提升为一种哲学认识上的极端保守主义，即否定一切与哲学史知识决裂的哲学创新可能性而维护哲学传统的认识限制作用。其实，保守主义的哲学史迷恋只可以在短暂的历史片段中偶然获得经验支持，却必然遭到宏观哲学史和知识论的否定。在此，必须明辨和确认哲学史知识与哲学思维能力之间的存在分离性。哲学史知识的学习是影响哲学思维能力的因素之一，通过学习哲学史，在熟知历史上的哲学观点之外，还可以了解哲学思维的纯粹形式属性，即把握哲学思维的规范、方法和技巧。如果幸运的话，前者从哲学视野的奠基上为哲学认识提供某种可利用的材料和方便，参与形成哲学思维能力。而后者却作为哲学思维不可或缺的要素而必然参与哲学思维能力的形成。在一种哲学思想中，包含两种要素，即认识活动形式和论断内容，不论论断是否保持其真理地位，对推动作出论断的认识活动形式的重历本身都会保持其哲学思维的教益价值，使人获得哲学思维技能。直言之，可以抛开哲学史观点而独立使用纯粹的哲学思维能力。

第六章 哲学研究的条件和规范

与历史崇拜主义相对的另一种哲学做派可以被称为自由浪漫主义，即简单否定哲学史在哲学认识中可能的承前启后作用，对哲学史抱有无视或无限宽容无知的态度，推崇主观自由地从零做起而进行独立奔放的思想建构，又缺乏逻辑意识而狂野不羁，沉迷盲目想象却自信是哲学正道。哲学中的自由浪漫主义消极地理解哲学史与哲学创新思维的关系，把哲学史在缺乏批判和超越力量的人那里所表现出的束缚新思维作用，误解为普遍压制哲学新思维的力量，把哲学史知识的错误可能性看作必须全面回避哲学史的理由，从而追求解脱而刻意求新，独自冥想。对哲学史怀有某种戒备是必要的，保持哲学原创勇气也值得肯定，但自由浪漫主义的过失在于，把某种损害可能性过度地直接当作关闭哲学史的充分根据，遗忘了哲学认识的社会意义及其社会性，忽略了重复认识的可能性及其无意义命运，没有作出哲学史真理性的甄别努力便简单加以普遍抛弃。这是在缺乏对哲学史与具体哲学问题之间逻辑关系的审慎分析和把握情况下，一般地独断一切可能的哲学问题的合理解决方式，将其定格为闭目塞听后的自主判断。显然，它把一种哲学原创处境条件下的哲学思维方式泛化为绝对的普遍哲学认识形式，使一个需要具体分析和筹划的复杂哲学认识方式选择问题，先验解决为简单的哲学史拒绝和原始思维追求，浪漫地信仰自由哲学思维的必然性、神圣性和全能性。但是，实际上，任何一个盲目粗暴的原始思维哲学都不能保证自己能够区别于被它所践踏的哲学，更不能保证超越被它所藐视的哲学。自由浪漫主义只批判哲学史而没有进行自我批判，从而并未形成清晰的自我意识，失去了明智与果敢之间的平衡。

两种哲学做派相比，一个极端保守，一个轻狂图新。两者表现不同，但思想根源相同，即都在哲学史中拾零而作经验断想，浮于现象而缺乏深究，贸然跟随感觉而作出似是而非的重大原则性决断。具体说就是，历史崇拜主义有感于某些哲学史知识的存在解释有效性现象，而自由浪漫主义有感于某些哲学史知识对于哲学认识的消极干扰现象。哲学史本身的这种哲学认识功能的矛盾表现，无疑已经提示背后存在更普遍的原理，它们应该是这种普遍原理在特殊条件下的分化性显现。因此，消除它们影响的手段只能是深刻的认识论反思，在其中，不论是哲学史继承的"接着说"，还是挥别哲学史的"对着说"，都得到明确的限制性条件说明。片面坚持特殊经验的后果是损害哲学事业本身。历史崇拜主义聚拢在哲学史故纸堆中而造就着传习的繁华，却悄然放弃了哲学的本真使命，陷哲学于思想苍白。自由浪漫主义"轻装"跋涉思想高峰，但过多的盲目丧失了学术的庄重和稳健，脚底的不实让人怀疑路到底能走多远。

在西方哲学史上，笛卡尔和胡塞尔怀着严格理性精神而类似自由浪漫主义地对待哲学史。笛卡尔的方法论的普遍怀疑严厉排除一切可置疑的知识，胡塞尔的现象学悬搁则干脆排除前现象学知识。但他们不是真正的自由浪漫主义者，因为他们仅仅假装抛弃哲学史，实际上并不完全抛弃哲学史知识，而是预留在合适条件下重新接纳某些具有真理性的知识的可能空间。他们只是担心以往知识的正确性，而没有肯定它们必然消极限制人们的独立思维。就此而言，他们没有自由浪漫主义的彻底轻狂，具有一定的认识收益。但是，其局限性在于，在抽象的谨慎态度中，以绝对的知识可靠性为标准，剥夺了所有以往知识参与认识过程的权利，篡改了以往知识参与认识的自然逻辑，使那些本该提早参与认识过程的知识却滞后出现于更晚的认识环节，减弱了认识的应有动力。他们都想把这种对以往知识的确认和使用安排在自己获得新的哲学原理之后，而一般地拒绝它们参与获得新哲学原理的过程。这只能导致延误哲学史知识发挥积极作用的时机，因而降低哲学建构性思维的力量和效率。笛卡尔和胡塞尔的瑕疵在于元哲学筹划不够充分，他们没有在自己的哲学认识方式和正确对待哲学史之间找到平衡，用绝对真理要求苛责哲学史，而自己的哲学认识却并未满足绝对真理要求，从而在不对称中错失了本该进行的哲学形态的自我反思，以及在此基础上的同等形态哲学史知识的合乎逻辑的介入，自然也就无法做到具体地判断和处理哲学建构与哲学史的关系。对于一种哲学建构而言，不能恰当地及时吸收与自己问答逻辑相匹配的哲学史知识，使其积极加入推动存在原理的发现过程，而是消极等待获得自己哲学认识的建构成果之后，再加以事后确认，这一做法无疑是一个认识损失和遗憾，它遗漏了一种哲学探索按其固有的问答逻辑所可能具有的理论建构资源，就认识的主观性和偶然性而言，由此可能丧失本该获得的思想成果。其连带后果为，一种哲学探索由于被不当地孤立于哲学史之外而降低自己现实地收获更多更好认识成果的可能性。

第七章

哲学品鉴

第一节 真哲学和假哲学

这里所谓哲学，是哲学研究及其所形成理论的简称。按照哲学知识的概念和合法获得方法的规定，以及作为一般构成要素的认识的对象和问题，哲学必然是就特定对象的特定问题，以概念分析和推理方式展开逻辑建构，从而形成存在本质和普遍原理论断。同时满足这些认识的形式要素的认识就是真哲学，而部分具有或根本没有这些形式要素的认识，就不是哲学，如果它仍然冠以哲学之名，那就是假哲学。

真哲学的真不是以内容的存在地位及对象的大小或问题的轻重判定的，也不是以论断的正确性判定的，而仅仅是以认识的构成形式判定的。所以真哲学不涉及卑微或崇高，而仅仅关乎认识形式的健全性。因此，真哲学只有一种。

然而，假哲学却有多种表现，因为哲学构成形式要素的缺失可以有诸多情况，从一个要素的缺失直到全部要素缺失，再到相同要素数量缺失下的不同要素组合。尤其需要指出的是那些没有明确认识对象和问题，徒然模仿哲学概念思辨，混乱空洞地玩弄概念游戏而不可能产生有效论断的所谓哲学，就是十足的假哲学。此外，那些似乎追求普遍原理却排斥概念思维而沉迷于经验材料中的归纳式哲学，也是假哲学。

第二节 哲学史研究不是本真的哲学研究

混同学习性的哲学史研究与原创性的哲学研究，甚至用前者取代后者，进而积习为传统，并被强化为学统，这是世界历史上时有发生的现象。历史空间的封闭性与认识活动的开放性之间的反差，注定这种背景下不可选择的学术运思，把哲学逼上穿凿章句的象牙塔道路。与此同时，问题意识和原创冲动渐次退隐。于是，哲学不再对世界怀有激情，当然也不再能够牵动人心。哲学与社会的交流就此中断。这样的哲学除了在历史中偶尔被政治御用之外，已经无法通过人们的自由信仰来显示自己的社会价值。本来，哲学作为彻底反思的精神，具有无限的理念生产力量，应该去做社会历史的先知，可是现在却蜕变为一味怀旧的习古斋院。哲学曾经承诺带给人们理想和希望，哲学一直自信具有巨大的价值和崇高的地位，但这一切都由于它在现实中的不良兑现记录而转生哲学的信用危机和意义危机。哲学要找回自己失落的地位，就必须彻底反思自己的本质和存在形态，树立清晰的自我意识，端正学术理念和行动方式。

一 "哲学"的三重身份：模型、生产、历史

对哲学自明本性的社会性遗忘，是中国哲学的不幸事件。说到底，这个学术理性不该发生但却在中国持续已久的事实，是引发混同哲学史研究与哲学研究现象的直接原因。这种社会性遗忘是对"哲学"概念不加辨析而模糊、宽泛地使用这一不良思维所造成的后果。因此，必须从常识性的概念源头入手，解决哲学史研究与哲学研究的定性和定位问题。

不论人们对哲学多么无知或有多少不同的意见，首先必须承认也必然普遍认同的是，哲学一般地指称一种认识活动，而一切认识在逻辑上必然牵连着存在。没有存在关联项的认识是不可设想的。认识活动作为人的自觉的和意志性的行为，必然有其目的，这种目的对于思想来说，就是特定的对象以及相应知识的特定形态、性质和形式，比如个别对象

或普遍对象、抽象知识或具体知识、普遍原理或具体判断、理论知识或实用知识等。在逻辑上，认识的特定目的必然要求与其具有逻辑匹配关系的特定方法，即保证达到目的的有效认识结构，比如归纳—演绎、分析—综合等。由此产生认识的类型分化，一种认识区别于另一种认识，形成特定的认识世界的普遍形式。特定的研究必然产生特定知识。随着研究成果的积累，从事这种认识活动的人需要学习和了解它们以增强对认识对象的认识能力。因此，认识的历史也就一同并入认识者的视野内，构成关于某种认识活动的教育内容。由此，某种认识活动的历史和继续不断的认识拓展活动，共同形成某种认识活动的完整内容，此即学科。质言之，学科是包含了某种普遍认识形式、研究活动和诸多历史成果的一个概念，是认识活动的最高类型范畴。

学科化是与某种认识活动的一种历史积累有关的历史现象。但是，自发的某种认识活动与相应的认识历史的自然延伸，绝不会是某种认识学科化这一社会现象的充分条件。以对某种认识活动本质的感悟为线索而向这种认识活动所切入的专题性反思，才最终形成这种认识活动的学科化。在这种反思中，确认某种认识活动的普遍形式，并以此为基础划定认识界域，规定认识任务和规则。认识的历史对于这种反思过程的作用仅仅是以个例地位辅助性地刺激对原初认识形式的"回忆"并提供反思材料。自身反思所最后完成的某种认识活动的学科化，是人类认识活动的重大转折事件，它标志着某种认识活动已经摆脱自发状态而转入自觉轨道，成为有意识、有目的的特定知识追求活动。其效应为认识活动的分化和专业化，问题类型和认识规范从中得到限定。前学科性的认识必然显现出认识对象宽泛混杂、认识规范缺失的混沌原生状态。中国学术传统正是由于缺乏认识的自身反思精神而没有及时完成本该完成的学科分化，因此表现出认识的原始混沌特性，以致无法撰写具有独立材料的真正的哲学史、政治学史，等等，只能在唯一可名为"中国思想史"的材料库中各自交叉割取材料。无疑，这严重妨害了中国学术的发展。

对于任何人类的认识来说，某种具体的认识活动现象都先于它们的学科化。按照这个普遍规律,"哲学"无论在逻辑上还是在历史上都必然首先是一种特定的认识活动,作为自发的学问而存在,然后才历史地完成自己的学科化。哲学作为原初状态下具体的认识活动,必然包含成就哲学自身即哲学之为哲学的本质和这种认识活动的过程及结果,前者就渗透和体现在后者之中。关于哲学的本质,一直是一个困扰哲学的问题,尚无普遍接受的答案。究其原因,在于解答路径的逻辑缺陷。人们一直试图从特殊哲学认识形态中溯求哲学的普遍定义,但在逻辑上,从特殊不能推出普遍,历史个例充其量只能从中发挥暗示性的启迪作用。寻求哲学本质的合理方法是从某种能够切入哲学本质的绝对普遍出发点推导哲学本质,但这不是一条容易发现和方便操作的道路。然而,可以初步厘定哲学定义的方向。认识活动的构成要素为对象、方法或形式、结论,其中,方法与形式相通,表征一种认识活动所操作内容的逻辑性质(如抽象概念或经验内容)和展开结构(如归纳或演绎),而结论的逻辑形态不可避免地要受制于认识形式。哲学所表征的是某种认识活动的性质。而认识对象的存在性质虽然影响采取特定认识形式的可能性,但这种内容的特殊性并不直接参与确定作为认识形式的哲学。从哲学史上看,有关于不同对象的哲学,因而在逻辑上对于求取普遍认识形式的哲学来说,对象的特殊性必然被抽象掉。同时,科学从哲学母体中的不断分化和独立表明,同一对象在不同认识水平上也会有可否实施哲学认识的变化。另外,认识结论作为特定判断内容不能影响一种认识活动的性质,而其逻辑性质即有效性形态并不独立地由其内容所规定,而是如前所述,被认识形式所赋予。因此,认识形式独立承担对"哲学"的规定职能,所谓"哲学本身"也就是某种认识活动的这种普遍形式。鉴于对其暂时还不能加以具体论断和描述,可以称其为"哲学本身 X"。由于本书的宗旨在于区别不同哲学思维之间的功能,而不在于具体确定哲学活动的内在规律,所以这样的规定已经可以满足本文讨论问题的需要,并具有避免陷入不可裁定的争论而冲淡本可取得共识的论题这个优点。总之,作为原初现实认识活动的哲学,包括哲学本身 X 和哲学研究两部分,其中的哲学研究即为采取哲学形式处理特定对象内容而展开的判断活动。

根据对某种认识活动学科化的讨论结果,作为学科的哲学除了包含作为认识活动的哲学外,还扩展到哲学史。具体说,就是包括哲学本身X、哲学研究和哲学史研究。在其中,哲学史研究作为反思契机而发挥哲学教育功能。一方面,在实质认识上为个体做哲学知识积累,给进一步的哲学认识活动奠定基础。但这一功能受哲学认识的非线性累加影响,并不一定就必然是普遍有效和不可或缺的。哲学史上曾经涌现了许多并不具有渊博哲学史知识而一举成名的伟大哲学家。另一方面,更为重要的是,通过哲学史,可以在众多特殊哲学理论中领悟到那个"哲学本身X",不但不同哲学理论的"哲学"同一性诱导人们反思"哲学本身X",而且各个哲学理论的内在思维过程使抽象的"哲学本身X"被现实显现和示范。可以说,虽然哲学学科有三个逻辑构成成分,但现实的研究活动只有两类,即哲学史研究和哲学研究。因为即使把"哲学本身"作为一个专题加以独立研究,那也由于"哲学本身"是一种精神事物而被归属于哲学研究——暂且假定这种研究也必须采取哲学形式。质言之,在哲学学科内,"哲学本身"不确立和占有独立的研究类型。显然,哲学史研究与哲学研究是两种根本不同性质的研究。哲学史研究是在研究哲学,也就是以"哲学"这种特殊精神存在为对象的一种研究。这无论对于"哲学本身X",还是对于历史的哲学理论都是适合的,因为即使哲学史也已经作为哲学智力成果而纯粹是一种哲学存在物了。相反,哲学研究是在研究世界。

虽然从称谓上可以在学科层面上把一切属于哲学学科的研究都归在"哲学研究"名下,从而哲学史研究也在一般学科意义上被叫作哲学研究,但这已经略去各种研究的内在性质差异。其实,在社会认识的严格意义上,只有当下以世界为对象的崭新的哲学认识活动才是实在的"哲学研究",即以哲学方式在对存在进行本质揭示。相对于哲学史研究,"研究"在此才真正地保持着它必然与之相关的"认识"所具有的原初的本质结构和本真意义。

由于各种原因，我们对哲学学科的内在构成和任务的理解一直是不对称的，即片面强调哲学史研究，甚至把它作为哲学的唯一任务，以至用哲学史研究掩盖哲学研究。显然，当人们搬弄哲学史就是哲学这一说法来抵制中国哲学缺乏哲学研究精神这种批评时，就正是在哲学学科内混淆哲学史研究与哲学研究，并正在取消哲学研究的不可或缺的独立学术地位。与此相联系，在哲学史研究中也一直存在巨大偏差，即在哲学教育中，把哲学当作永恒知识，只注重哲学理论的结论而忽视其中所体现的哲学方法或者说"哲学本身X"。这直接造成哲学教育的失败，即没有培养起独立哲学思维能力。这种重史轻学做法已经被社会化，凝固为以史为准绳的二级学科划分体制，在其中，只有哲学史研究话语才有社会承认空间，而真正可贵的哲学研究话语却惨遭放逐。

二 哲学史研究与哲学研究的本体差异

夸大哲学史研究地位的观点向黑格尔寻找权威支持，他有关哲学史研究作用的言论被似是而非地借来作为论证哲学史研究与哲学研究相同一的学理依据，似乎东方中国的千年学术习惯与西方哲学的最高理性反思正在不谋而合，遥相击掌。在此，又一次暴露了中国传统思维缺乏严格逻辑辨析能力，迟钝于思想的差异和层次这种毛病。黑格尔在《哲学史讲演录》"导言"中有多处比较直接地谈论哲学与哲学史，而这些论述是在哲学概念、哲学学科、哲学研究、哲学史这几个范畴框架内进行的。在这些论述中，又分两种情况，即一般地谈论哲学与哲学史和在黑格尔个人哲学观点背景下特殊地谈论哲学与哲学史。关于前者，有如下几种言论。在谈到确定哲学史对象需要哲学概念前提时，他说："如果我们不采取武断的方式，而采取科学的方式去规定哲学的概念，那么这样一种研究也就是哲学这门科学本身了。因为哲学有这样一种特性，即它的概念只在表面上形成它的开端，只有对于这门科学的整个研究才是它的概念的证明，我们甚至可以说，才是它的概念的发现，而这概念本质上乃是哲学研究的整个过程的结果。"① 这段话显示,在黑格尔看来,哲学概念是确定哲学史对象的根据,也是定义哲学学科的根据,而哲学概念要通过哲学研究的历史来发现,在具体的哲学研究中包含哲学的普遍形式。于此,哲学史研究仅仅是哲学的自身反思和自我规定,而不是那种指向事物的哲学研究。黑格尔认为这是哲学自我发现的唯一道路,因为思想"只能于产生自己的过程中发现自己"②。黑格尔自己把研究哲学史的主观目的规定为"通过哲学史的研究以便引导我们了解哲学的本身"③。显然,这个所谓的"哲学的本身"不是指哲学研究,而是指哲学之为哲学的概念或哲学的普遍形式。黑格尔为引导人们通过整体达到对哲学的把握,强调防止"只见许多个别的哲学系统,而不见哲学本身"④。认为"历史里面有意义的成分,就是对'普遍'的关系和联系。看见这个'普遍',也就是认识了它的意义"⑤。哲学史研究的宗旨在此被明确规定为与具体哲学研究迥异的对哲学普遍形式的发现。关于"哲学史同哲学这门科学本身的关系",黑格尔说"哲学史将不只是表示它内容的外在的偶然的事实,而乃是昭示这内容——那看来好像只属于历史的内容——本身就属于哲学这门科学"⑥。不难看出,哲学史是因其具有发现哲学概念的功能而属于"哲学这门科学",而哲学这门科学并不单纯是指具体的哲学研究,还包括规定自身普遍形式这一任务。当论及哲学史本身的性质时,黑格尔说"哲学史本身就应该是哲学的"⑦,如果在上下文中解读这个论断,它意在指出哲学史的内在理性品格,其中的"哲学的"仅仅是"理性"的代名词,而不是指指向事物的哲学研究。黑格尔积极面对哲学的分歧和多样性,认为这"可以帮助我们认识,在

---

① [德]黑格尔:《哲学史讲演录》,贺麟、王太庆译,商务印书馆1983年版,第6页。
② [德]黑格尔:《哲学史讲演录》,贺麟、王太庆译,商务印书馆1983年版,第10页。
③ [德]黑格尔:《哲学史讲演录》,贺麟、王太庆译,商务印书馆1983年版,第9页。
④ [德]黑格尔:《哲学史讲演录》,贺麟、王太庆译,商务印书馆1983年版,第11页。
⑤ [德]黑格尔:《哲学史讲演录》,贺麟、王太庆译,商务印书馆1983年版,第11页。
⑥ [德]黑格尔:《哲学史讲演录》,贺麟、王太庆译,商务印书馆1983年版,第12页。
⑦ [德]黑格尔:《哲学史讲演录》,贺麟、王太庆译,商务印书馆1983年版,第13页。

哲学史里我们所研究的就是哲学本身"①。只要认真区分了"哲学本身"和作为具体认识活动的哲学研究，就绝不会由此把哲学史研究混同于哲学研究。这一点通过下面引文就更加明显了，"哲学史的研究就是哲学本身的研究，不会是别的。一个人研究物理学、数学的历史，当然也就熟悉了物理学、数学本身"②。通过以上分析可知，人们由于概念的混淆而误解了黑格尔，即没有区分普遍形式性的"哲学本身"和特殊内容性的"哲学研究"，这一粗疏导致了一个长时间的社会性的哲学理念的扭曲。

当然，黑格尔在其唯心主义理念哲学立场上，有时赋予哲学史研究以很高的哲学研究价值，把哲学史看作理念发展的经验显现，作为他哲学研究的材料或对象。③但即使是在这种情况下，黑格尔也没有把简单地对哲学史的事实性理解和把握当作哲学研究本身，而是要采取特别的哲学研究观点从中去发现理性的存在和发展规律。他说："但是为了从哲学出现在历史上时所取的经验的形态和外在形式里，去认识哲学的发展乃是理念的发展，我们必须具有理念的知识，……不然，就像我们所看见的许多哲学史一样，只是把一堆毫无秩序的意见罗列在不知理念的人的眼前。"④

在破除了由误解所造成的关于哲学史研究与哲学研究之间关系问题的黑格尔迷雾之后，二者作为思想事件的存在差异问题就要求给予解决。以一般存在论的眼光看，这个问题要求从事件发生、存在内容、存在性质、存在结构、存在意义五个维度加以考察。

对于一种认识事件来说，所谓事件发生也就是设立认识活动对象，确定认识问题。如前所述，哲学史研究的对象是哲学文本，而哲学研究的对象是现实世界。前者的任务是克服精神之间的疏异，完成精神成就在不同认识主体之间的跨时空转换和传导，简言之即理解哲学文本。后

---

① ［德］黑格尔：《哲学史讲演录》，贺麟、王太庆译，商务印书馆1983年版，第24页。
② ［德］黑格尔：《哲学史讲演录》，贺麟、王太庆译，商务印书馆1983年版，第34页。
③ ［德］黑格尔：《哲学史讲演录》，贺麟、王太庆译，商务印书馆1983年版，第34页。
④ ［德］黑格尔：《哲学史讲演录》，贺麟、王太庆译，商务印书馆1983年版，第35页。

者的任务是精神征服异己的存在，赋予缺少联系的直观世界以综合的概念和规律，简言之即构造哲学文本。二者具有完全不同的问题质性：理解是重新进入一个设置起来的意义路径，而构造则是独立开创一种意义境域。哲学史研究有待把握的东西是给定的，而哲学研究有待把握的东西是悬欠的。显然，二者具有不同的问题域，不能互相重叠或覆盖。

对于一种认识事件来说，所谓存在内容也就是认识活动所完成的思维操作的目标或结果，即这种认识活动向给定认识对象添加了什么，换言之，认识主体从中获得了哪类东西。哲学史研究的存在内容是文本内部观念间的逻辑关系和文本与外部观念间的逻辑关系，因为根据文德尔班对哲学史研究任务的阐述，恢复了这些逻辑关系也就在个体心智中重构了文本所设置的精神生活。① 而哲学研究的存在内容是存在物诸存在现象间的存在关系，这种存在关系显示存在现象间的共存和过渡方式，是不能像观念间的逻辑关系那样由推导而必然获得的，即逻辑关系是先天分析的，但存在关系却是后天综合的。逻辑关系是一种诸独立观念间的蕴含推演关系，而存在关系是一种相对单一性的存在单元内的非蕴含性并列综合关系。虽然哲学研究中也会有推理的链条，但这必须是在完成存在关系创设的前提下，并把诸多个别存在关系单元观念化后，才能按照存在的逻辑规范展开的一种理论构建活动。

对于一种认识事件来说，所谓存在性质，也就是实现认识目的的现实认识活动所表现出来的心智特征，它与认识事件的产生和存在内容紧密相关，在逻辑上必须根据二者的内在要求而设定。哲学史研究的给定情境和任务，决定其存在性质必然是解释学活动，即文本意义在理解中的生成是一个解释过程。因为，文本的意义存在于语言所蕴含的观念内容之中，文本的背景与文本也是一个文本的历史环境的观念作用关系，哲学史研究就是要通过语文的和历史的线索来显现和描述文本的意义系统，诱导语言和历史向观念世界的转换，以重建文本的精神现实。由于

---

① ［德］文德尔班：《哲学史教程》，罗达仁译，商务印书馆1996年版，第25—30页。

第七章　哲学品鉴

历史亦蕴藏在语言之中，所以归根到底，哲学史研究始终受到语言引导，其本质为补足文本语言的粗疏而把语文激活为真正的语言，使其具有对话和深入人心即重构思想的力量。可以说，在观念界内进行补充、分析和比较是哲学史研究用来发现文本逻辑关系的主要手段。尽管恩斯特·卡西尔坚定地声称希望语言成为不同主体的内心世界之间的桥梁的想法委实乌托邦气息太浓①。但人类的理解活动也只能选择这条道路。可以断言，解释虽然不能必然造就对哲学文本的理解②，但它却无疑增强了理解的可能性。与哲学史研究的解释疏义特性相反，哲学研究具有的是鲜明的科学创造特性。由于面对零散的现象，其统一原理或概念相对个体认识来说是欠缺的，而且不能由现象逻辑地必然引申出来，所以哲学研究必须发挥人的综合想象能力，超越性地加以创设。如果说哲学史研究是面对具有精神同一性的文本去接受，那么哲学研究则是精神面对异己的存在进行精神提升，给予存在以精神可接受的概念和原理。在哲学研究中，认识站在了语言与存在的临界限上，失去了语言框架的指引，其使命正在于创造语言、拓展世界的可言说领域。解释有必然规则，创造则除了抽象的认识论的和逻辑的规范来做概然性的引导外，没有必然规则。所以，做哲学史家易，做哲学家难。

对于一种认识事件来说，所谓存在结构也就是这种认识形成的形式，表现为特定的认识方法。由于哲学史研究被限定在哲学文本所设定的语文—历史框架内，其兴趣在于给定的普遍观念联系在不同个体心智间的转换生成，澄清和显现观念的内涵和互相联系是其基础工作，所以分析—比较是其首要方法。而这种分析所经历的具体逻辑道路则决定于文本所固有的叙事结构（归纳—演绎等），哲学史研究只能被动地接受文本的方法。相反，由于哲学研究被赋予为事物立法的权利，所以它除了受到有关事物经验的限制外，享有充分的想象自由和思想的内在逻辑构造自由。为现象

---

①　［德］恩斯特·卡西尔：《人文科学的逻辑》，关子尹译，上海译文出版社 2004 年版，第 86 页。

②　［德］黑格尔：《哲学史讲演录》，贺麟、王太庆译，商务印书馆 1983 年版，第 5 页。

建立联系也就是把认识向普遍性提升,通过普遍概念或原理构造关于诸现象的关联判断,达到对分离现象的统一。因此,哲学研究的最基本方法是综合。但如何达到这种综合即通过什么方法轨迹寻找这种综合关系却是不确定的,随一种哲学研究所内在的"哲学本身 X"的样式而不同。因为具体的认识方法决定于所要达到的认识目的在知识论上的逻辑要求,认识方法所具有的逻辑特性(普遍有效或偶然有效等)必须与一种哲学研究所设定的"哲学本身 X"相匹配,保证为后者提供所要求的认识品质。而一种"哲学本身 X"的展露和实现可能性,又决定于关于认识对象所达到的一般性认识,正是它的逻辑特性展露某种方法的可能性。所以,在哲学研究中要积极地创设实现综合的具体方法。

对于一种认识事件来说,所谓存在意义也就是这种认识的作用和影响。哲学史研究是在研究过去的哲学和哲学本身,它不但使人们了解过去哲学家的活动,也练习哲学思维,而且更重要的是体悟到哲学本身和哲学思维方法、规范,从而在学术修养的培育中为展开哲学研究打下基础。而哲学研究是运用哲学思维方式去把握世界事物,创造事物的存在原理,让与思维对立而对思维封闭的存在向哲学精神开放。质言之,哲学史研究在于反思思想本身,而哲学研究在于思想观照有待哲学把握的客观存在,创造新的思想。

上述这些哲学史研究与哲学研究之间的本体差异,决定二者界域分明,绝不是相通而可以同一看待的,用哲学史研究冲淡或取代哲学研究,势必直接造成哲学精神的平庸或退隐。

三 哲学史研究与哲学研究的逻辑断裂

诸多本体差异必然使哲学史研究活动不能直接延伸或转变为哲学研究。但是,不可否认,它能够有益于哲学研究。然而,不同认识之间在逻辑上有多种可能关系,关系范畴下的诸多关系种类都可能适合二者,比如因果关系、基础—累加关系、必然关系、偶然关系、连续关系、对立关系,等等。因此,必须具体分析回顾式的哲学史研究与开创性的哲学研究之间的时序性的内容联系方式即哲学发展关系。

在哲学史研究中可以得到两种收获即哲学知识和哲学本身即哲学概念。哲学史研究能够与哲学研究发生什么关系，完全取决于二者对哲学研究具有何种贡献。

哲学知识包括哲学史中提出的普遍性哲学范畴和具体哲学判断。在逻辑上，其中的哲学判断并不必然成为哲学研究的当然基础，因为一般地看，知识的增长不具有逻辑上的线性累加关系。从知识的构成看，特殊内容之间的关联是知识构建的本质形态。认识起于经验。经验给予我们以有限的对象——包括作为实体的对象和它在特定条件下显现的现象。认识的任务正在于针对这给定的对象域构造关于它的理性解释或曰本质原理，其形式为以普遍判断连接诸多特殊存在内容，努力形成给定对象域内的综合统一。而作为要求实现判断关联的一个特殊存在内容，逻辑上有多种向其他特殊内容发展关联关系的可能，因为作为特殊内容间的关联，没有哪种特定关联可以证明自己具有相对的优越性和排他性。诸特殊性在形成关联关系的逻辑可能性上具有平等地位。因此，以严格的逻辑眼光看，一个特殊内容的判断走向是多维的，进而知识的构造方案是多元的。一定历史阶段上的现实知识形态具有偶然选择性，而非唯一必然的理论构建道路。在理论世界中，可以说，现实的必然是合理的，但合理的不一定是现实的。

然而，同是偶然选择的不同知识道路，在其理论发展能力上并不是平等的。因为，特殊内容间的关联有其相互间的特定要求，从而特殊内容关联方向具有自己潜在的可发展内容范围，不同关联方向间自然具有关联延展能力的差别。直言之，特殊内容间的不同关联方向所能形成的知识链的长短有别。相对于一个给定的对象域，不同关联延展方向具有不同的解释力，其中，有的关联方向可能无法达到对对象域的完全把握。所以，在认识活动中，必须在逻辑上为全新的知识重构留下空间。

另外，以上述原理为基础，如果对象域扩大，则使认识面临更大的危机可能。既有知识链条可能无法延及新增存在内容，从而要求创造新

的可能的知识道路，其中包括创造全新的关联系统这种可能情况。

在哲学和其他学术史上，曾经发生过很多思想革命。根据黑格尔对哲学史的感觉，可以推论说，真正创造着自己哲学史的民族必然是不断踢倒前人墓碑而"忘恩负义"的民族。哲学史具有更加强烈的历史性。而哲学研究的本质恰在于面对新现象，解决新问题，所以更缺乏哲学判断的继承性。

也许人们为哲学史研究辩护说，作为哲学知识的哲学范畴具有更强的普遍性和生命力，构成对哲学研究的持久约束，历史给定的哲学范畴限定和引导着哲学思维方向。但是，姑且不说哲学范畴本身的创生、死亡和更替，比如康德的哥白尼式革命建立起崭新的哲学范畴体系和后现代哲学对现代哲学范畴的否定。就算这些哲学范畴在哲学研究中继续发挥作用，其方式也不能使它们直接成为哲学研究的现成理论成分。事实上，哲学范畴的意义只有在具体的语境中才能生成、确定和显现，亦即在其应用于特定思想材料或对象时才有意义。哲学研究的创造性决定，每一个真正的哲学思考都要面对新的存在内容，寻找它们之间的存在综合关系。而这种综合关系无规律，必须创造性地加以设置。所以，作为哲学研究工具的哲学范畴向特定存在内容的运用，并不是一种简单机械的旧意义的照搬，而是一个与适用对象的内容相联系的意义创生过程，其中必须有智慧性的理智升华和跳跃。

因此，整个哲学知识与哲学研究在认识上的积极相关不是必然的，相反，是偶然的。其间关联的实现受到内容特殊性间的逻辑关系的限制，也受到不可把握的智慧的主观性限制，在逻辑上没有必然过渡和致成关系，在极端情况下甚至也不是不可或缺的。

同哲学范畴一样，哲学本身即哲学概念作为纯粹抽象的形式，其作用也必须通过具体的存在内容来实现，因而面临同样的创造偶然性问题。这就是说，即使体悟到或把握到了哲学本身，也不一定能够现实地展开一种哲学研究。

针对整个哲学史研究，可以断言，它与哲学研究的认识连续性并不

第七章　哲学品鉴

是可以逻辑确定的，二者之间仅仅具有理论建构上的偶然相关性。尽管哲学史研究可以影响哲学研究的问题类型和解决方式，但不能断言哲学史研究就是哲学研究的必要条件或充分条件。有了充分的哲学史研究，也不一定就能进行成功的哲学研究；相反，没有充分的哲学史研究，也不一定就不能驰骋哲思于哲学研究领域。哲学史研究确实有教育之功能，但教育不是铸造天才的机器。从哲学史研究土壤中不能自然地生长出哲学研究之果。黑格尔曾经轻言哲学史研究与哲学研究的连续性："我们的哲学，只有在本质上与前此的哲学有了联系，才能够有其存在，而且必然地从前此的哲学产生出来。"① 现在看来，这样的论断是缺乏严格逻辑考虑的，即把一般的联系经验过度地提升为必然联系和自然致成关系，既没有考虑哲学史研究与哲学研究之间的本体差异，也低估了前进环节即哲学研究环节的创造偶然性。即使接受黑格尔哲学的理念发展逻辑，我们也不能预设哲学研究的必然成功而信仰哲学史研究与哲学研究之间的决定论。一个有趣的现象是，回头望，哲学史中充满了逻辑，然而，向前看，却没有一种哲学逻辑地摆放在那里等待我们去拾取。哲学研究的叙事要等待能够进行整体综合的最高概念或原理出现才能开始。在此，应区分文本的叙事结构与认识的探索历程，二者并不一致。因而哲学研究文本的逻辑起点是普遍概念，而这概念作为面对新现象的综合创生概念，不可能在历史中找到。所以，哲学研究成果的起点（而非哲学研究的认识起点）不是历史的终点，而是普遍概念的创生。

哲学史研究与哲学研究之间的这种认识上的偶然关联关系形成逻辑上的认识非连续性，可以称之为逻辑断裂。它大大限制了哲学史研究的哲学研究意义，并由此产生两种不同的哲学史研究规范。相对于哲学研究，哲学史研究仅具有一般哲学教育意义，其目的在于感受哲学，即通过接触有限的哲学史著作来把握哲学本身，建立独立的哲学思维能力，以备提出和解决现实存在中的哲学问题。在此，哲学史研究的深度是因

---

① ［德］黑格尔：《哲学史讲演录》，贺麟、王太庆译，商务印书馆1983年版，第9页。

人而异的，以达到对哲学本身的体悟为基本限度，不必皓首穷经。而且，其阅读方式可以是超越枝叶而领略精蕴式的"粗读"。此即哲学家式阅读。在哲学研究的意义上看，对哲学文本富有才性的体悟远胜过文字功夫的机械堆砌。克劳斯·黑尔德这样描述胡塞尔："了解胡塞尔的人通常都认为，胡塞尔想要成为一个彻底的开启者，因此他对哲学史并不很感兴趣，对之也鲜有涉猎。然而，我们在这里还应当有所区分：胡塞尔对传统的经典哲学家文字的认识可能的确比较单薄，尽管如此，对于思想史上那些至关重要的决定，他的感受力要比一般所以为的更强烈。"[1] 相反，与胡塞尔这类具有纯粹哲学研究兴趣的哲学家不同而抱有纯粹哲学史目标的哲学史家，则必须尽可能复原文本的细密意义网络，以透视文本这一思想存在为要务，而且由于历史意义的整体联系性，必须尽可能开放自己的哲学史眼界，追逐无穷的历史，触摸浩瀚的思想史材料和一般历史材料。此即哲学史家式阅读。由于我们过去不注意区分这两种阅读，也不注意区分哲学史家与哲学家这两种不同的培养目标的内在要求，所以一直在所谓学养评价中同时混用两个标准，用哲学史家式阅读剥夺哲学天才的哲学研究权利，从而永远埋没了仅具有有限自然生命的哲学天才；同时，用哲学家式阅读为难有志于纯粹哲学史的学者，贬低他们的工作意义，责备他们不能创新哲学，从而干扰了纯粹的哲学史研究，以至在一个重史传统的国度却很难出现优秀的哲学史家。混淆不清和分工不明的结果是，哲学史研究由于夹带哲学研究做派而失去自己的翔实练达，同时哲学研究由于被哲学史所迷惑而无心进取，到头来没有人尊重哲学。

四 谁主沉浮：问题还是历史

上述讨论的自然结果是"史""学"两分，即哲学史研究与哲学研究被划界为不同种类的认识活动，应该在明确的认识分工下来完成，其

---

[1] ［德］克劳斯·黑尔德：《世界现象学》，倪梁康等译，生活·读书·新知三联书店2003年版，第3页。

中的"学"大致相当于中国学者所谓的"论"。这与中国传统的史论结合治学模式形成直接对立。在史论结合做法中,"史"成为思想的主线,传统思想成为铺叙的主体和议论的基础,而"论"只不过是串缀其中,或为论史即议论历史思想的得失,或为以史论今即以既有思想论衡现今存在。其实,这样的"论"绝非真正的哲学研究,说到底还是一个"史"字主宰着思想的色调。不论是"论史"还是"以史论今",都不可能超越历史思想:"论史"即便超出简单的对错判别而于古有所修补,那也只能在历史思想基础所蕴含的可能性的范围内进行,具有既有思想体系的内在运思性质;而"以史论今"只不过是对既有思想的一种特殊运用,并不涉及理论原理本身的丰富和发展。推崇史论结合为哲学研究模式是一系列幻觉的结果。首先是哲学幻觉,即没有针对哲学认识进行认真反思,混淆哲学学科内的不同认识活动,模糊哲学的认识进取本质和形式,错误地把学科的构成部分同构地投射为哲学研究文本的叙事结构,认为可以捏合不同的研究于一体并由此即可构造哲学。其实,哲学史研究与哲学研究之间的本体差异和逻辑断裂已经证明二者之间是不能做简单的知识对接或嫁接的。与哲学这个统一名称相反,其各个认识构成部分必须分别进行,哲学的存在正在这种分工中得以完满实现。其次是理论形式幻觉,即轻率地以为在否定中或在随机零散的个别论断中就可以建立哲学。其实,理论的本质在于发现事物的统一联系,必须作出肯定断言,单纯的"破"与真正的哲学理论无缘。而史论结合不仅其中的"论"在形式上被"史"离间或割断,而且其内容之间也难以给出合理的论证形式。没有被合格论证加以联系的各个断言,不能算是理论理性可以接受的一种理论。这是一个有强制力的理论要求。尽管后现代主义在反对"宏大叙事"和"基础主义",但它也在不停地力图"证明"自己的立场。最后是历史知识有效性幻觉,即认为一切历史上的知识——至少作为整体的历史知识——相对当下的认识活动都是有效的和必须接受的。这只能在得到知识线性累加信念的支持时才能成立,但它已经被关于知识发展的逻辑分析证明为不可接受的。认识上应该恪守的一个原则是，不能把一种不稳定的经验事实提升为普遍必然原理。因此，不能把处于复杂联系中而尚未得到必然作用机制阐明的哲学史研究与哲学研究之间的相关现象，不顾诸多反例的存在，盲目推广为具有强制性的普遍学术规范。虽然诚如黑格尔所说，离开与哲学史的联系我们的哲学理论就不能获得意义，但这仅仅构成一种教育性的话语理解语境，并不是把它带进一种哲学研究文本的理由。相反，在语境具有无限性的意义上，试图携带完整语境只能胀破哲学研究文本。正由于哲学史叙述与哲学研究之间的联系是松散自由的，所以它在作风浮躁、思想贫穷并缺乏诚实的人那里，就会蜕变为一视篇幅需要而编凑文本的工具，用来掩盖自己思想的单薄和空洞。

哲学史研究与哲学研究之间的分离，要求在研究活动层面上脱史入论，即要采取不同的研究方式，作出异质性的思维努力，驰骋不同的才性。这必然要求进行哲学智力的社会分配。在史论结合的重史偏向条件下，哲学史研究占有了过多的社会智力资源，造成了哲学内部智力分配的不对称，使得哲学出现畸形发展现象。必须理性分析哲学内部的合理布局，确定哲学的健康繁荣道路。

根据分析，哲学学科内部有两种现实的哲学认识形态即哲学史研究和哲学研究，二者相对哲学事业的持存构成一个有机整体。但这种有机关系仅仅是能力培养和能力运用，并不是说二者具有平等的哲学意义，每个人必须完整走过哲学史研究道路，再从事或自然就会步入哲学研究阶段。而从社会角度看，也不意味着二者具有相同的或不可加以理性分析的社会认识地位。哲学作为一个学科的社会发生，其根源在于对世界的哲学化认识，其使命在于以哲学方式把握世界。哲学一旦停止对世界的研究，也就丧失了自身的真正存在。而世界是变化的，同时世界向人的展现也是历史的。就此而言，哲学史研究虽然也能让人对世界有某种了解，但它却不能保证达到哲学的目的，因为哲学史仅仅是对历史上的存在的一种把握尝试。首先，历史存在有多少还持存至今就是一个必须在现实中反思的问题。而哲学作为一种认识具有绝对的现实性，它不会

第七章 哲学品鉴

承认已经消失了的一种历史存在为哲学把握的对象。那些已经失去其历史存在的哲学史思想必然被撤销了理论有效性。其次，即使那些依然有其存在对象的哲学史思想，也要面对理论重构的检验和挑选，因为哲学理论建构要求对不同事物作出互相关联的思考，而零散的特定哲学史思想并不一定能够保持与其他存在要求之间的适应性，被成功加入新的哲学理论中。质言之，拼合哲学史思想并不能找到现实向哲学提出的问题的答案。纯粹的哲学史研究在根本上仅仅是与历史思想对话，而不是与存在对话，缺乏承担哲学使命的现实气度。这是哲学史研究相对哲学本质的一个认识结构上的残缺。退一步，即使针对哲学史思想作相对哲学认识本质的最弱否定，即承认其加入新哲学理论中的资格，保留其在新理论中对原有所指对象的有效性，那么哲学史研究也还是不能直接达到哲学认识世界的要求。因为新的理论必然要有自己新的基础，需要通过新的最高原理创造不同的综合关系，异根的哲学史思想只有被创造性地整合到新哲学理论中，才能取得自己的意义和有效条件。不论掌握了多少至今有效的个别哲学史思想，一次异质的哲学理论创造思维都是不可取代的。在此，要对两种情况作出严格区分，即针对个别存在情境而对个别哲学史思想所做的散章摘句式的"生活零用"和对世界的理论把握。显然，后者向认识提出更高的普遍性和逻辑性要求。可以说，哲学研究开创了哲学史，但在哲学史研究中已经难圆哲学研究本身——不是"哲学本身"——的踪影。

哲学研究以其内在的现实指向性而显现无限的认识开放性和前进性，具有包容历史和未来的浑厚气度，承担着哲学认识的全部使命。正是在哲学研究中，不断向人们供给对现实世界的有效解释和把握；也正是在哲学研究中，时代的哲学思维水平得以显现，从而检验哲学史的研究成效——哲学史研究从根本上是为哲学研究服务的。因此，哲学研究决定哲学的价值实现度，其状态是评价哲学状况的标准。不论有多么发达的哲学史研究，只要哲学研究处于衰退或低迷之中，就可以判定哲学的落后。在此，优越的传统并不能反对和改变对一个民族的哲学现状的判定，

因为哲学按其认识本性和使命,时刻受到存在的逼迫而不可以做任何自由的兴趣选择或停留于某一历史阶段,即不是我愿意要一种什么哲学就可以抱定一种历史中的哲学,而是我们必须在理性与存在之间创造一种思想过渡。在这一过程中,存在限制着哲学而使其具有某种客观性。直言之,传统性和民族性不能为哲学的现状做任何辩护,只有现实才有评价哲学的权利。有特色的哲学并不一定是好的哲学,有用的哲学才是伟大的哲学。哲学研究是哲学的灵魂,无论如何,都不容放弃,只有它才能支撑哲学的圣殿。所以,必须使哲学研究成为哲学的重心,统帅哲学的发展。但这不是在哲学史研究与哲学研究之间鼓动"你死我活"的社会取舍,而仅仅是要求指定它们在哲学中的地位,以便树立一尊在我们心中释放滚滚激情和降临无限智慧的"神"。而哲学研究不论其对象为何,问题都是它的逻辑起点。在存在中看出问题和解答问题,是一切哲学研究的普遍轨迹。所以,哲学只能追随问题,必须让问题主宰哲学。

第三节 元哲学非哲学

　　元哲学与哲学间的概念之辨是一个简单问题,但深入肌理的分析和随后的恰当贯彻是一个复杂问题。它涉及哲学评论的正确实施,甚至决定哲学阅读的文本反应敏感度、意义展开走向和语境重构成败。

　　显然,元哲学与哲学具有完全不同的认识对象,是根本不同的两个认识范畴。虽然元哲学在其深入细微处或许涉及认识对象的属性,从而与哲学发生"对象"交集,但对于那些属性的使用被其认识目标所制约而仅仅限定于它们认识上的逻辑效应,并不用之作内在存在分析。对于这样一个与哲学断然有别的关于"哲学"的元哲学,在非严格的使用中却因为它也相关于哲学认识活动或者说往往与哲学一起牵连发生而一并被叫作哲学,甚至在阅读和学术评论中模糊了二者之间的界限。从行为角度广义地把元哲学和哲学统称为哲学研究并无妨,而且也许带来某种话语便利,但必须注意的是,在思维的严格语境中不能遗忘这种差别,否则就会遭遇视差别为同一而错乱观念秩序和思维格局的风险。思想混乱是败坏思维的首恶，是内在地毁灭一切哲学家雄心的精神病毒！

对象的不同给元哲学和哲学带来诸多重大和根本的认识差别。任务和宗旨的分殊首先涌现出来。元哲学的兴趣在认识筹划，以替某种哲学认识主题作出认识安排为目的。而哲学的兴趣在本质认识，以揭示某种事物的存在本质和规律为目的。

在判断形式上，元哲学与哲学也存在严格区别。由于指向未然的认识构造，意在指引认识活动，而且其实现具有偶然性，所以元哲学只是概然地推断哲学的认识方向和环节，描述存在对象的本质和规律的可能追索方式和端倪，表现为一种应然判断。元哲学语句不论其直接语法形式如何，按照其逻辑意蕴都可以改写为应然句式。而哲学的宗旨在于揭示存在对象的内在构成规律和本质，与存在同格，所以其叙事形式是实然判断，"是"是其谓词的逻辑属性。在元哲学中，认识是从已有知识所给定的"是"到认识探索的"应当"，而在哲学中，按照认识的"应当"谱系有序生产出对存在本身的判断"是"，是认识的必然轨迹。

在判断内容上，元哲学与哲学分属不同的范畴领域。由于元哲学指向事物存在的可能关联关系，其兴趣在于搜索这种寓存处所，所以一切在逻辑上相对认识这种联系具有价值的知识就是元哲学判断的依据。相对于元哲学，哲学以揭示和构造关于特定对象的普遍概念和原理为目标，其认识范围限定在对象本身，必须使用存在范畴，合法的认识材料是客观存在的构成原理和普遍属性，即使是因果论断也必须抛弃元哲学中的自然因果而采取逻辑因果范畴。可以说，哲学中的原理思维和因果思维的方向与元哲学相反，是从特殊上升到普遍，是反思的而非规定的，它背向经验而非走向经验。元哲学是围绕哲学圈点经验界，为其规定接触经验存在的入手点和方式，止于经验。而哲学是要通过经验窗口深入洞察存在的广泛本质。从根本上说，元哲学是经验因果和原理运用思维，而哲学则是概念关联和原理建构思维，经验因果仅仅是概念原理的可能存在的症候。

哲学与元哲学之间的逻辑界限是清晰的，元哲学非哲学。元哲学的观念不具有哲学建构功能，因而不能有意无意地将其作为哲学建构概念来使用，换言之，不可跨越式地将元哲学观念直接嵌置到哲学理论体系中。元哲学不具有哲学思想的属性。如果不慎让元哲学观念掺杂进哲学体系建构过程，那么就会破坏哲学的认识有效性和本质纯粹性，降低哲学思维的后续观念生产能力，中断哲学认识的合目的发展，导致哲学论断的贫乏甚至僵尸化。反过来，哲学论断也不能自我生成元哲学视角上的合理性辩护，即不论一个哲学体系建构多么强大，其中都不能分化出某种具有元哲学功能的说明自己认识操作原理和价值的语句。认识过程的成功事实作为思维事件不能说明自身之外的思想处境，其要害为，关于存在的内在构成考察和论断在逻辑上不能达到关于存在的外在联系的把握。申言之，纯粹的哲学建构本身不可能完成对自己的思想诊断和准确理解。即使一个发达的哲学体系也不一定能必然找到与自己匹配的元哲学。比如斯宾诺莎试图为其《伦理学》构造元哲学辩护时，就难以完成《知性改进论》。哲学需要把自己放在思想的可能世界中来反思自己的真理价值。从认识层次和难度上看，元哲学远低于哲学，因此一旦被追求成就和荣誉的冲动所干扰，将元哲学误作为哲学更容易成为人们的选择。

对元哲学与哲学的区分意识直接决定人们的阅读意识的敏感性和准确性，有了元哲学与哲学相区分的思想准备，能够诱导主动审视和甄别文本中语句的元哲学或哲学身份。同时，它决定学术评价的标准和有效性，有这种清晰区分意识的学术评价不会把元哲学错封为哲学，也不会因为景仰一种哲学而放弃对它进行元哲学审视的要求。此外，它还能使哲学研究更有效率，即既帮助人们不被元哲学这种前哲学所贻误，又推动人们走上更加具有成功保障的理性认识轨道。

元哲学与哲学的分辨在断言内容上表现为对语句作功能识别，此即语句的主题判断。面对元哲学与哲学的分辨课题，必须分析语句的语义指向和认识兴趣，确定它是在指引认识还是在作存在断言。讨论和描述主观认识活动路径的语句只能是元哲学的，而针对特定认识对象进行存在构成断言的就可能是哲学而不会是元哲学。

在质的和形式的意义上关于某一话语进行元哲学与哲学区分的判定，只需分析其逻辑句法形式而无须触碰充满不同关联可能性又无法仲裁其间是非的具体内容。因为，根据已经获得的元哲学与哲学的内在规定性，元哲学与哲学的话语构成以及二者之间的差别都具有鲜明的逻辑特征，它们直接反映在表达句式中。元哲学具有围绕特定对象设置问题和规定解决路径的思想结构，具有疑问语句承转祈使语句的叙事逻辑，即断言一个合理认识任务的语句只能表达为疑问语句，继而作出认识谋划的指令语句必然表现为祈使句（"要……"，"应该……"），并采用认识行动性谓词（附带或者可以补写逻辑蕴含意义上的认识行为动词）。而对存在进行存在描述必然采用陈述句（"是"），只能填充存在属性谓词。一切推理都是观念中的"应当"，是对存在的观念把握，但是它们依之展开的根据的逻辑属性决定它们的论断强度，或者概然应当（条件完备性不可判定），或者必然应当（条件完备性可逻辑判定），或者实然应当（条件完备性可现实判定，抽象原理与具体内容俱全）。由于元哲学断言涉及认识内容的不确定性，所以其判断模态的强度不是确信的"必然应当"，而是带有某种犹疑的揣度"概然应当"。

在此需要说明的是，那种关于创立存在的规范性推理与元哲学完全不同，它们其实是对"是"的行为改写。因此伦理学中纯粹的行为规范语句"应当"并不是哲学的继续，而是哲学的存在投影或者说同一哲学内容从语言到行为的转换，仅仅是在存在概念的现实性指导下无认识中介的观念变形。从"是"到"应当"是一种先验转换，只相隔存在概念的评价性审视和再认。价值判断附随存在判断。凡是"是"的，按照存在概念就"应该"得到实现，具有现实存在价值。

那么，在确认语句的主题和逻辑句法之后，怎样判定语句的问题式和认识筹划是哲学性的从而提出了一个哲学认识任务，由此落入元哲学范畴，而不是那种不该由哲学管辖和处理的其他问题。

这涉及对于哲学本质的理解。这里按照满足方法论中立性原则对哲学所作的规定，哲学是被思维方法所定义的，即沿着概念的逻辑推理路线去思考存在，哲学被理解为根据概念规定性进行纯粹逻辑推理，亦即从给定的有限存在属性出发作关于存在的普遍断言。在此观照下，那些指向普遍事物而非具体的个别事物，同时也不是类普遍事物即同质性存在内容，从而不能在任何现实性意义上展开可操作的经验认识的问题，并明确作出概念思辨认识筹划的认识任务设置，才落入元哲学领域。但需要指出，即使是针对个别具体事物提出的问题，也可以主观地采取概念思辨解决的方案，并由此踏入元哲学领地。只是前者在逻辑上更易于也更应该发展出元哲学。因此，如果问题的设置和解决方法筹划显现为一种对存在的纯粹概念推理，那么就是提出了一个哲学问题。对于哲学思维属类的确认而言，仅仅是抽象的概念推理这一认识属性就是充足根据，不论概念思辨是向上的还是向下的，或者说反思的和规定的概念思辨都是哲学类思维。

元哲学与哲学之间的写作界限不容僵硬划定，即元哲学内容可以随时出现在哲学认识的任何阶段和环节，只要哲学认识面临需要厘定前程的处境，就会有元哲学出现。但是，掌握了元哲学与哲学的认识属性的逻辑差别，也就有了二者之间的划界。不论在一场复杂的哲学认识中二者怎样交错纷呈，都可以依之厘清每一叙事话语的思维身份。哲学要以"是"语句作出关于认识对象的普遍存在规律的纯粹肯定判断，必须是深入存在本身的内在构成分析，而不能游离于存在之外，或者作否定判断（逻辑游离），或者围绕认识对象作外在关联描述（存在游离）。哲学也可能作出从存在分析之结果"是"出发的规范性判断"应当"，但这也是关于存在构成的并带有强制性，而非不触及存在内容的概然性推测。从这个意义上说，一切具有原创意义的独立哲学思维都不会是哲学史分析和梳理，因为其中的肯定判断即对哲学史思想的接受已不具有认识拓展和建构功能，而对当前认识具有道路标示和禁止意义的否定判断又不能被编辑进入哲学体系。相反，元哲学作为前哲学，要严格限定自己的认识范围和姿态，其全部内容是以关于认识对象的外在存在关联为线索，并依据普遍的认识原理来制定策略性的认识方法。在此，否定性判断具有收窄认识选择的方法论意义，成为一种合法的元哲学话语。而否定判断在哲学面前仅仅具有激励作出不同认识探索的效能。以这种界限为标准，可以实现元哲学与哲学之间的语言澄明和互相校正，即按照一个语句内容的认识属性可以确认其元哲学或哲学身份，从而调整或补写其语句形式，使之一致于元哲学和哲学的表达规范；而按照一个语句的语法形式可以判定作者的主观表达意图——元哲学的或者哲学的。对于一个孤立语句本身可以超越其内容和形式之间的严格学理对应而作自由真理解释，客观地确认其元哲学或哲学身份。但是，在语境中其元哲学或哲学身份即语境身份却是固定的，被其他语句所显示的语句角色所确定，在思想展开中，一个语句被作何种使用或者说承担了作者怎样的意念托付，该语句的实际身份（客观上作者的主观使用意图）就如其所是。一旦语句的语境身份背离语句的客观身份，思想的混乱和错误就随之发生。

　　解释中的意义读取争执发生于具体内容间的关联选择，而元哲学与哲学之间的辨识落脚在语句形式，无论是问题的提出还是解决方式筹划，无论是言说主题还是判断语气，无论是认识性质的确认还是判断内容分类，都依赖对语句形式的基本逻辑分析，所有这些都没有解释上的歧义空间。所以，关于话语的元哲学还是哲学身份之辨必然具有解释确定性。

第四节　好哲学与坏哲学

　　真哲学只是保证具备了哲学的形式要素。进一步，这些形式要素的实现状态却可能是多样的、有差别的、相对的。那些更充分地满足形式要素的哲学便是好哲学，而那些较差地实现形式要素的哲学便是坏哲学。因此，真哲学包含好哲学和坏哲学。申言之，哲学的真假是关于哲学的存在形式要素有无的质的判断，而哲学的好坏是关于哲学存在形式要素的多少的量的判断。

　　概念是哲学的细胞，不论一个概念的定义是否具有内容正确性，对

于哲学来说，内涵的表述准确性即边界清晰性都是哲学理论构建的必然要求。在哲学思想中保持敏锐的概念定义意识而拒绝模糊的思维，是保证富有成效的思维的基本条件。因此，具有更多概念定义清晰度的真哲学便是相对好的哲学。相反，那些概念定义清晰度黯弱甚至完全丧失的真哲学，便是相对坏的哲学。

判断和推理是展开哲学分析的过程，在其中自觉和清醒地保持概念同一性，坚持判断根据的充分性和推理中介的连续性，是保证论断可靠性的形式性条件，可以称之为逻辑严格性。达到或相对较好地满足逻辑严格性的哲学就是好哲学，相反，较少具备这种形式条件即为逻辑严格性差的哲学，就是坏哲学。

论证是按照认识论的和逻辑学的特定要求，为论断提供系统的具有特定关联结构的根据。采用的认识方法不同，会有相应不同的论证要求。

第五节 "学术大师"确认规则的科学确立

大师是对精神活动水平的一种最高社会评价，其标准的确定应该依据人类精神活动的功能层次的划分，在每一种精神活动领域达到最高等级的人方为大师。不论何种精神性活动，虽然它们都具有自己的特殊内容，但都必须以人类的一般精神活动形式表现出来，从而具有人类精神活动的一般性质。对处于人类文明史中的人来说，从精神活动的自然发生序列和难度水平上看，人类精神活动的存在样式即获取知识或技能的过程具有三个发展层次。第一，感觉知识，它来自对客观事物的刺激所形成的知觉，这是精神活动的初级阶段，是一切正常人都具有的接受存在信息的能力，也是其他精神活动形式的基础。第二，学习知识，它是运用理智能力对人类积累起来的既有知识的重新获得，表现为某种教育过程，其任务是理解和掌握已经存在的智力成果，在其中，已经给出引导精神活动的路线。第三，创造知识，它是人类面对特定存在运用自己的理智能力形成新知识新原理，这种活动担负人类精神成果的开拓使命，是智慧之光的爆发对存在及其面貌的原始发现。在三种认识中，创造知识占有最高级的地位。因此，只有具有创造能力并作出创造贡献的人才是真正的大师。

但是，有人根据社会现实给出了不同描述，说学术大师就是精通前人思想的集大成者。这样定位下的学术大师所承载的使命就是文化传承。关于学术大师的这种理解直接制造出学术大师的确认机制。与文化相联系，教育这一文化传播的社会形式成为孕育学术大师的摇篮。其道理很简单，既然每一代学子都是从作为前辈的文化人的老师那里汲取知识，那么老师就是知识宝库的社会主体或者说知识的符号。因此，学术大师必自老师出，即那些最博学的优秀的老师就是学术大师。此外，老师作为文化教育活动中的知识源头具有自然的回溯效应，即老师的老师的老师……更具有成为学术大师的天然身份和资格。众所周知，学术大师并不仅仅是学识的客观产物，亦即学识并不能自动生成学术大师这一称号，而是需要社会的确认和拥戴。无疑，老老师具有更多的弟子、更广的人脉，从而能够获得更大的社会追捧资源。柏拉图、亚里士多德都有自己治下的学园，孔子有徒三千，这本身就是巨大的社会造势。而且，在一种等级森严的学术组织中，老师的地位可以克服和扼制其他人的心理抵触，使得在通往学术大师称号的道路上更少社会心理阻碍，容易被主观情绪所接受。

原创性学术贡献是成为学术大师的客观条件。从某种意义上说，只要作出了原创性学术贡献就已经是学术大师。但是，要获得学术大师的称号却需要社会的主观确认。而这两者并不一定是同步的，甚至常常是社会的主观确认姗姗来迟，以至有悲剧性的身后追认。而且，越伟大的学术大师，就越是有遭遇社会冷淡的可能性，因为即使抛开某些恶性的社会情态因素，他们的先锋步伐和深厚思想也常常令人难以跟随。不过，可以告慰学术大师的是，他们终归要被社会所接受和承认，因为人类精神的历史延伸和提升总有一天会达到他们的精神高度而理解他们的"美丽心灵"。所以，学术大师要有超越当下得失而以历史为家的永恒情怀，

从而在对自己工作价值的坚定信心中穿越时空，看到自己墓碑前的花环、感到走过自己墓地前的庄严肃穆的脚步，听到千古不断的书卷的窸窣翻动。也许，这种看似虚幻的对于幸福的透支却正是真正学术大师面对社会冷漠而坚持操守和泰然怡悦的根源。

原创性学术大师的确认需要相同研究领域的学术团体以问题为中心而不是以老师为中心，围绕共同关切的问题展开讨论、批评和评价，从而推进对问题的研究和解决，并最终确认某种原创理论的真理性，依此赋予原创理论的创造者以学术大师地位。从老师到原创的转换，大大增加确认学术大师的科学性和客观性。它要求打破人们所谓的宗法性差序格局，把学术团体的智慧集中到相关问题上来，人们共同审查和修补原创理论，剔除人情世故，真诚地去爱真理，把真正作出学术创造性贡献的学者挑选出来，赋予他们以旗帜地位。至于这个参加学术讨论的学术圈子的大小并不能机械划定，也并不是越大越好。学术研究参与的公共性和普遍性并不能以量化的人群规模来衡量，而应该以实际的专业集团的普遍参与为标准。学术研究的发展历史显示出越来越细的专业分化，研究领域的狭窄性也越发凸显，这是知识发展与人的理智有限性所共同决定的。质言之，学术大师的确认是相应专业团体的内部事务，而不一定非得得到所有社会学术群体的普遍理解和拥戴。因此，学术的"条块分割"或"集体意识"的丧失，并不是妨碍学术大师确认的社会性因素。相反，确认学术大师的"海选"的持票人群体的小型化是历史发展的必然，只要抵制和消除学术界内的裙带干扰就可以实现学术大师的科学确认机制的创立和贯彻。

通过原创及其确认产生学术大师，要求学者们独立地研究有价值的问题，而不是重复别人的问题或永远被别人的文本所包围。

第六节 "历史"的本真含义与哲学史人物的遴选

一 "哲学"何为与其时间性的生成

变化是时间的本体，是历史的真理。因此，时间和历史都归属于一个存在物本身，不能用此存在物的变化所造成的时间成就附加给不变化的彼存在物，而在似乎经历了时间的意义上说它具有了历史。因此，决定哲学之时间性的是表征哲学存在的抽象的"哲学何为"，即哲学作为一般认识活动的认识发生情境和在其中的预定认识目标，正是它的现实实现的变动成为哲学时间的构造者。所以，对于一般地讨论哲学时间性的构造原则或机制这一任务来说，并不依赖准确的哲学定义，相反完全可以借用抽象拟制的作为某种学问意义上的哲学名义进行。面对抽象的"哲学何为"提问，并不要求具体确定哲学思维的内在规定，而只需按照认识活动的一般结构和程式确认参与哲学时间性构建的要素，即变动观察的主题。

不管哲学是什么，作为一种理论认识活动，它都必然像其他学问一样，面向存在而追求关于存在的理论规定即普遍知识。因此，哲学被它的研究性认识本意所决定，其使命正在于不断开拓新知。而认识的构成结构为对象、问题、方法、论断，其中任何一个要素的变化都使认识发生知识创新事件。研究对象的改变直接奠定知识创新的可能性，因为在此条件下，只要取得认识结果，就必然拓展认识广度。针对同一对象可以提出不同的问题，而对新问题的回答直接构成知识创新。对同一对象的认识活动所形成的知识可以进一步改变思维情境，既可以在知识间内在地生成某种理论问题，也可以暴露对存在对象的认识遗漏，从而推动人们或者否定旧问题而提出新问题，或者在旧问题之外添加一个新问题，或者改造和修正旧问题。面对同一问题可以有不同的解决方法，对于哲学，也可以说有不同的论证方法。之所以赋予不同论证方法以独立成就理论创新的功能，是因为不唯崭新的论证本身就是新的思想，而且论断的具体意义牵连着论证，特殊的论证能够使同一论断充实具体的特殊意义，使人产生特殊的理解，也就是似乎同一的论断语句会实际发生内涵变化。在对象、问题、方法的制约下的认识过程，必然产生相应的认识论断，推动人们进入实在的知识世界。因而，论断的创新直接构成哲学创新的内容，是哲学创新的最显著标志。值得指出，由于认识过程的非机械性，不同的对象、问题和方法会有不同的论断，但即便在对象、问题和方法均同一的条件下，也可能具体生产出不同的论断。如果考虑认识创新的各种途径可以发生不同的组合，从而造就新知，那么哲学创新的方式在逻辑上就相当多样，具有复杂的表现。

创新方式多样化的认识意义在于实现关于存在的知识的致密化、全面化、深刻化、具体化和准确化。不同创新方式之间可能存在交叠。根据重复无创新原则，随后的交叠认识并不构成哲学创新。也就是说，虽然一个理论在总体上是创新的，但在严格的思想扫描或逻辑分析下，其创新可能是不完全的，需要科学确定其创新性思想贡献。只有那些真正的创新才能参与哲学时间的构造，即成为哲学史的内容。

认识创新的不同途径之间具有创新显示度和创新思维难度的可比较性。创新显示度决定于认识要素的变换。认识创新至少要改变一个认识要素，也可以同时改变几个认识要素，以使自己拥有直接的创新标志。那些认识要素变换较多的认识具有较高的创新显示度。创新思维的难度决定于面对特定认识情境需要处理和关联的存在内容的多寡和层次，内容越多，层次越深，创新思维难度则越大。创新显示度越高，思维难度越大，则构造哲学时间的功能就越强。因为，一般而言，创新显示度越大的理论，逻辑上包容发展变化的潜力越大，而创新思维难度越大，在根本上突破它的可能性越小，其涵盖局部变化的能力越强。

知识的自然社会存在形态为知识创造和知识传播，也就是存在研究和文本研究，二者共同构成所谓学科。对于哲学学科而言，具体化为哲学研究和哲学文本研究。作为承担存在认识使命的一种学问的名称的哲学，其内涵当然是存在研究。而作为学科的哲学，其研究活动范围则扩展到文本研究。但纯粹的文本研究是对文本内在思想关系的梳理，已经发生与存在研究相比较的性质剧变，是完全不同的异质性思想事件，是把以存在为对象的哲学研究成果作为研究对象的一种反思和学习活动，是一种思想在另一个人思维中的重历过程。这种异质性使二者不可能共同作为创造时间性的一种存在变化主题。除了上述认识结构上的差异外，更为关键的是，纯粹的文本研究作为诠释性认识，不是本真的哲学研究，即它们不可能触及存在并扩展对存在的认识。在纯粹的哲学文本诠释与关于存在的哲学研究之间存在诸多本体差异。第一，认识发生的条件不同。文本研究是在思想给定的情况下去从事理解活动，而哲学研究是面对异己的存在去发现真理。第二，作为一种存在事件，二者的存在内容不同。文本研究的任务是重历文本观念的内部逻辑关系和外部联系，其发现因给定性而具有更大必然性；而哲学研究所要确定的是存在现象间的存在关系，其发现具有非必然性。第三，文本研究的理想是以语言为线索重新激活文本而使之显现思想；而哲学研究的目标是创造思想，没有语言解释那样的成功道路。第四，二者的方法不同。文本研究必须跟随文本的思想方式，而哲学研究除了受到有关事物经验的限制外，享有充分的思想自由。第五，文本研究的功能在于进行哲学教育，而哲学研究的贡献是征服存在。这些本体性差异使纯粹的文本研究不具有思想创新意义，从而不能参与哲学时间性的构造。因此，可以肯定，生成哲学这一精神存在时间性的是关于存在规律的发现事件，亦即构成哲学时间性观察主题的是哲学研究。

既然参与哲学时间性构建的是创新存在知识的哲学研究，那么根据历史的时间性，所谓哲学史也就是哲学理论思想的创新和更替过程。没有哲学理论的创新，也就没有哲学的所谓历史。

可以作为时间构成基础即思想变化观察单元的哲学创新具有客观尺度或者说拥有属于它自己的时间刻度。哲学思想作为主观存在事件，其构成上的存在同一意义或整体性由思想内容的逻辑关联所形成，那种被某一思想内容所统辖并形成递次有序关联结构的诸多思想内容构成特定的一体化思想存在，统一承担存在意义。在其中，占据较高逻辑构成地位的内容表征该思想的存在规定和种类，而其下任何层次的构成内容的变化都造成该思想存在的变化性，生成思想存在的时间性。从变化的效应上看，一旦较高逻辑地位的内容发生变化，必然使得其下属诸多内容发生变化，或者是具体构成内容变化，或者是虽为原有构成内容，但存在意义已经发生牵连变化。从变化的可能性上看，处于较高逻辑构成地位的内容具有相对的变化迟钝性，因为认识变化的刺激因素即对象经验材料首先触及较低逻辑构成地位的内容，对之造成扰动，然后才能逐步波及较高逻辑构成地位的内容。因此，越是普遍抽象的原理越具有稳定性，在其所包容内容发生变易的情况下却保持自己的持续同一存在。某一不变存在内容与其统摄下的诸多内容的变化共同形成具有时间意义的哲学变化，形成一个具有某种哲学思想特征的历史阶段即哲学时代。而造就观察哲学时间性存在单元的那个占据最高逻辑地位的内容的变更亦即原创，直接生成一个时间单元并继而形成另一个哲学时间生成的基础，推动另一个哲学时代的诞生。最终哲学史保持在"关于存在的哲学研究"这一观察主题上，不断向新的哲学时代开放。

哲学思想的逻辑包摄结构映射为创造历史的功能差异，即较高逻辑地位的思想在与变化着的存在内容的共在中拥有更多的时间。相反，逻辑地位较低的思想因其易变性而在创造时间的过程中只能拥有较短的时间，其极端短暂者只经历一次时间形成事件。按照原创和思想的引申发现二者的自然逻辑地位，显然原创具有更大的参与时间创造的能力，原创比诠释性创新享有更大的哲学意义。

二 可以成为哲学史人物的最高标准和最低标准

按照哲学研究的时间构造规则，哲学史就是人们面对存在展开哲学研究而造成理论变化和发展的过程，创新是其本质所在。它构成哲学史编纂的对象。显然，在作为客观的哲学史与作为哲学研究活动自我意识的哲学史之间存在反思中介，需要分析、辨别和选择才能实现客观哲学史向哲学史意识的转换。因此，问题带着某种理性压力地表现为：如何面对丛杂的哲学思想和形形色色的哲学活动而书写哲学史。

哲学史的书写必须尊重哲学史，要严格按照哲学研究时间构造的原理和事实来鉴定和选择哲学史材料。具体说就是，以"史"论"事"，以"事"入"史"，繁简有度。

所谓以"史"论"事",就是要求以历史的本真含义为尺度,坚持哲学领域时间构成的创新原理,以思想创新为标准审视和判断作为精神事件的一个哲学思想是否具有历史意义。这是组织哲学史材料的前提和最高的唯一准则。如果离开这一方法,那么就会使不当的其他因素比如思想者的社会地位、学术名气等进入哲学史材料的确认过程,干扰对客观哲学史的反映,给非哲学史材料混入哲学史意识以可乘之机。在此,明确、清晰、坚定的时间观念和由之所确定的历史观念必不可少。否则,必然伪托别物之变化所生成的时间意识而错认不变事物具有历时性,从而湮没历史资格的客观条件,假借各种理由比如社会重要性、社会政治作用等而不当扩展哲学史。

所谓以"事"入"史",就是要求在哲学史叙事中,只能把具有历史资格的思想事件作为描述对象,不能通过思想者的中介而把一个思想史事件的创造者的其他不具有历史意义的思想混入哲学史。这一规则既保证哲学史书写的准确性,也能清晰化哲学思想的发展脉络,同时准确反映哲学思想主体的真实贡献。那种以人物为中心,不问人物思想有否历史意义而一概堆砌的笔法应该从此抛弃。理论具有社会性,思想的进步以社会为尺度,那些对于个人具有精神收益而并不参与社会的思想进步的作者言论,绝不具有对哲学的时间构造功能,当然不能进入哲学史。哲学史是作为哲学研究主体的特定群体——人类、民族或其他地方性团体——的理论创新传记,而非具体个人的知识构成描摹。因此,入"史"之"事"必须是具有社会性认识变化或进化的思想创新事件。

根据上述两个原则,哲学史不能容许"过度写作",即把纯粹的文本理解活动和内容、仅具有个体心智意义的思想接受活动和内容,以及纯粹教育性的思想传播活动和内容编入哲学史的行为不合"史"法,构成哲学史的冗赘浮尘。

于是,面对众多的哲学思想表现,书写哲学史的首要任务就是进行创新鉴定和挑选。创新就是提出前人没有的理论思想。但创新并不简单地是在语言层面上说出别人没有说过的话,而是必须提出前人没有产生过的思想。在逻辑上说，也就是一个思想具有逻辑独立性，既不与其他已经存在的思想实质上同义，也不在实质上被它们所直接蕴含。创新有原始创新即原创和继发创新之别。一个思想或理论要称得上原创，必须具有认识发生序列上的历史原初性、知识形态上的普遍性和逻辑地位上的绝对超越性。在此，逻辑地位上的绝对超越性就是理论构成的最高逻辑起点不来自过去的某种思想，整个理论体系是在一个全新概念的统摄下展开的。相对地，那种最高前提取自以往思想而展开的具有"接着说"形态的思想创新就是继发创新。对比之下，显然原创比继发创新具有更大甚至最高的哲学时间构造功能。

哲学史的书写是一个主观活动，可以根据写作的目的、兴趣、品位、特定需要等情况而有作者的自由时间构造视点，即在客观充实的哲学时间构成中选取符合自己所设定标准的哲学理论作为哲学史材料，从而构造一种特殊的哲学时间。但是，以纯粹史家立场看，这种自由要受到公平公正的限制，即要贯彻同一标准于所有哲学理论创新，不能任意取舍，必须"繁简有度"。除了对作为表征和决定哲学时间构造的存在的选择即主题选择要做到同一外，严格地讲还有创新地位或重要性的选择同一性，即要按照所拟创新地位标准把具有同样创新逻辑地位的理论纳入哲学史，从而避免厚此薄彼。这种要求给哲学史的选材带来复杂性和庞大的创新地位确认任务。在理论创新中，原创占据最高的逻辑地位，其确认在于分析一个理论构成的最高前提是否前所未有，无论是一个旧问题，还是一个新问题，其回答的最高理论前提的前所未有和继之展开的论证的独特性，直接决定该理论的原创性。原创开辟了一个思想的时代，在它的基础上可以衍生诸多派生性思想创新，呈现共同思想框架下或共同概念基础制约下的理论演变活动。如果以原创为标准书写哲学史，那么就会形成既相对简短又绝对精彩的激流式思想叙事。这是哲学史材料选择的最高标准，能够经此门径而将自己留在哲学史中的哲学著作家是最高水准的哲学史人物。但是，除了原创哲学事件外，哲学史的书写还要面对继发创新。如何比较和鉴别诸多继发创新的创新程度，直接决定哲学史材料的公正选择。按照知识构成的逻辑结构，继发创新所继承的作为自己理论基础的最高概念或原理在既有思想系统中所占据的逻辑层次和序位决定它的创新度，即所占序位与创新度成反比，序位数越大，创新度越小，序位数越小，创新度越大。因为，序位数越大，对于新思想的认识任务来说，所受到的限制和规定就越多，相对被继承而作为出发点的概念的所有上位概念和原理都参与对新认识的规定，新思想的被蕴含性因而越大。反之亦然。因此，继发创新作为书写哲学史的对象，审慎分析和测定它们的创新度是不可回避的工作，要按照特定创新度标准遴选可以入史的材料。理论上，其中的最低者为继承了序位数最大以致不可再行降低逻辑层次的那种概念或原理所进行的思想创新活动。显然，它的思想展开的潜在能力最小。那些凭借某种程度的继发创新而将自己的名字带进哲学史的著作家因而成为哲学史人物，其中的最小者为作出了最小继发创新的人。总而言之，对于哲学史的书写而言，可以成为哲学史人物的最高标准为原创，最低标准为最小继发创新。纯粹的书袋式先生尽管做到了对哲学知识的"集大成"，但却不是哲学史人物。然而从广义的哲学学科概念出发，并顾念他们对哲学事业继往开来中的特殊服务性贡献，可以宽泛地称之为哲学人物。哲学史人物与哲学人物本非同类。

第七节 学术范式分化与学术发达

如果说对论断根据的要求在学术话语中抽象地作为根据观念而存在，那么学术价值判定则可以概括为学术价值观念。二者分别形成对学术话语的思维的和社会行为的约束。根据观念与学术价值观念共同构成对学术话语进行约束的规范源泉，形成学术范式。这里所谓的学术范式，是广义的学术规范。其根据观念涉及学术话语的内在构成形式。而其学术价值观念则指向学术行为方向和对象的选择，描述一种历史的、宏观的学术社会生态特性。

在理论上，有多少种学术价值观念就有多少种学术范式；同时，有多少种根据观念就有多少种学术范式；按照有机组合的可能方式，学术范式的可能性种类决定于根据观念的种类与学术价值观念种类之间的数学组合数目。学术有范式，但却没有唯一的范式。而有多少种学术范式，就有多少种可被选择的即有存在价值的学术园地。

那么，面对逻辑上如此多元甚至迷乱的学术范式，何去何从？如果不是有其奠基于研究对象的客观性，学术范式就将流于主观随意而最终丧失社会意义。

学术的灵魂是问题及其解决。而问题具有客观性，它寓存于对象世界之中，人类理性的提问主观性被这种客观性所限制。质言之，客观世界（包括自然对象和人文对象）向人类理性所展露的具体面貌构成人的思维处境，人只能从中提出自己的问题。学术价值观念的形成和固定即在于对某类问题的社会性重视和强调。因此，即便是学术价值观念这样一个极具主观色彩的学术范式构成要素，也有其客观基础，其可能内容被历史地纳入人类视野中的世界景象所限定，并且可能问题的现实提问也决定于人的生存关怀的历史水平。一种问题的价值会随着其存在地位——尤其是与人的相关性——的认识和澄清而得到认定和重视。理智活动在其给定的对象侧自动获得特定的思维处境，由之决定了可能的学术价值观念。

选定的学术价值观念指导人们进一步确定具体的研究领域和对象，由此形成具有直接思维操作意义的学术对象。作为学术对象的事物的本性在先决定学术的可能形式，因而提供关于某种探索的有效形式的判断，形成研究活动的先验的逻辑要求。这种先验逻辑具有方法论意义，遵循它是思维有效性的必要形式条件，由之给出了一个观念成为根据或获得根据的形式特征。也就是说，抽象的根据观念在思维对象的存在性质中被具体化和特殊化。不同的研究对象和不同的研究目的进一步形成具体的思维处境，造成不同的根据化标准。它在技术上限定学术活动的方式，具有对学术思维的内在约束作用，可以称之为学术规范。不同于学术价值观念在现实的学术活动之前确定学术的社会致用有效性，学术规范内在地规定特定学术活动的逻辑有效性，不满足其要求即被判定为根据欠缺而不能主张真理权利。

学术价值观念与根据观念具有相互作用。比如，以实践为致用目的的研究容许理论假说，但必然要求并满足于经验有效性检验。而以纯粹理论解释为致用目的的研究则不仅要接受经验检验，而且，要求具有超越经验的逻辑普遍性，采取概念论证形式。抱有实用目的的研究承认外在因果关联观察的有效性，而纯粹理论研究则坚持本质认识的内在构成分析，排斥不能揭示本质的外在因果关联考察。经验科学崇尚观察，遵守归纳逻辑，但理论科学则推崇思辨，追求演绎逻辑。历史研究要求以反映史实的考古证据和可靠文献资料为基础，轻蔑猜测和想象，但数学研究却必须以想象来充实逻辑空间。这些现象说明，不同的研究对象和目的有不同的"根据"原则。这些根据原则都是适应研究目的而从事物的本性出发所制定的思维规范。

学术范式定义在特殊的思维处境内，每一种学术范式都是在特殊的思维处境内有效的。

虽然学术范式具有多元性，每一种学术范式都具有自己的认识价值，但是并不能由此主张抽象的平等主义而走向学术范式相对主义。在每一横向平列学术范式间，都可以按照理性严格性对作为认识活动的学术范式作出比较而分辨出优劣。比如理论的高于实践的，随着认识的深化，一个在实践的目的下所进行的认识可以转换为在理论的目的下所进行的更精深认识，并达到对事物的更高水平的把握；外在关系认识可以在内在构成认识中更加清晰准确。

学术范式的形成具有历史性、社会性和选择偶然性。但是，一旦形成，学术范式就会超越其问题具体性而形成社会强制作用，甚至可能演变为一种盲目的学术成规，消极地反对人们针对不同问题灵活地制定新的学术范式，即企图将一时之规充作万世之法。应该细密辨察不同学术范式间的有效条件，严格地限制它们的权利要求，以保持它们各自的适用具体性和针对性，从而真正地使它们处于有效状态。同时，对于学术的发展和安全来说，逻辑上预留新的学术范式空间，随时准备跳出一种学术范式是理性的和有益的。

一种学术只有在其思维处境所规定的学术范式内活动，才能有效建构和发展。学术范式之间的僭越必然使每一棵学术之树死亡。每一种学术范式都可能成为另一片学术园地的杀手。学术所承担的功能，应该同时包含传承和原创，而传承有传承技艺，原创有原创法度。如果原创范式侵越文本研究，那么势必造成对传承目的的破坏，使之失去历史真实性和明晰性；而如果引证规范侵凌原创领地，那么就会武断地否定纯粹原创的可能性，扼杀民族最朝气蓬勃的原创冲动，葬送学术飞跃发展的每一次机会。学术范式的分化意识是不同学术共存和发展的基础，也是学术全面繁荣的前提条件。

第八节　哲学语言形式背后的思想品相

据说，哲学可以有不同的语言选择，比如通俗的和深奥的、简单的和复杂的、感性的和抽象的、生动的和枯燥的，等等。因而一种哲学表达经常受到不喜欢它的人的批评，被要求满足某种阅读期望。但是，让人陷入纠结的是，在表达经验中又真实感受到思想的刚性而不由语言任意摆布。因此，需要在沉思语言和思想之间的关系中清晰阐明表达自由的真相。

一　哲学气味的本源不是语言

在日常使用中，可以发现关于"哲学语言"的两种用法，从中体现出人们对所谓哲学语言的不同理解。一种是把表达具有哲学认识内容性质的语言称为哲学语言。在其中，仅仅考虑被表达内容是否被认为属于哲学范畴，只要论断内容具有某种哲学特征而被划归哲学，甚至只要认识的主观目的或者说自我意识是进行哲学思考，相关表达就当然被视为哲学语言。这是一个对哲学语言相当直观的理解，具有通俗性和简单性。在"哲学"这一概念始终没有得到普遍有效定义的情况下，这种"哲学语言"的所指其实相当宽泛不定。除此指称性使用而外，在关于哲学表达的评价赏析中可以发现另一种对"哲学语言"的理解。我们经常会听到关于某种哲学表达具有哲学味儿或没有哲学味儿，甚至是哲学语言或不是哲学语言的评论。在其中，它显然并不否定前一种理解，因而在承认某种表达是在表达所认为的哲学内容的意义上，接受其哲学语言地位。但是，它不满意这种哲学语言的表现形式，否定其哲学语言神韵。显然，人们基于对哲学的某种领会而相应产生对哲学表达形式的某种期望，要求它反映哲学思想的面貌。这种被期望的哲学表达的特定句式结构和语言关联格局就是所谓哲学语言，是更深层次的语言意义的形成和显现形式。其中潜在一个尖锐问题，即不是哲学的是思想还是语言？

作为有哲学味儿的哲学语言，涉及对哲学思维和哲学思想面貌的理解，已经触及思想的材料和思维形式。它不仅要求说什么，更要求用什么说和怎么说。它透露出或者思想内容与语言表达有分离可能性，或者对所谓的哲学思想有误认可能性。前者即一种哲学思想可以有不同的表达方式选择，变化幅度如此之大，以至有的是哲学语言，有的不是哲学语言。其实质为大胆地把语言表达自由从语言可变扩大到逻辑可变。后者即把不是哲学的思想当作哲学，并从其相应语言中确认某种哲学语言形式。在这种理解中，并未考察被叫作哲学的思想内容，前反思地设定其哲学性，而仅仅看到与之对应的表达语言的变化现象。其风险为把对不是哲学思想的内容的易解性表达错看成哲学表达。因此，需要辨识哲学内容和语言表达之间的确实关系。

被称为哲学味儿的东西必然是符合哲学思想的本质特征的东西，亦即是某种是哲学的东西。哲学是特定的认识方式，包括思维材料的概念性和观念关联的特定展开结构。因此，所谓哲学语言涉及哲学之"是（什么）"。核心问题是，这种作为哲学的东西究竟归属于思想本身还是表达思想的语言，或者是两者都可以成为其载体。

哲学作为一种认识方式具体表现为观念的逻辑属性即抽象概念和观念内容间的存在联系形式,也就是意义的生成和显现形式,不具有这种意义表现的认识就不是哲学。显然,分别看,思想可以拥有也可以不具有这种存在品质,而语言不可能独立地拥有纯粹属于自己的哲学性。因为思想作为实在的主观精神,其活动以观念为一切可能的材料,同时观念间的联系也以观念来把握,所以观念世界的一切可能存在样式,包括哲学,都必然可以包含在思想中。而语言是对思想的表达,在发生学上跟随思想,逻辑上在思想之后。这一点被语言的人为设计和被感受性所直接证明。而语言作为对思想的表达,必须分有思想的某种内容,以指引对思想的领会为旨归。在语言中,纯粹属于语言范畴的是语法现象和修辞现象。作为思想表达手段的语言,针对同一思想可能会有某种变化空间,享有一定语言表达自由,但它们仅仅是语言结构和方式的变化,不具有实际的逻辑意义,不能创造思想,而仅仅是设置诱发被表达思想的不同材料,其功能在于帮助接近作为思想要素的观念及其相互联系。直言之,作为思想逻辑特征的哲学不可能被某种语言方式所生成。语法范围内的语序、句式等变化和修辞范围内的比喻、隐喻、夸张、拟人等手法,都不能给没有哲学品质的思想添加哲学色彩。修辞只能产生文学而不会产生哲学。语法只能优化理解结构,具有心理学效应,而不能改变被表达思想的逻辑关联。反过来,即使糟糕的语言表达,只要被表达内容具有哲学思想的逻辑特征,也必然有哲学味儿。一场语言表达是否给人以哲学感,就在于它是否带领人们经历了一种哲学思维历程。就此而言,有真哲学语言和假哲学语言之分。那些表达真正哲学思想的语言才是哲学语言,而那些模仿哲学语言的某种机械形式去表达没有哲学实质的思想的语言,就是假哲学语言。

在哲学定义没有清晰而普遍地确立的情况下,可能出现错误地对某种非哲学思想的哲学确认和指称,因而连锁带来对哲学语言的错认。于是便会扩大所谓哲学语言的范围,使非哲学语言的表达属性和手法被误认作一种哲学语言的语言现象,并在比较的偏好中要求真正的哲学语言跟随这种假哲学语言的表达方式。比如被误认为是哲学的非哲学语言，可能由于其纯粹经验性而通俗易懂，于是便成为人们责难某种真正哲学语言的参考根据，说哲学语言可以做到通俗易懂，而这种哲学语言却桀骜难懂。语言是对思想内容的表达，表达形式会受到被表达内容的制约。因此，对一种非哲学思想有效的语言表达形式，包括语法的和修辞的，可能无法适用于哲学语言。不加慎思而泛泛地羡慕和追求阅读快感，无论是作者还是读者，都是缺乏思想严肃性的表现。说一种哲学语言没有哲学味儿，或者说一种哲学没有使用哲学语言，这表现出哲学概念的错误，因为它根源于以错误哲学概念为基础的对语言表达对象的思想属性的合哲学性的误认。其实，在阅读中没有感受到哲学味儿，就直接证明这种思想是非哲学的，不包含哲学的那种思想方式。语言的极限仅仅是把读者引领到哲学思想的分离性构成要素上，决定性的理解环节即对各个哲学思想构成要素的逻辑关联的成功建立，只能留给非语言的内在领悟动作来完成。语言表达手段只能改善对被表达内容分离要素（构成单位）的接近，但不能影响对这些思想要素的逻辑整合即意义的最终生成。因此哲学思想的特征不可能通过表达形式的变换加以消解。思想的直接内容是表达语言所无法更换或消解而必须最终面对的。

二 晦涩感的由来

晦涩经常成为人们评价哲学思想或哲学语言的一个词语，有时其中不乏某种责备情绪。当普遍地说哲学晦涩时，一般地表达人们对哲学这种思想形式的思维难度的判定和承认，情绪基调是尊重而并无责备之意。但当针对某人的特殊哲学思想而给予晦涩评价时，便具有责难意味，隐晦地设定哲学的简明易懂可能性，对这种哲学思想与简明易懂的差距表示失望。言外之意是思想者的主观品性导致了本可避免的理解障碍或困难。当晦涩被使用到哲学语言上时，意义情形大体类似。即或者一般地承认哲学语言的固有特性并抱以接受态度，或者不满和诟病特定语言主体的语言方式或语言驾驭能力。不论哪种态度，都首先包含理解活动障

碍这一心理事实，然后才是责任方或问题主体的确认。

　　晦涩是一种阅读尴尬，即既捕捉不到意义，又挖不出错误，被困于迷惘疑惑之中。因此，说别人晦涩，也就是承认自己没有理解，只是在玩弄社会交际的体面修辞。没有观念的跨主体直接感应可能，理解他人的思想就是在自己心中重建他人所言说的思想。也没有一种语言可以成为思想的灌输管道，语言只是对重建某种观念的某些内容指点。理解一种语言表达就是借助这种指点完成被表达观念的重建。因此，思想对话和交往中的理解躲不开接受者内在的成功观念建构活动环节，一旦失败便发生意义逃匿或者说蒸发现象，只闻其言而莫会其意。意义的现实构成是思想要素间的逻辑统一，从而实现在一个意识存在中。因而不论表达的方式和路径如何变换，理解最后都归结到思想构成要素的清晰把握（感知）和关于它们之间逻辑关联动作的完成，它涉及并受限于理解者的心智禀赋。思想是逻辑客观的，不论语言表达如何变换，都无法逃避或消解这一理解的最后环节。因此，正像纯粹的语言表达不能生成哲学一样，它也不能生成晦涩或通透，充其量只能提供恰好迎合某人特殊经验或偏好的辅助引导材料，从而诱导他感知特定思想要素。但这种特殊诱导是严格特殊的，并非对所有人都必然发生有益作用。总之，由于在逻辑上再好的语言表达也无法帮助理解者绕开作为存在事实的意义，不可能免除其构造意义的逻辑活动任务，所以晦涩的真理是理解者心智与意义构造逻辑复杂性之间的差距，而非语言表达方式的不当选择。只有残缺或蹩脚的语言，而没有晦涩的语言。

　　理解是心灵动作的跟随。因此，思想方式的同一是理解的必要条件。一旦发生阅读者与作者之间的思想方式差异，晦涩便必然发生而且会呈现大面积意义盲区。

　　特殊的思想材料是理解必须接触的内容，对它们的正确和清晰感知是进行思维操作的必要条件。思想材料有不同表现形态，比如感觉经验、理性概念等。对于这些不同的思想材料形式，不同人有不同的心灵把握能力，它一旦缺乏到理解所要求的足够水平，晦涩便随时发生。通常，概念所要求的理性思维能力在人们之间存在较大差别。因此，对于以概念为材料的哲学来说，所遭受的晦涩责难也最多。

思维过程的形式曲折和内容层次是对心灵动作的完成的重要影响因素，考验心灵能力。那些需要机智的视角转换和需要持久把握能力的连续统观，以及那些远离经验而要求理性自主建立清晰观念存在并达到生动感知状态的抽象认识，和那些要求在复杂的内容关联体中保持对个别构成内容的清晰分离意识的认识，都对心灵完成最终意义构建造成挑战，一旦失败，晦涩感就会袭上心头。

因此，晦涩不是思想及其表达的一种客观属性，而是相对试图感知它的心灵的相对主观体验。可以断言，假如有全能的生物，那么他肯定不曾有过晦涩感受。

三 说"长"道"短"

哲学表达中容易出现长句并给阅读带来额外压力，从而在不明就里的情况下会遭到非议，形成哲学思想传播的障碍，因为在简单归咎于语言而对语言产生排斥情绪的情况下，必然导致放弃走近哲学的努力。

长句的形成有其来由。语言表达观念因而必须跟随观念及其存在联系。观念本身都可以用简单句表现其所是。如果一种思维仅仅专注于论断结果，不包含对论断根据的兴趣，不追求论断内容的精确性，那么其语言表达必然句式简短。经验性思维和独断性思维就是如此。在其中，作为语言所意味的思想即语言意义可以被简单确立，简单句式就可以满足思想表达主体的主观表达意图。但是，当理性思维坚持论断的根据性和内容精确性时，作为被表达思想的观念之观念间限定和联系就不可忽视，只有完整考虑相关因素才能被理性视为可接受的，因而其表达语言也必然随之进入思想表达范围，使可理解的思想单元的内容扩大化和复杂化。在思想世界本身，理性思维方式的结果是观念秩序的系统化，在其中，一个观念占据特定地位，发生纵向关联即上下被制约和制约关系，和横向关联即平等共在的内容之间的限定关系。思想的系统化程度越高，关联越绵密，具有复杂存在关联的观念就越多，随之表达这种观念的语言的限制内容也就越多。思想系统化的理想状态是所有观念构成绝对关联整体，形成统一的意义单位。在逻辑上，能够准确表达这种思想的语言的意义单元是整个观念统一体。也就是说，只有把握了表达这种思想整体的所有语句意义及其联系，才能最终理解这种语言表达。

从现实的有限表达语言形式看，思想系统化对语句的影响，表现为一定的相邻存在关联观念对被表达观念的语言表达构成成分的增加。一个观念的构成内容分解为表达它的不同句法成分，其本身内容的表达是简单的。但是，在严格理性的意义理解中，那些与该观念相关联的观念内容会介入其意义显现，具体规定参与表达语句的句法成分内容的准确意义。其中，处于被表达观念上位而发挥逻辑制约作用的观念内容，不参与基本句法内容的限定，但规定整个语句判断关系成立的形式，确立谓述的逻辑条件，折射为状语性的语言存在。而那些与被表达观念处于平等共处地位的观念，则参与到观念存在内容的具体确定中，划定被表达观念内容的界限，折射在语言中即为限定基本句法成分的修饰内容，亦即定语。围绕一个观念的表达，视思想系统化水平的不同，在逻辑上可以有不同数量的状语和定语，从而导致语句的相应加长。同理，思想的系统化在逻辑上延长思想表达的可理解思想单元，相应地扩大可读取语句意义的语句群。

按照上述思想—表达模型，一个被表达观念所处的思想联系的系统化规模越大，在系统化联系中的地位越低，其严格理性表达的语句就可能越长。因此，哲学语言中的长句不是语言偏好的结果，在其必要性范围内，正是思想深度和理性严格性的表现。思想的表达单元是被思想内容的逻辑联系规定的，因而其表达语言的长度可以超越自然语言的主观句法形式，跨越句法句子，显现为语句群。以逻辑关联为基础的长句，即使被进行强制语言宰割，在理解中也仍然是一个长句。因此，无视逻辑必要性地一味诅咒长句，就是拒绝走向思想的深刻境界。

第八章

哲学的用法

第一节 哲学知识的存在力量及其属性

按照定义，哲学知识在本质上具有逻辑普遍性，它不包含作为现实存在构成要素的特殊内容。因此，哲学知识相对存在尚有距离，带有存在属性的片面性和残缺性。就此而言，哲学知识本身并没有存在致成功能，即没有照搬哲学知识而创制存在的可操作性。因为在不超越哲学知识内容的情况下，无法触及存在的现实感性内容，无从谈起对存在的操控。现实操作性的缺乏使对哲学知识的复述变成空洞的观念幻想。

然而，恰是哲学知识的逻辑普遍性使其在存在结构中占有重要地位。存在由具有逻辑普遍性的本质规定性和特殊可经验内容构成。在其中，一方面，按照存在的内在构成要求，具有逻辑普遍性的本质一般地寻求存在的另一半，以成就现实性的存在。另一方面，本质选择和支配特殊内容，使存在的特殊构成内容具有特定界限和特殊关联上的匹配要求。也就是在特定本质的作用下，不是所有特殊内容都可以参与存在构建，也不是参与存在构建的特殊内容间可以任意互相结合。这就是说，哲学知识具有某种存在建构力量，是正在途中的存在。然而，由于从普遍到特殊被其一多关联所决定，在逻辑上就必然没有可必然确定的内容关联，所以哲学知识的存在力量不能直接自行展现出来，处于对存在的逻辑推动这种潜在状态。这种作用既可以是针对未然存在的特殊内容选择的限制和引导，也可以是针对给定存在的特定存在形态的否定和肯定。

同时，又恰是哲学知识的逻辑普遍性，使其所表达的存在本质间具有相对同一存在层次的互相排斥性。因为普遍性意味着针对同一存在的竞争关系，不可能同一存在保持对互相冲突的普遍本质的容纳。其结果为，仅仅在其纯粹抽象观念形态中，具有逻辑普遍性的哲学知识间就发生存在竞争和存在秩序安排要求。以此为基础，哲学知识便拥有搅动观念界的力量，即接受和确立一种普遍存在观念与排除和更新一种普遍存在观念。不过，由于不同普遍观念间的普遍性是对等的，并没有直接的可靠判定的形式标准支持一种必然选择，所以其确立与更新需要等待普遍内容的系统化认识，其中仍然面临特定内容间关联的逻辑多元可能性所造成的系统化安排的非必然性。显然其作用也不能自行直接成就，而是处于一种潜在状态。

如上所述，哲学知识无论在存在构成上，还是在观念的存在秩序上，都一般地具有破和立两种作用力量，但是却不能独立地直接发挥现实作用。要使之从潜能变为现实存在效应，就必须主观地作出认识上的和实践上的特殊决断，没有这种认识的或意志的主观中介使之与特殊化相联系，哲学知识的存在力量就不能现实地发挥出来。直言之，哲学知识的存在力量不具有独立自主性，而是需要添加主观推动条件才能获得完整动力。

第二节　哲学应用空间的逻辑划界

哲学知识可以使用在什么领域，这不是一个自由选择问题，而是决定于哲学知识的力量属性。已经指明哲学知识的力量具有特定指向，因此只有作为合法指向对象的存在领域，才能属于哲学应用空间。

作为具有逻辑普遍性的哲学知识，按照存在关联可能性，它可以有两种作用内容，即普遍内容和特殊内容。

能够与作为观念的哲学知识发生存在联系的普遍内容，其存在形态只能是观念。换言之，哲学知识在观念界发挥存在关联作用的对象必须是具有普遍性的观念内容。按照逻辑，观念界内的普遍内容间应该发生存在作用。直言之，哲学知识的一个作用领域是观念内使用，或者说主观使用。这是一种逻辑使用，即依赖普遍观念间的逻辑关系而发生的哲学知识的使用。

能够与哲学知识发生存在关联的特殊内容，其存在形态只能是外在经验内容。因为在这种关联中，其存在效应是构建特殊存在，特殊内容的有效来源应该是外在性对象。可以称之为哲学知识的外在使用或客观使用。其作用发生根据是存在构成的普遍结构，因此这是一种存在使用。

第三节　哲学知识的正确使用方法

哲学知识释放其内在的力量需具备主观中介条件，因而表现为被使用。所谓使用，也就是积极地按照哲学知识对存在所做的普遍规定去设置与之关联的内容，由之实现哲学知识的特定力量。直言之，使用活动指向的不是哲学知识本身，而是与其相关的可能关联内容的选择及其关联关系的确立。哲学知识的使用绝不是对它的直接复制，更不是简单的复读，因为已经说明这种做法毫无存在效应，是无效的。与此恰成对照的是科学，因其直接承载现实存在内容，具有充分的存在意义而必然是可直接套用的。

在哲学知识的经验对象使用即特定存在构造中，直接表现为在哲学知识的约束下创造性地遴选特殊内容，并以哲学知识在逻辑上可接受的方式实现它们的聚集组合。在逻辑上，这一过程包含主观自由，可以是多元的，所作出的特定选择并非具有必然唯一性。而且这种作用结果必然要投入给定的特殊存在环境中，按照存在关联法则必然要与给定存在环境中的其他特殊内容发生作用，其存在效果取决于这一相互作用过程。因此，哲学知识的使用不应当是简单、单向的从哲学知识到特殊构成内容的一次性认识过程，而应该包含从最终作用效果到特殊存在构成内容的调整这一反馈环节，在多次这种认识反馈中来确定哲学知识所直接对应的参与存在构成的特殊内容。如果把按照哲学知识所偶然作出的特殊内容设计方案，误解为唯一而不可变更和优化的，从而僵化地坚持特定的存在构成方案，无视其与现实给定存在环境的协调一致性，不顾虑存在效果的优劣，那么就是教条主义。因此，教条主义的要害是无批判地肯定一种特殊存在构建方案，拒不采纳由特殊内容选择所决定的实际存在效果的反馈信息，使本该双向的循环性认识过程变成单向的简单思维。相反，具有双向反馈过程的哲学知识使用就是灵活的。灵活不是随意改变哲学知识本身，而是尊重特殊内容构建与其必须置身其中的给定特殊存在环境的联系，以存在效果为标准不断机智地调试特殊内容的选择和它们之间的结合秩序。

在哲学知识的观念内使用中，直接表现为参照特定哲学知识而重建普遍观念的关联系统，包括废除、修正、引入某种普遍观念以及重置他们之间的关联秩序。由于这种普遍观念的操作具有逻辑多元性，所以每一种可能的特定方案都是偶然的主观选择，而且系统规模和形态会有所不同。同时，作为普遍观念系统在存在结构上必然指向和关联特殊经验内容，并且互相间具有关联特殊经验内容的能力差异。由此显现出互相间存在价值的比较性优劣。因此，哲学知识的正确使用方法应该是保持开放态度，接受系统建构效果反思，进行从其存在效果到重建方案修正的反馈性认识，灵活选择重建方案。如果误把本为一种偶然的普遍观念系统重建方案当成必然的和唯一的，拒绝进行比较性反思而调整重建方案，简单地坚持一种重建方案，那么就是教条主义。显然，在此，教条主义错误的本义不是坚持哲学知识本身，而是片面地迷信一种偶然的哲学知识使用方案的想象。反对教条主义不是抛弃或修改哲学知识本身，而是顾及存在效果，开放对哲学知识使用方案的想象。

第四节 哲学的几种重要社会使用

社会是人的实践领地，也是实践的创造物，同时关联主观精神和客观世界，在其中给哲学保留着巨大的作用权利。

一　哲学的教化使用

社会必须具有某种存在统一性，而共同的精神面貌，包括信念、行为方式等一切影响人的行为的精神要素是其基础，通向这种共同精神面貌的手段之一便是实施积极的教化。哲学以其知识普遍性恰好具有直接的社会教化功能。通过观念内使用，哲学可以直接影响人们的观念体系，推动内在观念结构的转变，间接影响信念的形成。尤其是哲学知识以其逻辑普遍性占有对社会意识进行统一的先天优越地位，是达到教化目的的重要工具。通过塑造人们的普遍观念系统，就可以塑造人们应对特殊社会关系的特定取向。

二　哲学的启蒙使用

一种社会观念体系的功能属性具有历史性，从确立时的积极有益到历久后某一历史发展时刻的消极有害，其间呈现先进和落后、向上和保守的复杂性。当它在发展中通过积极作用而取得绝对信念地位，从而拒绝反思和审视，成为无上教条，封闭一切可能思想革新时就导致一种蒙昧。蒙昧的绝对意义不在于思想水平的原始低等和粗陋，而在于对任何一种思想观念系统的盲目迷信，以致放弃思想的开放态度。蒙昧毒害思想发展。如果陷入蒙昧的一种思想体系，恰逢历史发展的现实变革要求，那么其历史危害性就暴露无遗。不论如何，防范、抵制和消除思想蒙昧都是人类社会的一项经常任务。因为，思想观念的成功和人们对它的日常依赖，内在一种诱发蒙昧的风险。哲学在其观念内的主观使用中直接冲击着原有观念系统，可以形成对旧观念信条的批判。同时，哲学在其外在对象的客观使用中，通过新存在构想对特定现实社会存在的比较性冲突，间接刺激对原有流行观念系统的质疑和反思。因此，哲学，尤其是那种具有敏锐批判意识和严肃真理追求取向的哲学，是打破社会精神蒙昧的有效工具。凭借哲学所具有的对观念的纯粹逻辑批判权利和能力，哲学可以最敏锐地发现旧观念系统的破绽，唤醒人们的怀疑和反思意识。同时，哲学也会用智慧洞见树立一幅新的存在图景，映照旧观念系统之外的更优选择。这就是启蒙。

三　哲学的现实批判使用

按照存在的普遍结构，特定普遍内容与可能参与存在构成的特殊内容之间具有存在关联。前者对后者作出可选择性限制，即某些特殊内容与普遍内容不相容，必然被排除在存在构成之外，遭到普遍内容的否定。因此，那些与社会存在问题相关的哲学知识，在遭遇给定的社会存在现象时，必然作出明确的判断，否定那些不能被自己所接受者。而且，虽然一种普遍知识对自己所容许的存在设想的现实性和必然性不能给予肯定，但对于给定的特殊内容所作出的合理性批判却是必然的、明确的和坚定的。尤其是经过观念论证而获得存在优势，取得竞争胜利的哲学知识，这种批判就更加强硬，即指斥某种社会存在违背合理性要求，提出消除其存在的动议。但需要指出的是，这种批判纯粹基于普遍内容与特殊内容之间的存在背离而作出，不能进而主张用基于普遍知识做出的某种存在想象直接取代现实社会存在。因此，它仅仅是一种纯粹的否定，而不是用确定的"应然"方案来对抗现实社会存在。

四　哲学的存在启示使用

虽然哲学知识停留在抽象观念之内，还缺乏存在现实性，但是按照普遍本质对存在的规定地位，它已经预示着可能存在的基本属性，成为存在发展方向的约束条件。另外，按照存在结构发生的普遍内容对特殊内容的关联制约关系，虽然不能由普遍内容内在地确定具体特殊内容，但是它却开放了一切与普遍内容相容的特殊内容想象，展现出现实存在的可能性。尤其在某种哲学知识在观念内获得论证而占有相对存在合理性辩护地位的情况下，由其所开放的存在可能性就更强烈地暗示一种未来存在。尽管这种未来存在还不能获得任何确定的特殊内容描述，但是却支持对未来存在的向往，赋予新存在探索行为本身以应然地位，构成一种存在启示。哲学知识的存在启示仅仅是对存在可能性的确认，而不涉及对特殊内容的具体洞见。

第九章

走进哲学

第一节 哲学瞭望

按照定义,哲学就是以概念为认识材料,通过合理的逻辑推理获取普遍必然论断的学问。这些特征可以被任何存在对象所满足,因此是纯粹形式规定性。换言之,哲学向一切可能对象开放。只要针对特定对象领域达到了开展哲学认识的形式把握能力,就绽放出一片哲学领地。更具体地说,针对特定对象的哲学认识可能性决定于能否提出必须用哲学方法加以解决的问题。也就是说,关于问题的理性谋划是否落入了哲学范畴。一种特定存在对象本身并不能独立决定认识方式的选择,而是必须联系它所置身其中的存在世界而设置特定问题,才能最终判定它可否归属哲学。因为问题的设立与认识的历史发展水平相关,同时也具有某种主观自由性,所以哲学的世界版图与人们怎样看世界紧密相关。

从逻辑上说,哲学与世界形影相随,存在所至,哲学所及。但是在现实中,作为人类有限理性认识的哲学,对世界的覆盖是历史变动的,会因认识兴趣、存在境遇、认识水平等的不同而呈现诸多特定哲学领域,并显现为某种社会性的学科建制。问题的关键是,哲学认识的本质和可能性不能被其历史现实所遮蔽,躬行于某种哲学现实的同时,必须认识到这种现实的某种非哲学性,从而不固囿于特定哲学现实而误认自己的认识具有哲学圆满性。只有保持这样的批判意识,才能面对世界开放哲学的发展可能性,还哲学以丰富的未来。否则,哲学的偶然学科建制就会扭曲和压制哲学，使哲学丧失其智慧本色，变得保守、机械和麻木，退出对存在的追逐。

哲学以世界为家，真正热爱哲学的人应该敏锐地跟随自己的存在嗅觉，而不应一味世俗地顺从自己的学科身份。

第二节 学哲学还是做哲学

哲学作为一种社会学术事业，以学术专业群体来承担，其中必然有按照其存在和发展的要素所进行的内部分工。最基本的划分就是哲学的传承和哲学的创造。可以一般地称前者为学哲学，其任务主要在于了解和把握哲学史知识。可以一般地称后者为做哲学，其任务主要在于以哲学方法研究特定存在对象，创立哲学理论。两者是性质完全不同的思维，要求不同的思维品质和哲学素养。因此一个人必须尽早地在对自我思维特点、个人认识兴趣和哲学抱负进行确认的基础上，在两者之间作出选择，从而按照各自的内在规律，自觉地进行相应能力的培养和操作技能训练。

如果选择学哲学，那么就必须采取哲学史家式阅读，注意把握思想细节，并不断丰富相应的研究手段。

如果选择做哲学，那么就必须采取哲学家式阅读，侧重把握哲学思维的本质，树立严格批判意识，训练哲学提问能力和哲学思维技巧，塑造概念把握敏锐性、准确性和生动性的精神品质，提高对庞大思想构架的驾驭力量。必须警惕，哲学史家式阅读面对哲学创造任务是无效的。不论一般地拥有怎样丰富的哲学史知识，都不意味着自然获得了哲学创造的能力和资格。因此，在学哲学目标下的简单而纯粹的哲学史家式阅读，一旦遭遇人生目标上的哲学家转换，就几近为零阅读。做哲学需要严格的专门训练，必须在严肃的逻辑意识的监护下进行，并不是任意放飞想象力而可以业余操作的思想娱乐。

第三节 哲学三阶：博学、疑古、立言

哲学文明的一般社会存在结构为哲学的原始发生，即针对特定存在对象产生最初哲学认识和论断，随后在历史发展中产生对这种哲学认识的缺陷有所发现并进行怀疑和否定，之后再走上新的哲学探索征程并创立更深刻的哲学论断，形成新的哲学知识。如此循环往复，不断追求与存在的统一。哲学认识对象的扩展只是重演这种认识过程，在叠加中壮大和更加凸显这种社会运动轨迹。因此，从知识到否定，再到新知的持续循环，构成至今的哲学社会文明的主要历史形式。

对于身处哲学文明给定历史存在中的个人来说，问题不是原始地重新独立走过哲学至今的历史，而是如何加入到当下的哲学文明之中。作为哲学这种社会事业的成员，个体不必担负起哲学文明的社会存在的全部责任，而是可以参与到其中的某一环节，具有承担何种任务的选择权利和自由。因此，问题的实质就具体化为从哪一环节切入当代哲学文明，占据其中的何种地位，承担怎样的认识任务。要言之，也就是领取何种哲学身份。

哲学文明存在的逻辑结构映照出哲学参与者的三种不同性质的哲学境界，其中的"知识"对应博学，即把握已有哲学知识的历史积累，发挥以往认识成果的社会记忆功能。"否定"对应疑古，即开展对以往哲学史的批判，发现其中的缺陷，推动哲学的再反思努力。批判是哲学新探索的前奏和发酵剂。"新知"对应立言，即就特定存在对象展开创造性认识和理论构建，发展出更具真理性或存在解释力的哲学思想。就每一种哲学工作表现着个人的思想世界状态而言，他们恰是心理学意义上的境界。而就哲学文明存在的各个构成要素在其所处的内在逻辑结构中具有认识发展秩序属性而言，三种哲学境界构成连续的哲学阶梯，依次为博学、疑古、立言。再就哲学文明存在结构内在地把各个构成要素塑造为指向新知这一目的的统一过程而言，各种哲学境界又被赋予不同的哲学进化意义，立言占据最高目的地位。

第四节 哲学指津：当世显达还是历史不朽

哲学的路怎么走，又走向何处，这是不可回避的问题。

一个人可以把哲学当成职业，也可以把哲学升华为事业。所谓职业，就是作为支持社会生存的基本手段的一般社会工作，以平常劳动关系中的义务来对待。而所谓事业，就是超越一般职业态度和世俗功利意识，对所从事的工作抱有极大的兴趣，赋予崇高的目的，投入火热的激情，以坚定不移的意志，顽强追求既定目标。现代社会已经很难满足亚里士多德所提出的哲学沉思的条件即获得完全摆脱社会事务的闲暇，因而即使以哲学为事业的人，一般也必须首先获得职业身份。两者的区别仅仅在于，以哲学为事业的人比以哲学为职业的人多了十分的真诚，沉醉于真理追求。

树立崇高的哲学目标，这是随处可见并不容置喙的教诲。然而，因为少有遵守而蜕变成一句空话，甚至被看成一种教育虚伪。个中原因在于，伟大哲学目标经常带来一种理想与现实的价值吊诡，即在其直观的崇高和荣耀背后，往往使人陷入困顿和窘迫。之所以会出现这种现象，是因为伟大哲学目标的实现往往需要付出更多的努力，更多的时间，所以其成果的产出相对一般性哲学目标具有很大迟延性。这个时间差会颠倒人们的社会认知。理性地看，这是可以理解甚至可以接受的一种社会评价偏差，因为在一种伟大哲学努力还未展现其成果，或者这种成果尚未被社会广为接受之前，仅仅是一种内在的或者可以说是无形的价值。我们不能奢侈地要求社会评价超越外在现实而准确透视到某种内在价值。只要跨越这一时间差，社会的光明就必然尽显伟大哲学成果的伟大，赋予它应有的社会地位。迟到的光荣终会更加鲜亮地到来。

还有一种不利因素妨碍人们去胸怀和坚守伟大的哲学抱负，那就是社会理解力的相对差距。哲学按其思维的概念思辨性本来就具有与一般日常思维的异质性，从而带来社会理解的困难。而伟大的哲学成果必然具有更深远的意蕴，更复杂的逻辑关系，更高的理解力要求。这自然带来更大的理解困难。一种哲学思想越伟大，越是超越那个时代的哲学思维水平，就需要付出越长的时间来等待人们的理解活动的追赶。在极端情况下，也许在有生之年都不能见到来者。因此，伟大哲学家必须准备忍受孤独，而且要能够在这种充满寒意的孤独中领会到一丝欣喜，即差距越大，侧面说明思想越伟大。他必须满怀对真理的热爱来衡量自己的人生价值，在对自己墓碑的想象中生动地体验到强烈的幸福和自豪。只有这种情怀才能抵制世态炎凉的袭扰而泰然故我，坚持不懈地修筑自己的思想大厦。

伟大的哲学抱负不是只能享受身后名，而仅仅是存在错失当世东风这种风险。但是，必须充分估计和重视这种历史遗憾的发生概率，并做好思想准备，否则就极易被现世名利击溃而随波逐流，半途而废，沦为常人。

后 记

在中国的传统为学理念包围中,一种哲学创新活动面临许多额外困难,即不仅要迎接思想原创的艰难和偶然性对世人的普遍心智挑战,而且要承受不利思想氛围的社会否定压力。由此所造成的客观形势是,要临风而立,就不是简单地在不受欢迎中坚持本心和独善其身所能为,而是必须能够在理论上达到对学术精神的清晰理解,包括对传统学术理念的思想格局的俯瞰以及对哲学原创的路径和理论构造形式的理性把握,在其中,辩护哲学原创的合法性,宣传哲学原创的独特思想形式。这就是说,在作出理论内容的创造性发展努力的同时,还要配套展开认识形式的阐释,通过学术理念的社会启蒙而拓宽原创思想的生存空间。正是出于对这种学术处境的明确意识,多年来我一直不懈地投入对哲学的元哲学思考,尤其关注哲学史与哲学原创的关系,并陆续发表了一些学术论文。这部《作为研究哲学和哲学研究普遍立法的哲学导论》,就是在这些论文内容的基础上,又结合相关教学实践补充了一些内容,并按照著作的谋篇布局要求作了某种调整而形成的。

回头看,应该感谢中国学术环境带来的特殊压力,因为由其诱发的反思取得了远远超出应对压力本身的思想收益。独立探索原创思维方式的激情和自我辩护的强烈冲动,使得心灵迸发出非常活力,得以进入思维的敏锐和洞见佳境。一个重要成果就是,严格分析了一些在研究哲学和哲学研究中也许西方认为可以忽略甚至根本无意识的元哲学问题,从而澄清了不仅在中国而且在西方也存在的模糊观念。此外,面对困难的思想处境只能用执行更加严格的逻辑标准来应对，这导致追求哲学的历史反思和改造，从中发现和确立了提高哲学论断有效性的理论构建方法。

在很多方面，这部哲学导论记录或者镜像了我的思想旅程，凝结着自己的哲学思维体验，它们深刻地浸染和影响了我的哲学探索。就此而言，这部哲学导论不仅在内容上与迄今所有其他哲学导论恰成泾渭，而且在著作题名的学术公共性标榜之下，还隐藏着绝对独特的家族身份即某种私人思想传记。